王国维与陈寅恪

刘梦溪◎著

北京时代华文书局

图书在版编目（CIP）数据

王国维与陈寅恪 / 刘梦溪著. — 北京 : 北京时代华文书局, 2019.8（2021.5重印）

ISBN 978-7-5699-3184-6

Ⅰ. ①王… Ⅱ. ①刘… Ⅲ. ①王国维（1877-1927）—人物研究②陈寅恪（1890-1969）—人物研究 Ⅳ. ①K825.4 ②K825.81

中国版本图书馆CIP数据核字（2019）第202980号

王国维与陈寅恪

Wang Guowei yu Chen Yinque

著　　者 | 刘梦溪

出 版 人 | 陈　涛
选题策划 | 余　玲　周海燕
责任编辑 | 余　玲　周海燕
责任校对 | 徐敏峰
封面设计 | 程　慧
版式设计 | 王艾迪
责任印制 | 訾　敬

出版发行 | 北京时代华文书局 http://www.bjsdsj.com.cn
北京市东城区安定门外大街136号皇城国际大厦A座8楼
邮编：100011　电话：010-64267955　64267677
印　　刷 | 北京盛通印刷股份有限公司　010-52249888
（如发现印装质量问题，请与印刷厂联系调换）
开　　本 | 880mm×1230mm　1/32　印　　张 | 14　字　　数 | 300千字
版　　次 | 2020年11月第1版　印　　次 | 2021年5月第2次印刷
书　　号 | ISBN 978-7-5699-3184-6
定　　价 | 128.00元

目　录

题　叙

我的研究王国维与陈寅恪，始于二十世纪八十年代。当时想把钱锺书和王国维、陈寅恪放在一起，探讨一下现代学术这三大家的学术思想和彼此的异同。方法很原始，就是按部就班地读他们的著作。最先读的是钱锺书，读了一遍又一遍，笔记也积下好几册。然后读陈寅恪。没想到进入陈寅恪的文本世界，竟流连忘返，抽身不能。结果对三个人的研究变成了对陈寅恪一个人的研究。

研陈前后持续二十年，写了三本书，一是《陈宝箴和湖南新政》，二是《陈寅恪的学说》，三是《陈寅恪论稿》。但陈和王的学术连带实在太紧密，研陈的过程中无法不涉及王的思想和著作。涉及哪一个问题或哪一方面的著作，就找来阅读，不单纯为取资，而是读就读竟全篇或全书。上海古籍书店1983年影印出版的《王国维遗书》，成了我的案头必备。此书共十六册，多年翻检，不断圈画夹条，如今已膨胀得面目全非。还有中华书局版的《观堂集林》四册，虽然《王国维遗书》已收录，为查找方便，仍备于手边。包括各出版社印行的各种王著的单行本，以及文集、选集之类，也都是出来就买。港台的关于王的著作和资料，也尽量搜集到手。中华书局1984年出版的《王国维全集》的书信部分，让我大感惊喜，可惜从此再无下文，不免为之怅然有憾。

就是说，在相当一段时间，我的研陈变成了王、陈同时阅读同时研究，写陈的过程，也写了多篇关于王国维的文章。老辈学者有称本人为“王陈并治”者，盖源于此也。钱锺书的著作也多有涉王的话题，说明当初试图将三人相提并论，不是没有缘由。他们都是顶尖的学术天才，共同特点为一个“通”字，即他们都是通儒。分而论之，王是文史兼通，陈是文史会通，钱是文史打通。研治范围和研究题域，则各有擅场。王方面广，开辟多，每治一学，都有发明。早期介绍和研究康德、叔本华，随即有一系列哲学、美学、文学的成果问世。继而治诗学，则撰有至今洛阳纸贵的《人间词话》。转而治戏曲，又有后人无法绕行的《宋元戏曲史》。王的诗学、戏曲两书堪称不世出的经典。后治古史，著作之多，令人赞叹。就中西学问而言，王、陈、钱都是中西兼通，而且认为“学”无须分中西，尤不宜自划畛域。

他们都是学者兼诗人。要问谁的诗写得最好，我未免嗫嚅不敢言。词当然静安第一，因为陈、钱都不填词，故没有二三。诗就不好说了。王诗成就之高，陈、钱自不会否认，但若以一二三排序，他们不一定认可。据友人汪荣祖《槐聚心史》透露，钱对陈寅恪诗颇为赞许[1]，倒是前此不曾想到。赞许归赞许，不等于承认己诗在被赞许者之下。此无他，盖王、陈、钱都是自视极高之人。陈的《王观堂先生挽词》，是为静安立传，犹称尚无任何著作的自己“敢并时贤较重轻”。王自撰的《人间词》甲乙稿序，更称即使宋代的大词家亦少有能与之比肩者。钱的高才绝世，更应该是“名下士无天下士”了。当然在翔实的证据面前，在真才实学面前，他们又都很谦逊。称美和荐拔后进，不遗余力不足以形容。他们追求的是真理，探讨的是历史的本真，但开风气不为师。学术观点容或不同，但绝无丝毫的门户之见。他们都对刘歆在《移让太常博士书》中指斥的“党同门，妒道真”的风气深恶痛绝。而涉及道究天人、通古察今的洞彻高识，义宁之学又远远地站在了静安之学和槐聚之学的前面。

王、陈、钱的话题，永远也说不完。今次特从以往研陈和研王的文字中辑出十篇，都为一编，即以《王国维与陈寅恪》为书名，请熟悉我研治状况的北京时代华文书局出版。书稿早已于2019年8月排出清样，封面也完成设计。我因特殊缘故，未能及时校核复命。殆至庚子岁，又值大疫发生，越发延宕下来。而此时，迄今搜辑最齐全的《王国维全集》业已出版，《王乃誉日记》也影印刊行。购置后即情不自禁地翻检浏览起

[1] 汪荣祖:《槐聚心史》，台湾大学出版中心 2016 年版，第 7 页。

来，不意有不少新收获，足以补本书第二部分《王国维思想学行传论》之所不足。此次等于将此章重写了一遍，增加了很多新论述，特别对王国维之死的问题做了更为系统的梳理和考证，得出更加合理的死因诠解。此第二部分原稿只一万八千字，现经过修订和增补，已达五万言之多，几乎可以独行单出。作为本书的作者，心情以此安适了许多。

谢谢北京时代华文书局，谢谢通明大气的余玲副总编辑，也谢谢责编周海燕和封面设计者程慧两位女史。敬请关心二十世纪现代学术的读者，暨治王、陈之学的同道不吝指正。

2020年岁在庚子四月初七于京城之东塾

第一章

王国维与陈寅恪和吴宓

一 王国维与陈寅恪

1. 陈寅恪《王观堂先生挽词》和王国维《颐和园词》

清华国学研究院的四大导师，王国维、梁启超、陈寅恪、赵元任，王、陈关系最近，盖因气类相投也。陈寅恪《王观堂先生挽词》“许我忘年为气类，北海今知有刘备”句，即实写此意。而《挽词》中“风义生平师友间”，则是两人关系的理则概括。四大导师的年龄，梁启超生于1873年，王国维生于1877年，陈寅恪生于1890年，赵元任生于1892年。梁最长，比王大四岁，比陈大十七岁。王比陈大十三岁。1925年清华国学研究院成立时，梁五十二岁，王四十八岁，陈三十五岁，赵三十三岁。吴宓生于1894年，当时是三十一岁，任国学院主任。吴对王赞佩礼敬而疏于交谊，对陈则视同手足，情牵梦萦，终生为友。

王国维1927年6月2日于昆明湖自沉，陈寅恪写有挽联、挽诗和挽词。挽联为:“十七年家国久魂销，犹余剩水残山，留与累臣供一死；五千卷牙签新手触，待检玄文奇字，谬承遗命倍伤神。”[1]上联写王国维1911年辛亥革命以来的己身处境，故最后之终局殊可理解，“累臣”显系将王国维比屈原了。下联是王先生遗嘱“书籍可托陈、吴二先生处理”的本事，兹可见寅恪先生对王之所托的看重。“谬承遗命倍伤神”一句，义理、情理、心理尽在其中矣。挽诗以《挽王静安先生》为题，全诗作:“敢将私谊哭斯人，文化神州丧一身。越甲未应公独耻，湘累宁与俗同尘。吾侪所学关天意，并世相知妒道真。赢得大清干净水，年年呜咽说灵均。”[2]第三句下有注:“甲子岁，冯兵逼宫，柯、罗、王约同死而不果。戊辰，冯部将韩复榘兵至燕郊，故先生遗书谓‘义无再辱’，意即指此。遂践旧约，自沉于昆明湖，而柯、罗则未死。余诗‘越甲未应公独耻’者，盖指此言。王维《老将行》‘耻令越甲鸣吾君’，此句所本。事见刘向《说苑》。”《挽诗》可以和挽联互相印证，“湘累”“灵均”云云，完全是以王国维的自沉和屈子的投汨罗相提并论。

而首句“敢将私谊哭斯人”，证实两人的交谊非比寻常，“文化神州丧一身”则指兹事件于文化中国之影响和损失之大。五、六句“吾侪所学关天意，并世相知妒道真”，则慨叹学者的因缘际会与当时后世的知与不知耳。昔王国维撰写《沈

[1] 陈寅恪:《陈寅恪集·诗集》，三联书店2001年版，第180页。

[2] 同上，第11—12页。

乙庵先生七十寿序》尝说："国家与学术为存亡，天而未厌中国也，必不亡其学术。天不欲亡中国之学术，则于学术所寄之人，必因而笃之。世变愈亟，则所以笃之者愈至。使伏生、浮邱伯辈，天不畀以期颐之寿，则诗书绝于秦火矣。"[1]似可移来诠解"吾侪所学关天意，并世相知妒道真"句，盖王、陈均为吾国的"学术所寄之人"。

《王观堂先生挽词并序》称得上陈寅恪韵体文字的大著述，写法上很像王国维的《颐和园词》。王词长一百四十四句，作于1912年，随罗振玉客居日本京都时期，并经罗氏手写石印。王先生亦甚看重己作，认为"虽不敢上希白傅，庶几追步梅村"[2]。王词所写为清室的"末路之事"[3]，陈之《挽词》长一百一十句，实系观堂其人学问与政治命运的哀歌。《挽词》第五、六句"曾赋连昌旧苑诗，兴亡哀感动人思"，即指王国维写作《颐和园词》一事。孰料把颐和园的沧桑写得如此哀感动人者，竟于二十五年之后，自沉于此园，终与自己推许的"昆明万寿佳山水"为伴，可谓诗可成谶矣。故寅老《挽词》以"岂知长庆才人语，竟作灵均息壤词"句及之。不过《挽

[1] 王国维:《沈乙庵先生七十寿序》,《王国维文集》第一卷，中国文史出版社1997年版，第98页。

[2] 王国维:《致铃木虎雄》(1912年5月31日),《王国维全集·书信》(吴泽主编)，中华书局1984年版，第26页。

[3] 王国维:《致铃木虎雄》(1912年6月23日),《王国维全集·书信》(吴泽主编)，中华书局1984年版，第27页。

词》之主旨在于抒写王国维的学问历程和高才隆遇，包括张之洞入阁主持学部，经罗振玉举荐充任学部图书馆编辑，此时之王国维专意搜罗研究宋元戏曲；清帝退位后随罗振玉东游扶桑，日夜披览罗氏“大云书库”之收藏，转而研究金石古文和殷商古史，五年之期，学问为之大变；回国后之数年时间，学问果实江涌河泻，而东西汉学巨擘缪荃孙、沈曾植、伯希和、沙畹、藤田丰八、狩野直喜、内藤虎次郎等，因倾慕相惜而相与切磋酬唱；1923年升允荐为逊帝溥仪的南书房行走；1925年胡适之荐为清华国学院之导师。此一系列人生变迁和事业隆替，并连同迁移变换之家国政治变局之背景，《挽词》俱以清词丽句编织结构而成绝唱。[1]

《挽词》中的名句多如过江之鲫，譬如“当日英贤谁北斗，南皮太保方迂叟”“总持学部揽名流，朴学高文一例收”，是为写张之洞，这和乃父陈三立对张的评价完全相同。“大云书库富收藏，古器奇文日品量”，则摹写旅居日本的学术收获。“当世通人数旧游，外穷瀛渤内神州。伯沙博士同扬搉，海日尚书互倡酬”，写东西大儒与之交往，寥寥数语，便跃然纸上。“南斋侍从欲自沉，北门学士邀同死”，写冯玉祥逼宫时，王与罗振玉、柯劭忞的“同死”之约。“鲁连黄鹞绩溪胡，独为神州惜大儒”，写王国维的应聘清华，系胡适所荐。其实王开始并

[1] 陈寅恪：《王观堂先生挽词并序》，《陈寅恪集·诗集》，三联书店2001年版，第12—17页。

未依允此议，胡适托人说动逊帝，经溥仪下了一道“诏书”，王才前往就聘。“清华学院多英杰”，更是百年来不磨的名句了。特别是在写到己身与王国维的关系时，寅恪先生写下如下诗句：“鲰生瓠落百无成，敢并时贤较重轻。元祐党家惭陆子，西京群盗怆王生。许我忘年为气类，北海今知有刘备。曾访梅真拜地仙，更期韩偓符天意。回思寒夜话明昌，相对南冠泣数行。犹有宣南温梦寐，不堪灞上共兴亡。”陈寅恪当时和梁、王相较，自是后进“小生”，故以“鲰生”自比，可谓合乎法度；但其积学之厚，即使与梁、王等“时贤”比量，也是寅恪先生自己未遑稍让的。“元祐党家”和“西京群盗”两句，为自道家学来历。清华国学院同为导师之前，王、陈并不相识，寅恪当然知道观堂的大名，然观堂却不知世间有此一陈。所以《挽词》以“北海今知有刘备”的“古典”来比拟王、陈初交相识的“今典”。而一经相遇，无论在陈在王，都不禁有气类相投之感。故“许我忘年为气类”一句，可以说写尽了王、陈关系的深涵。有意思的是，王之《颐和园词》以“汉家七叶钟阳九”为起句[1]，陈之《挽词》则以“汉家之厄今十世”为起句，全诗结句，王为“却忆年年寒食节，朱侯亲上十三陵”，陈是“他年清史求忠迹，一吊前朝万寿山”，缭绕之余味亦复相同。

[1]　王国维：《颐和园词》，《王国维文集》第一卷，中国文史出版社 1997 年版，第 260—263 页。

2. 陈寅恪《挽词》“序”的文化义涵

陈寅恪所撰之挽王国维词的题目，为《王观堂先生挽词并序》，在挽词的前面有一长序，阐述作者的文化观点暨王之死因。鉴于此序的重要，下面全文具引在此：

> 或问观堂先生所以死之故。应之曰：近人有东西文化之说，其区域分划之当否，固不必论，即所谓异同优劣，亦姑不具言；然而可得一假定之义焉。其义曰：凡一种文化值衰落之时，为此文化所化之人，必感苦痛，其表现此文化之程量愈宏，则其所受之苦痛亦愈甚；迨既达极深之度，殆非出于自杀无以求一己之心安而义尽也。

又说：

> 吾中国文化之定义，具于《白虎通》三纲六纪之说，其意义为抽象理想最高之境，犹希腊柏拉图所谓Eîdos者。若以君臣之纲言之，君为李煜亦期之以刘秀；以朋友之纪言之，友为郦寄亦待之以鲍叔。其所殉之道，与所成之仁，均为抽象理想之通性，而非具体之一人一事。
>
> 夫纲纪本理想抽象之物，然不能不有所依托，以为具体表现之用；其所依托以表现者，实为有形之社会制度，而经济制度尤其最要者。故所依托者不变易，则依托者亦得因以

保存。吾国古来亦尝有悖三纲违六纪无父无君之说，如释迦牟尼外来之教者矣，然佛教流传播衍盛昌于中土，而中土历世遗留纲纪之说，曾不因之以动摇者，其说所依托之社会经济制度未尝根本变迁，故犹能借之以为寄命之地也。

近数十年来，自道光之季，迄乎今日，社会经济之制度，以外族之侵迫，致剧疾之变迁；纲纪之说，无所凭依，不待外来学说之掊击，而已销沉沦丧于不知觉之间；虽有人焉，强聒而力持，亦终归于不可救疗之局。盖今日之赤县神州值数千年未有之巨劫奇变；劫尽变穷，则此文化精神所凝聚之人，安得不与之共命而同尽，此观堂先生所以不得不死，遂为天下后世所极哀而深惜者也。至于流俗恩怨荣辱委琐龌龊之说，皆不足置辨，故亦不之及云。[1]

陈寅恪先生此篇序言，不仅对王国维的死因给以正解，同时也是解开二十世纪中国文化与社会变迁谜团的一把钥匙。“中国文化”这个概念，实际上是晚清和近代知识分子自我反省检讨传统的用语，对中国文化本身而言，是“他”者的概括。所以上一个百年，这个概念虽被旋转不停地给以讨论给以解说，而终无结果。以至于晚年的钱锺书先生，与来访的学人开玩笑，说谁再讲东西方文化，我“枪毙”他（说的时候他拿

[1] 陈寅恪：《王观堂先生挽词并序》，《陈寅恪集·诗集》，三联书店2001年版，第12页。

起一支笔）。这和陈寅恪《挽词序》开头所说“近人有东西文化之说，其区域分划之当否，固不必论，即所谓异同优劣，亦姑不具言”，属同一义谛。

所以然者，是因为通常所讲的文化系泛指。陈寅恪不同，他揭示的是与一定社会结构相连接的基本文化价值，或曰主流文化的核心价值，不是泛指一切文化现象。我国传统社会家国一体，社会的运转，以家庭为中心，以家为本位，反映家国伦常秩序的“三纲六纪”，是传统社会的核心文化价值。《挽词序》所说“吾中国文化之定义，具于白虎通三纲六纪之说”，即指此一层意涵而言。《白虎通》也称《白虎通义》，东汉班固根据章皇帝招聚官员和儒生在白虎观对《五经》所作讲论辑撰而成。卷八论“三纲六纪”：“三纲”指君臣、父子、夫妇，自不待言；“六纪”包括诸父、兄弟、族人、诸舅、师长、朋友[1]，与后来的“五伦”互有异同。传统士人所谓“明大义”，就是指知晓这些纲纪伦理而行为上又无所违迕。西方历史上当然也有君主和臣工，也有家庭和家族，但并没有这种以普遍性形式出现的专门规范君臣家庭各种角色关系的系统道德律令。纲纪之说纯属中国的文化秩序（的确应该叫文化秩序），而且也是社会秩序。因为它是笼罩全社会的一面大网（家庭是中国传统社会的基本单位）。职是之故，当社会的经济结构变迁之后，

[1] 陈立撰:《白虎通疏证》上，中华书局1994年版，第373页。

以有形的社会制度，特别是社会的经济制度为依托物的文化秩序，必然随之发生变化。二十世纪的中国，就处于这种文化与社会的剧烈播迁与变化之中。现代学人所热衷的文化上的新旧之争、东西之论、古今之辨，皆缘于此一变化过程。

陈寅恪《挽词序》的过人之处，是指出以纲纪之说为表征的中国主流文化的意义，具有“抽象理想之通性”，也就是柏拉图的所谓理念（Eîdos）。实际生活中是否能够完全做到是另一回事，但它是传统士人伦理上的人生规范。翻览史册，君不君、臣不臣、父不父、子不子的乱况，触目皆是。魏晋时期、宋元市井、明清之际，亦不乏反对纲纪之说的束缚、主张以情抗礼的思想家和艺术家，但整体上，迄于晚清“三纲六纪”的基本文化价值和文化秩序一直得以维持。即使是持无父无君之论的佛教传入中土，也没有动摇这一秩序。原因是“借之以为寄命”的社会经济制度未变。晚清以降的剧烈变动（陈寅老称“巨劫奇变”），既是社会结构的变迁，又是文化思想的变迁。简言之传统文化的核心价值从此崩塌了。因此为传统文化所化之人的失落与痛苦，可想而知。王国维就是这样的人。但失落与痛苦，可以有不同的走向。由痛苦而新生，为更多的知识人士所选择。即使未趋步入于新潮，也不必即死。《挽词》“海日尚书互倡酬”的“海日尚书”，即沈曾植——王国维最服膺的清末大儒，曾出任宣统复辟时学部大臣，对共和共产自不认同，但晚年逍遥海上，平安而终。同为溥仪老师的罗振玉、柯劭忞虽有殉主之约（《挽词》“南斋侍从欲自沉，北门学士邀同死”），但并未践履，没有因1924年皇帝被赶出宫而自裁。

然则王国维究竟缘何而死？《挽词序》在强调纲纪之说的意义“为抽象理想最高之境”时，举出两个例证：“若以君臣之纲言之，君为李煜亦期之以刘秀；以朋友之纪言之，友为郦寄亦待之以鲍叔。”读者很容易认为不过是寻常举证，意在说明纲纪的理想远高于现实而已。其实独创阐释前人著述须“古典”“今典”并重的寅恪先生，论静安之死这样的大题目，岂有虚设例证之理。李煜自是古典，但今典指谁？我以为指溥仪。刚愎无能的溥仪正好与孱弱得“以泪洗面”的李煜为比。然而按纲纪之说，即使是溥仪、李煜这样不中用的“君”，也希望他们能够成为使汉室得到“中兴”的光武帝刘秀。很不幸，静安先生对他的“学生”宣统皇帝，就抱有这样的幻想。《挽词》叙述王国维入值南斋，像其海宁同乡、康熙朝掌尚书房的查初白一样勤勉敬谨（《挽词》“文学承恩值近枢，乡贤敬业事同符”）；而《挽词》“君期云汉中兴主，臣本烟波一钓徒”，白纸黑字，明明白白——不是讲王国维希望溥仪成为“中兴主”而何？因此“君为李煜”的“君”，必指溥仪无疑。

那么“友为郦寄”的“友”又系何指？不是别人，而是罗振玉。罗、王之为友，自无疑问。而王自沉之前，两人交恶，也是不争之事实。历史上管鲍之交的美谈和郦寄卖交的不德，是朋友相交的两个极端的例子。但按传统的纲纪之说，即使友是郦寄这样的不友之人，仍然应待之以鲍叔。王国维就是这样对待罗振玉的。罗、王是儿女亲家，晚年交恶，也是因儿女之事所引发。1926年9月26日，王之长子、罗的女婿王潜明病逝于上海。静安先生将潜明所遗之二千四百二十三元洋银寄给住在天津的罗女，罗振玉以女儿拒收为由欲退回，引起静安不满，信中致有“蔑视他人人格，于自己人格亦复有损”[1]的极强烈的措辞。实际两人的矛盾，由来已久。王国维大半生的学术活动，多得到罗振玉的经济资助，因此一涉及经济问题，王格外敏感。《白虎通》释朋友之纪有言：“货则通而不计。”[2]依王的文化理想，他会感到罗之所为不合于纲纪之说。当然王、罗交恶，还有政治观点不合的方面。1925年8月罗六十大寿，王祝寿诗有句：“百年知遇君无负，惭愧同为侍从臣。”[3]问题就发生在同为溥仪老师，对溥仪离宫后的出路，却有不同的预设。这个问题复杂，容笔者另文论述，此不多赘。

总之，晚年的王国维越来越认识到，先是逊位而后又被赶出宫的宣统皇帝溥仪，毕竟不是刘秀，几十年与之相交的罗振玉也不是鲍叔。他失望了，痛苦了。不是一般的失望，而是极端失望；不是寻常的苦痛，而是苦痛得“达极深之度”。寅恪先生说：“迨既达极深之度，殆非出于自杀无以求一己之心安而义尽也。”而所以死之故，也不是由于“具体之一人一事”，而

[1] 王国维：《致罗振玉》（1926年10月31日），吴泽主编：《王国维全集·书信》，中华书局1984年版，第445页。

[2] 陈立撰：《白虎通疏证》上，中华书局1994年版，第377页。

[3] 王国维：《罗雪堂参事六十寿诗》，《王国维文集》第一卷，中国文史出版社1997年版，第289页。

是此人此事所代表的“君臣之纲”和“朋友之纪”，即具体之人事反映的文化精神和文化理想，已彻底破灭，身为“此文化精神所凝聚之人，安得不与之共命而同尽”。因此王国维之死，不是殉清，而是殉为其所化的那种文化、那种文化理想、那种文化精神。

论者或认为，尽管王国维是为传统文化所化的大文化人、大学者，而晚清以还的文化与社会，确是传统价值崩塌的时期，但完全可以在保存自身生命的情况下，使个人（不是社会）的文化精神得以保持，何必一定自陷绝境？陈寅恪先生昔年撰写《元白诗笺证稿》一书时，曾写下如下一段关涉社会与文化变迁底里的警世骇俗之语：

> 纵览史乘，凡士大夫阶级之转移升降，往往与道德标准及社会风习之变迁有关。当其新旧蜕嬗之间际，常呈一纷纭综错之情态，即新道德标准与旧道德标准，新社会风习与旧社会风习并存杂用。各是其是，而互非其非也。斯诚亦事实之无可如何者。虽然，值此道德标准、社会风习纷乱变易之时，此转移升降之士大夫阶级之人，有贤不肖、拙巧之分别。而其贤者拙者，常感受苦痛，终于消灭而后已。其不肖者巧者，则多享受欢乐，往往富贵荣显，身泰名遂。其故何也？由于善利用或不善利用此两种以上

不同之标准及习俗，以应付此环境而已。[1]

这段话陈寅恪直接针对的是中晚唐的社会风习和道德标准的变迁，但其普遍意义适用于任何新旧更替、社会与文化变迁的时代。尤其对知识阶级的“贤不肖、拙巧之分别”，其今典之意涵，可延长至今天。而“贤者拙者，常感受苦痛，终于消灭而后已”，不是明显指王国维吗？王之所以死之故，不仅因为晚清以来的社会与文化变迁，毁灭了他的文化理想，也因为求诸个人品质他不是巧于用世的“巧者”，而是“贤者拙者”。

3. 陈寅恪的王国维《纪念碑铭》和《遗书序》

王国维自沉后的第二年，即1929年，清华国学研究院之师生议决为王先生建立纪念碑事，碑文请陈寅恪先生撰写。陈先生毕生秉持的“独立之精神，自由之思想”，就是此碑文中首次提出的。其中写道：“士之读书治学，盖将以脱心志于俗谛之桎梏，真理因得以发扬。思想而不自由，毋宁死耳。斯古今仁圣所同殉之精义，夫岂庸鄙之敢望。先生以一死见其独立自由之意志，非所论于一人之恩怨，一姓之兴亡。呜呼！树兹石于讲舍，系哀思而不忘。表哲人之奇节，诉真宰之茫茫。来世不可知者也。先生之著述，或有时而不章。先生之学说，或有

[1] 陈寅恪：《元白诗笺证稿》，《陈寅恪集》，三联书店2001年版，第85页。

时而可商。惟此独立之精神，自由之思想，历千万祀，与天壤而同久，共三光而永光。”[1]对王之死，再次重申《挽词序》的观点，即不是“殉清”，而是殉自己的文化理想。此处尤点明，既与罗振玉的“一人之恩怨”无关，也与爱新觉罗氏“一姓之兴亡”无关，而是要摆脱“俗谛之桎梏”，追求“独立自由之意志”。陈之《碑铭》是写王，也是写他自己，寅恪先生学术思想的力度和学术精神的理性光辉在此《碑铭》中得以集中体现。

王国维逝世的当年，罗振玉编辑的《海宁王忠悫公遗书》即石印出版，但所收王氏著作多有遗漏，体例未称完备，故罗编之《遗书》流传不广。越五年，王之弟子赵万里重新编校董理王的著作，以《王国维遗书》名之，分十六册由商务印书馆出版。王弟哲安当时请序于陈寅恪先生，慨然允之。此序是陈先生继《挽词》《挽词序》《纪念碑铭》之后关于王国维的又一篇大著述，写于1934年农历六月初三。此序的贡献，主要在于对王国维平生学术的为学范围和治学方法做了精辟的概括。

陈寅恪先生说：“自昔大师巨子，其关系于民族盛衰学术兴废者，不仅在能承续先哲将坠之业，为其托命之人，而尤在能开拓学术之区宇，补前修所未逮。故其著作可以转移一时之风

[1] 陈寅恪：《清华大学王观堂先生纪念碑铭》，《陈寅恪集·金明馆丛稿二编》，三联书店2001年版，第246页。

气，而示来者以轨则也。”[1]这等于给人们常说的人文学术的“大师”，下了一个定义，即必须是能够“为往圣继绝学”，成为文化托命之人，同时有超越前贤的新的开拓，其学术成果能够自开风气并建立足可启导未来的新典范。具备这些要件，才能荣获名副其实的大师的称号。而具备这些要件的大师，必然与民族的盛衰和学术的兴废有一种关联。此义实即观堂《沈乙庵先生七十寿序》所说的“天不欲亡中国之学术，则于学术所寄之人，必因而笃之”，亦即寅老《挽王静安先生》诗所谓“吾侪所学关天意”。王国维在中国现代学术史上最堪此义，陈寅恪亦最堪此义。

陈寅恪《遗书序》对王之为学内容和治学方法所作之概括如下：

> 先生之学博矣，精矣，几若无涯岸之可望，辙迹之可寻。然详绎遗书，其学术内容及治学方法，殆可举三目以概括之者。一曰取地下之实物与纸上之遗文互相释证。凡属于考古学及上古史之作，如《殷卜辞中所见先公先王考》及《鬼方昆夷猃狁考》等是也。二曰取异族之故书与吾国之旧籍互相补正。凡属于辽金元史事及边疆地理之作，如《萌古考》及《〈元朝秘史〉之主因亦儿坚考》等是也。三曰取外

[1] 陈寅恪：《王静安先生遗书序》，《陈寅恪集·金明馆丛稿二编》，三联书店 2001 年版，第 247 页。

来之观念，与固有之材料互相参证。凡属于文艺批评及小说戏曲之作，如《红楼梦评论》及《宋元戏曲考》《唐宋大曲考》等是也。此三类之著作，其学术性质固有异同，所用方法亦不尽符会，要皆足以转移一时之风气，而示来者以轨则。吾国他日文史考据之学，范围纵广，途径纵多，恐亦无以远出三类之外。此先生之书所以为吾国近代学术界最重要之产物也。[1]

这里，陈寅恪先生把王国维的学术方法概括为三目，即一是取地下之实物与纸上之遗文互相释证，二是取异族之故书与吾国之旧籍互相补正，三是取外来之观念与固有之材料互相参证，而且各举代表著作以为证明。中国现代学术的一大特征就是重视科学的研究方法，这方面王、陈均为典范性的代表。而陈的方法与王完全一致，两人之“气类相同”即使见诸学术观念和学术方法亦复如是。所以可以说陈是最了解王的学术之人。

王国维逝世后，陈寅恪先生接连发表的关于王的三大著论，《挽词序》《纪念碑铭》《遗书序》，可谓给静安先生的学术与人格盖棺论定之著。倘加分别，则《挽词序》写的是文化理想，《纪念碑铭》写的是学术精神，《遗书序》写的是学术方法。有此三著论，静安先生可以瞑目矣。因此王国维的学术知

[1] 陈寅恪:《王静安先生遗书序》,《陈寅恪集》，三联书店 2001 年版，第 247—248 页。

音，我敢说也许不是罗振玉，而应将陈寅恪先生排在最前面。

二　王国维、陈寅恪与吴宓

1. 吴宓和《雨僧日记》

当我们讲王国维、陈寅恪的时候，不能不讲到吴宓。吴宓的学术成就自然不能与王、陈相比，但亦自有精彩处，如果不是因为吴宓，我们对王、陈的人格与学术的细节，不会了解得那般清晰。1935年上海良友图书公司出版的《二十今人志》给吴宓画的一幅肖像，是这样的："世上只有一个吴雨生，叫你一见不能忘，常有人得介绍一百次，而在第一百次，你还得介绍才认识。这种人面貌太平凡了，没有怪样没有个性，就是平平无奇一个面庞。但是雨生的脸倒是一种天生禀赋，恢奇的像一幅讽刺画。脑袋形似一颗炸弹，而一样的有爆发性，面是瘦黄，胡须几有随时蔓延全局之势，但是每晨刮得整整齐齐。面容险峻，颧骨高起，两颊瘦削，一对眼睛亮晶晶的像两粒炙光的煤炭——这些都装在一个太长的脖子上及一副像支铜棍那样结实的身材上。"[1]《二十今人志》传写的二十个人当中，有严复、林纾、王国维、章太炎、梁漱溟、胡适、周作人、徐志摩、齐白石等，很多都是"五四"前后学苑艺坛的胜流，而吴

[1]《二十今人志》，上海良友图书公司1935年版，第1—2页。

宓被列在第一名。作者是温源宁，发表的当初，曾有人误会为钱锺书先生所写，钱先生尝作诗解嘲："褚先生莫误司迁，大作家原在那边；文苑儒林公分有，淋漓难得笔如椽。"此事成为二十年代文坛的一段佳话。

吴宓字雨僧，又作雨生，1894年生于陕西泾阳，早年留学美国，师从新人文主义大师白璧德，与陈寅恪、梅光迪、汤用彤等哈佛同窗相友善。归国后历任东南大学、东北大学、清华大学、西南联大、武汉大学等校教授，主讲西洋文学，阐发中国文化。1949年以后，隅居四川重庆，执教西南师范学院，但1965年开始已不再任课，"文化大革命"时期肉体精神备受摧残，1978年在泾阳老家逝世，终年八十四岁。《二十今人志》"志"的是任清华大学外文系教授的吴宓，那是他相对较为平稳少波折的时期。除此之外，世道人心便与他捉迷藏、闹别扭、造误会，一生矛盾痛苦，终于赍志以殁。中国现代文化人的遭遇不幸，吴宓是最突出的一个。

他的不得志，不是生不逢时，而是不肯趋时。白话时兴的时候，他提倡文言；新诗走俏，他作旧诗。"五四"新文化运动把传统打得七零八落，他与梅光迪、柳诒徵、胡先骕等创办《学衡》，主张"昌明国粹，融化新知"，竭力回狂澜于既倒。他的不趋时，一方面基于新人文主义的文化信仰，反映出个人文化思想的恒定性；另一方面由于具有严正认真的个性，为人坦荡无伪，对事真诚不欺。至于1929年与原配陈心一女士离异，曾酿成轩然大波，师友同事悉皆反对，认为言行相失，不足取信。唯陈寅恪不以为异，说在美初识吴宓，就知其“本性浪漫，惟为旧礼教、旧道德之学说所拘系，感情不得发舒，积久而濒于破裂，犹壶水受热而沸腾，揭盖以出气，比之任壶炸裂，殊为胜过”[1]，并认为其他种种说法都是不了解吴宓。《二十今人志》的作者用“慷慨豁达，乐为善事”“孤芳自赏，不屈不移”概括吴宓，是说对了的。而前引肖像描写中传出的奇崛不驯的神气，也确为雨僧先生所独具。

吴宓的躁动不安的心灵可以感到安慰的是，中国现代思想文化史上许多第一流的人物，都与他结有深厚的友谊，不仅同道合志，而且情意相通。1922年至1924年他主持编纂《学衡》杂志时期，往还与共者有梅光迪、柳诒徵、汤用彤等。他一生与陈寅恪的友爱尤为深挚。早年留学哈佛，两个人就一见如故，吴宓写信给国内友人，说“合中西新旧各种学问而统论之，吾必以寅恪为全中国最博学之人”[2]。而对比自己小十六岁的钱锺书，他同样推崇备至，曾说“当今文史方面的杰出人才，在老一辈中要推陈寅恪先生，在年轻一辈中要推钱锺书，他们都是人中之龙，其余如你我，不过尔尔”[3]。由此可见他的慧眼与卓识。萧公权1918年考入清华，当时吴宓已在美一年

[1] 《吴宓日记》第五册，1930 年 4 月 22 日，三联书店 1998 年版，第 60 页。

[2] 吴宓:《空轩诗话》第十二,《吴宓诗话》(吴学昭整理)，商务印书馆 2005 年版，第 196 页。

[3] 郑朝宗:《但开风气不为师》,《海夫文存》，厦门大学出版社 1994 年版，第 1 页。

多，等到他赴美留学，吴宓已经回国。直至1934年，彼此才有所交往，这使得爱才若渴的吴宓深感遗憾，所以《空轩诗话》第四十五则在全录萧作《彩云新曲》后，特补笔写道："予交公权最晚，近一年中，始偶相过从，然论学论道论文论事，皆极深契合。"[1]只要有可能，他从不放过与同时代任何一个第一流学者雅相爱接的机会。

我们今天不能忘怀于吴雨僧的，最主要是他生平中的三件大事：一为创办《学衡》；二为筹建并实际主持清华国学研究院的工作；三是慧眼识陈、钱以及与陈寅恪建立的终生不渝的诚挚友情。这三件事，都是为中国学术和中国文化传薪续命的伟绩，时间过得愈久愈显出它们的价值。至于讲《红楼梦》，授西洋文学，撰写《空轩诗话》，出版《吴宓诗集》，比之这三件事，还是小焉哉。当然吴宓生平中还有一件事也足以嘉惠士林，传之久远，就是他几十年如一日，不间断地记日记，中国现代思想和学术的许多人与事、问题与主义、轶事与趣闻，以及他个人的心路历程，困扰与矛盾，特定历史时期的文化与文化人的命运，日记中都有忠实的具体而微的记录。吴宓自己称他写日记的特点："体例一取简赅，以期能不中断，如电铃之扣码、书库之目录。凡藏诸脑海者，他日就此记之关键，一按即

[1] 吴宓：《空轩诗话》第四十五，《吴宓诗话》（吴学昭整理），商务印书馆2005年版，第249页。

得。故惟示纲目，而不细叙，借免费时而旋中辍云。”[1]《雨僧日记》实际上是一部内容丰富的日记体中国现代学术史叙录，也是一部现代学人的文化痛史，其史料价值和学术价值，均不可低估。[2]

2. 王国维、陈寅恪、吴宓在清华研究院的交谊

清华国学研究院成立于1925年，是为大学毕业和又有学问根底者的进修之地，因此是一高深的学术机构，目的是培养国学门的通才硕学。认真说来，当时清华大学的正式名称叫清华学校，还没有定名为清华大学，直到1928年，才定名为国立清华大学。而国学研究院的正式名称，也应该叫清华学校研究院。那么何以又称国学研究院？因为清华研究院之设，略同于北大设研究所国学门，本来想涵盖自然科学、社会科学等各个学科，由于经费的限制，也有学科的成熟程度的问题，最先办起来的只有国学一科。所以就把清华学校研究院，简称而偏好地叫作清华学校国学研究院了。吴宓几次提议正式定名为国学研究院，都未能获准。可是约定俗成的力量是不可抗拒的，虽未获准，人们还是那样叫，而且叫开了，到后来大家以为当时

[1]《吴宓日记》第二册（1917—1924）卷首文字，三联书店 1998 年版，第 19 页。

[2]《吴宓日记》正续编，正编十册，1910—1948，续编十册，1949—1974。前后计五十四年，二十巨册，起自 1910 年十月初一日，讫于 1973 年十二月三十一日（1974 年日记失去），已由三联书店于 1998 年和 2006 年先后出版。

成立的就是清华大学国学研究院。吴宓当时担任清华研究院国学部主任（月薪三百元），四大导师的到职，都经他亲自礼聘。《吴宓自编年谱》在1925年2月13日条下，记载有礼聘王国维的情形："宓持清华曹云祥校长聘书，恭谒王国维静安先生，在厅堂向上行三鞠躬礼。王先生事后语人，彼以为来者必系西服革履、握手对坐之少年，至是乃知不同，乃决就聘。"[1]从而可知吴宓对王国维怀有特殊的礼敬。

陈寅恪的就聘清华国学院导师，更是吴宓一手所操办。当时陈正在德国柏林大学研究梵文、巴利文、藏文等古文字，对应聘颇感迟疑。1925年4月27日《雨僧日记》载："陈寅恪复信来。（一）须多购书；（二）家务，不即就聘。"[2]致使吴宓大为失望，在日记中写道："介绍陈来，费尽气力，而犹迟疑，难哉。"[3]陈寅恪所说的"多购书"，是指创办国学研究院须多购置书籍，这是他的一贯主张，因此虽没有立即就聘，对研究院的发展建设已有所建言。他自己1923年在《与妹书》中，曾因筹措购书款无着而焦灼不安，说："甚欲筹得一宗巨款购书，购就即归国。此款此时何能得，只可空想，岂不可怜。"[4]所以如此急迫，盖由于他需要的藏文《大藏经》和日本印行的中文

[1] 《吴宓自编年谱》，三联书店 1995 年版，第 260 页。

[2] 《吴宓日记》第三册（1925—1927），三联书店 1998 年版，第 19 页。

[3] 同上。

[4] 陈寅恪：《与妹书》，《陈寅恪集 · 书信集》，三联书店 2001 年版，第 1 页。

《大正藏》，还有字典及西洋类书百种，如不能购得，“一归中国，非但不能再研究，并将初着手之学亦弃之矣”[1]。是否就聘，何时回国，对陈寅恪来说，书籍是个先决条件。

1925年6月25日《雨僧日记》记载：“晨接陈寅恪函，就本校之聘，但明春到校。”[2]8月14日《雨僧日记》又载：“陈寅恪有函来，购书殊多且难。”[3]为了解决书款问题，吴宓向当时的清华校长曹云祥提出申请，特批四千元，其中两千元作为陈寅恪的预支薪金，另两千元为研究院购书，但会计处只准予支出一千元的薪金。1925年9月3日《雨僧日记》：“陈寅恪预支薪金千元，按1.76，合美金五六八元一角八分。花旗银行支票一纸，由会计处取来，寄柏林，寅恪收。”[4]9月18日又载：“陈寅恪购书及预支薪金，续汇三千元（连前共四千元）支票二纸。”[5]研究院的购书款，《雨僧日记》10月8日条记载甚详：“下午，领到会计处交来汇陈寅恪购书款二千元。按1.78，合得美金一千一百二十三元五角九分，花旗银行支票一纸，No.25/7790，由本处附函中挂号寄去。”[6]陈寅恪之就聘清华国

[1] 陈寅恪：《与妹书》，《陈寅恪集 · 书信集》，三联书店2001年版，第1页。

[2] 《吴宓日记》第三册（1925—1927），三联书店1998年版，第37页。

[3] 同上，第56页。

[4] 同上，第65页。

[5] 同上，第73页。

[6] 同上，第78—79页。

学研究院，确让吴宓耗费了许多心力，至有“难哉”之叹，应属可以理解。

就陈寅恪一方面而言，他的应聘与否完全出自学术的考虑，因而派生出一个购书的问题。至于1925年4月27日《雨僧日记》所载的“家务”一项，系指寅恪先生的母亲俞淑人和长兄陈师曾先后于前一年逝世，1925年8月在杭州安葬事。陈寅恪离德回国的实际日期为1925年12月18日，《雨僧日记》有明确记载。而到清华报到是1926年7月7日，此时的吴宓已辞去国学研究院主任的职务，改任外文系教授，但迎接陈寅恪到校一应事务，如安排住处，游观研究院环境，看赵元任，访王国维，都由吴宓陪同。7月中旬，陈寅恪身体不适，又回南方养病，至8月25日国学研究院开学前夕返回北京，始正式任教于清华。

1926年9月新学年开始的清华园，迎来了前所未有的学术收获季节。国学研究院的“四大导师”王、梁、陈、赵全部到齐，还有专任讲师考古学家李济，工作人员包括学富才隽的浦江清，真可以说是皆一时之选，风景极一时之盛。陈寅恪的应聘过程虽然曲曲折折，一旦到校，倍增生气。事过四十五年以后，蓝孟博回忆起当时的盛况，写道：“自十五年夏，陈寅恪先生到院，导师已增至四位；秋季开学，新同学及留院继续研究的同学，共有五十余人，院中充满蓬勃之气。”又说：“研究院的特点，是治学与做人并重。各位先生传业态度的庄严恳挚，诸同学问道心志的诚敬殷切，穆然有鹅湖、鹿洞遗风。每当春秋佳日，随侍诸师，徜徉湖山，俯仰吟啸，无限春风舞雩之乐。”[1]国学研究院的同学，说来着实幸运，不知不觉中便成了“南海圣人再传弟子，大清皇帝同学少年”[2]，而且有缘享用有“字字精金美玉”之誉的陈寅恪的讲课。

据《清华周刊》披露的材料，当时陈寅恪讲授与指导的学科范围包括《年历学》《古代碑志与外族有关系者之研究》《摩尼教经典与回纥译文之研究》《佛教经典各种文字译本之比较研究》等，以精通多种语言文字之长，使传统国学平添许多现代气息。吴宓经常前去听课。此时之吴宓已开始代理外文系主任的职务，行政事务缠绕着他，但涉及与陈寅恪有关的物事，他总是挺身而出。浦江清是他在东南大学教过的学生，到国学研究院工作也是他所介绍，本欲调外文系当他的助手，因陈寅恪也需要，他就作罢。1926年9月9日《雨僧日记》记载此事：“寅恪不愿失去浦君，乃止。”[3]

可惜清华国学研究院好景不长，1927年春节过后，随着国民革命军北伐的步伐加快，研究院师生已无法安心向学。1927年4月3日《雨僧日记》：“近顷人心颇皇皇，宓决拟于政局改变，党军得京师，清华解散之后，宓不再为教员，亦不从事他

[1] 蓝文徵：《清华大学国学研究院始末》，《谈陈寅恪》，台北传记文学出版社1979年版，第143、145页。

[2] 陈寅恪：《赠清华国学研究院学生》，《陈寅恪集·诗集》，三联书店2001年版，第179页。

[3] 《吴宓日记》第三册（1925—1927），三联书店1998年版，第219页。

业。”[1]4月6日上午则已协助陈寅恪往城里转移暂时不用的西文书籍，“恐清华为党人解散之时，匆促忙乱，检取不及”[2]。6月2日，王国维在颐和园鱼藻轩自沉。6月7日，梁启超因肾病复发，同时也由于王死之剧烈刺激，离开北京到天津调养身体，其间两次住进协和医院，国学研究院事，实际上已无法董理。而赵元任，1927年10月以后，主要精力都放在了方言调查方面。“四大导师”只剩寅恪先生一人勉力维持，中间曾有增聘章太炎、罗振玉、陈援庵三位为导师之议，但章、罗均逊谢不就，陈更以“不足继梁、王二先生之后”为词不肯应聘。1928年6月北伐军攻入北京，清华由外交部改隶教育部。不久，直接隶属于国民政府的中央研究院在南京成立，蔡元培出任院长。吴宓所担心的“解散”虽未发生，但到1929年1月19日梁启超又病逝，国学研究院继续办下去已无可能。

就这样，在二十世纪二十年代盛极一时的以造就通才硕学为目标的清华国学研究院，仅延续了四个春秋，终于在“四大导师”凋零其半而“长安弈棋”变幻莫测的氛围中，于1929年正式停办。陈寅恪所作《王观堂先生挽词》有句云：“但就贤愚判死生，未应修短论优劣。”这指的是人，对物事和举措恐怕也应作如是观。清华国学研究院的命运反映了中国现代学术和现代文化的命运，她留给后来者的遗产既包含有光荣和骄傲，

[1] 《吴宓日记》第三册（1925—1927），三联书店1998年版，第327页。

[2] 同上。

也含孕着悲哀与辛酸。

3. 王国维自沉前后的王、陈与吴宓

王国维自沉于昆明湖后的第四天，即1927年6月6日，北京《顺天时报》刊出一篇题为《王国维在颐和园投河自尽之详情》的文章，对6月2日至6月3日王国维自沉前后一应情形叙列甚详，足可为不知底里而又想探知究竟的好奇的公众解开疑窦。文章的作者没有具真实姓名，只在文末署“清华学校一分子、爱敬王先生之一人启”，因而《顺天时报》发表时，也只是标明：“兹接清华学校某君来函，叙其经过尤详。”文章实为吴宓所写，1927年6月5日《雨僧日记》载：“上午，作函致《顺天时报》总编辑，详述王先生死节情形。意在改正其新闻之错误，并附录王先生遗嘱原文。”[1]

吴宓与王、陈在此前后一段时间往来频密。1926年3月，吴宓辞去国学研究院主任职而专任外文系教授以后，他与王、陈仍保持密切的接触。《雨僧日记》1926年9月15日：“夕，王静安先生来，久坐”；11月3日：“王静安与陈寅恪来此小坐”；11月11日：“下午，王静安、陈寅恪、刘崇鋐等，悉来此晤柳公（指柳翼谋——引者注）”；12月3日：“晨8—9偕寅恪赴西院祝王国维先生五十寿”。特别是1927年3月份以后接触更为频繁。

[1]《吴宓日记》第三册（1925—1927），三联书店1998年版，第347—348页。

3月13日："午，陈寅恪来谈"；3月28日："晚，王静安先生招宴于其宅"；4月8日："晚，陈寅恪来"；4月18日："夕，约陈寅恪、楼光来、Winter来宓室中赏花，并用酒膳"；4月30日："陈寅恪于晚间来访，谈中国人之残酷，感于李大钊等之绞死也"；5月2日："夕，王静安先生来谈"；5月12日："晚，寝后复起，王静安先生偕陈寅恪来"；5月19日："陈寅恪日夕常来谈"；5月24日："夕，与陈寅恪、赵万里、周光午散步，并至寅恪家中坐谈"；5月26日："上午访寅恪晤王静安先生"。[1]这最后一次晤谈，距6月2日惨剧的发生只有六天时间，对王国维自沉前的心境和情绪，了解得最透彻的第一个是陈寅恪，第二个就是吴宓。所以王国维的遗嘱特别提出："书籍可托陈、吴二先生处理。"这无异于文化托命，反映出三个人之间交谊之深。

但吴宓与陈寅恪对王国维死因的理解，彼此并不一致；1927年6月2日王国维自沉当天《雨僧日记》写道："王先生此次舍身，其为殉清室无疑。大节孤忠，与梁公巨川同一旨趣。"[2]梁巨川是梁漱溟的父尊，名梁济，当1918年11月10日六十岁生日时，投北京净业湖即积水潭自杀身亡，遗书中称是为了"殉清朝而死"，在知识界引起一场讨论，陈独秀、陶孟和、徐志摩等都写了文章，梁漱溟也写信给《新青年》倾述己

[1] 所引1926年9月15日至1927年5月26日吴宓日记诸条，见《吴宓日记》第三册（1925—1927），三联书店1998年版，第222—342页。

[2] 《吴宓日记》第三册（1925—1927），三联书店1998年版，第345页。

见。但梁济之死更多的是道德的自我完成，不像王国维那样具有自觉的文化意义。吴宓把两者等同并列，是对王之死尚缺乏深层了解。

读者也有的认为王是怕北伐军攻入北京遭遇不幸，所以选择了自杀。对此吴宓在同一篇日记中据理据实给予了反驳，他说："若谓虑一身安危，惧为党军或学生所辱，犹为未能知王先生者。盖旬日前，王先生曾与寅恪在宓室中商避难事，宓劝其暑假中独游日本，寅恪劝其移家入京居住，己身亦不必出京。王先生言'我不能走'。"[1]吴宓分析说："一身旅资，才数百元，区区之数，友朋与学校，均可凑集。其云'我不能走'者，必非缘于经费无着可知也。今王先生既尽节矣，悠悠之口，讥诋责难，或妄相推测，亦只可任之而已。"[2]作为王国维的同事和同道，吴宓始终站在替王辩诬的立场。只是他接受了王之死是为了"殉清室"的看法，使得他的辩护带有一定局限。

陈寅恪的看法则倾向于王之死主要是文化哀痛所致，与其说殉清室，不如说是殉中国几千年来的固有文化，《王观堂先生挽词》的序言于此点有极细密的申论。《挽词》作于1927年10月，在痛定之后，但陈氏的上述看法，6月14日的《雨僧日记》已有所透露，其中写道："寅恪谓凡一国文化衰亡之时，高明之士，自视为此文化之所寄托者，辄痛苦非常，每先以此

[1]《吴宓日记》第三册（1925—1927），三联书店1998年版，第345页。

[2] 同上。

身殉文化，如王静安先生，是其显著之例。”[1]吴宓在认知上虽未能达到此一高度，但听了陈寅恪的论议，他也表示认同。因为自哈佛订交以来，无论为人为学论诗论事，他都佩服陈寅恪的高见卓识。因此《空轩诗话》对陈之挽词给予极高评价，认为在哀挽王国维之死的诸多作品中可“为第一”，并称赞其序言“陈义甚精”。因此当他为《挽词》“一死从容殉大伦”句作解释时，对自己持之“无疑”的“殉清室”说，作了事实上的修正，而向陈寅恪的殉文化说靠拢。这条疏解是这样写的：

> 五伦，第一是君臣，以下父子、兄弟、夫妇、朋友，故曰大伦。宣统尚未死，王先生所殉者，君臣（王先生自己对清朝）之关系耳。[2]

“宣统尚未死”，因而“殉清室”的说法无所着落，吴宓意识到了这一点，于是强调所殉者为王国维对清朝的君臣之关系，也就是作为抽象理想的纲常伦理，这和陈寅恪在《挽词序》中所阐述的思想就一致起来了。他在1927年6月14日的《日记》里引述了上面的思想之后，还进一步发挥说：“宓则谓寅恪与宓皆不能逃此范围，惟有大小轻重之别耳。”[3]这正是吴宓的

[1] 《吴宓日记》第三册（1925—1927），三联书店 1998 年版，第 355 页。

[2] 转引自吴学昭：《吴宓与陈寅恪》，清华大学出版社 1992 年版，第 59 页。

[3] 《吴宓日记》第三册（1925—1927），三联书店 1998 年版，第 355 页。

可爱处，他与友朋相交，总是自低位置，涉及文化苦痛问题，也认为王国维的文化程量固然比自己宏阔，陈寅恪所受苦痛的深度也大于自己。虽不无自谦之意，按之后来人生遭际崎岖演变的事实，又可见出吴宓不乏智识者的自知之明和先见之明。

王国维自沉之后，包括陈寅恪在内的许多人都有诗作面世，以志哀悼，唯独最爱写诗也长于写诗的吴宓，却没有写，这是什么缘故？吴宓自己也感到是个问题，所以在《空轩诗话》第十一则里特地加以说明："王静安先生（讳国维，浙江海宁人）于丁卯（民国十六年）五月初三日（阴历此日，即阳历六月二日）自沉于颐和园之鱼藻轩，一时哀挽者极多（黄晦闻师、张孟劬先生、陈寅恪君等，均有诗。载《学衡》六十期），宓仅成短联。尝欲仿杜甫《八哀》诗，为诗述诸师友之学行志谊，久而未成。所列八贤，已先后作古人矣。"[1]但何以只有短联，而没有诗作，就中缘由，还是没有说出。现在细详《吴宓日记》的有关记载，似可稍加猜测。第一，王国维之死，对吴宓的精神震动是太大了，6月3日《吴宓日记》记载了凄惨情景："王先生遗体卧砖地上，覆以破污之芦席，揭席瞻视，衣裳面色如生，至为凄惨。"[2]这一幕印在他的心头脑际，不是短时间可以抹去的，势必阻滞诗思。第二，对王国维之死

[1]　吴宓：《空轩诗话》第十一"王国维咏史诗"，《吴宓诗话》（吴学昭整理），商务印书馆2005年版，第192页。

[2]　《吴宓日记》第三册（1925—1927），三联书店1998年版，第345页。

持“殉清室”说，不利于把自己的诗情升华到澄明幽渺的境界，所以他的挽联：“离宫犹是前朝，主辱臣忧，汨罗异代沉屈子；浩劫正逢此日，人亡国瘁，海宇同声哭郑君。”[1]措意也只是平平。第三，陈寅恪既有挽诗又有挽词，而且诗词均臻妙境，在这种情况下，作为平日互相唱和的诗友，是可以无作。当然这只是我的猜测，不敢说此中已无进一步待发之覆。

1928年6月1日和2日，值王国维逝世一周年之际，吴宓连作《落花诗》八首，起因是王国维逝世前为国学研究院同学谢国桢录韩偓和陈宝琛的诗各二首，书于扇面之上，陈之诗即为《前落花诗》，一时以为王此举是以落花明殉身之志（《空轩诗话》十三）。吴宓的《落花诗》，其中五首作于6月1日，另外三首是6月2日伏枕而作，然后又成一首五律：

心事落花寄，谁能识此情。
非关思绮靡，终是意凄清。
叹凤嗟尼父，投湘吊屈平。
滔滔流世运，凄断杜鹃声。[2]

《雨僧日记》对诗成经过有所解释，见于1928年6月2日条：“是日为王静安先生逝世周年之期，宓又作五律一首吊

[1] 《吴宓日记》第三册（1925—1927），三联书店1998年版，第347页。

[2] 《吴宓诗集》，商务印书馆2004年版，第174页。

之。”[1]后收入《吴宓诗集》，题目作《六月二日作落花诗成，复赋此律，时为王静安先生投身昆明湖一周年之期也》。不妨把这首五律和八首《落花诗》看作是吴宓挽王国维之死的补作，但题旨已不是一年前特定心境的反映，如同《落花诗》序语所标示的，乃是借春残花落，对“所怀抱之理想，爱好之事物，以时衰俗变，悉为潮流卷荡以去，不复可睹”，“致其依恋之情”。[2]伤悼的对象由王国维的自沉一变而为自我“感伤身世”，虽可以视为后补的挽诗，意义却因时过而境迁了。

吴宓没有留下挽诗，却有一篇誓词留了下来。1927年6月3日，吴宓与清华国学研究院师生一起送殡，最后将王国维的遗体停放在清华园附近的刚果寺，前后经过使吴宓蒙受巨大刺激，在当天的日记中写道：“王先生忠事清室，宓之身世境遇不同。然宓固愿以维持中国文化道德礼教之精神为己任者。今敢誓于王先生之灵，他年苟不能实行所志，而溅忍以没，或为中国文化道德礼教之敌所逼迫，义无苟全者，则必当效王先生之行事，从容就死，惟王先生实冥鉴之。”[3]吴宓的以自觉维系中国固有文化为己任，终其一生是一以贯之的，所以他才办《学衡》，不惮于和当时的新派人物唱对台戏。但他的文化信仰虽坚挚，内心却充满矛盾，不仅是文化理想不能实现的矛盾，也

[1] 《吴宓日记》第四册（1928—1929），三联书店 1998 年版，第 69 页。

[2] 《吴宓诗集》，商务印书馆 2004 年版，第 173 页。

[3] 《吴宓日记》第三册（1925—1927），三联书店 1998 年版，第 346 页。

有寄情文章学术与谋求事功的矛盾，他自己比喻为二马并驰，足踏两背，倘若握缰不紧，两马分途，“将受车裂之刑”，适成自己的“生之悲剧”。[1]

不幸的是，这种悲剧一直延续到他生命的晚期。只不过晚年的吴宓，在精神苦痛之外，又增加了肉体的苦痛。“文革”期间，左腿被迫害扭折，右目全盲，每月领38.5元生活费，约有两年时间，早、晚餐各食一个馒头，不吃菜，午餐有食堂菜一份，米饭三两，住室则为无顶席墙的工棚，雨天上漏不止。吴宓身材魁伟，素不耐饥，当年在颐和园为王国维送殡，等到晚八时灵柩始运到，“饥不能忍”，还曾“与戴元龄等四人，在青龙桥镇中，一小店内进面食糕饼等”[2]，可知晚年的雨僧先生怎样为饥饿所折磨。

陈寅恪以学术作为文化托命的根基，一心向学，从不旁骛，因此没有二马分途所带来的矛盾，但在蒙受精神与肉体双重苦痛这点上，与吴宓又是一致的，借用吴宓的话说，“惟有大小轻重之别耳”。1950年9月18日，陈寅恪在致吴宓的信中写道：“吾辈之困苦，精神、肉体两方面有加无已，自不待言矣。”[3]1944年底寅恪先生双目失明，1962年跌断右腿，还不要说多年来频发频遇的病魔与流离。就王、陈、吴的一生遭际

[1] 《吴宓日记》第三册（1925—1927），三联书店 1998 年版，第 355 页。

[2] 同上，第 346 页。

[3] 陈寅恪：《致吴宓》，《陈寅恪集·书信集》，三联书店 2001 年版，第 268 页。

而言，陈比吴平稳而少曲折，王比陈、吴更超脱省净。“世移势变，是非经久而论定，意气阅世而平心，事过境迁，痛定思痛”[1]（钱基博语），安知王国维1927年6月2日之逝不是正确的选择？至少，他为中国文化精神所凝聚之人树立一种风范。当年梁济自杀，陈独秀还曾热情肯定其“真诚纯洁的精神”，说这样做“比那把道德礼教纲纪伦常挂在嘴上的旧官僚，比那把共和民权自治护法写在脸上的新官僚，到底真伪不同”[2]。王国维为文为学为人真实不欺，更是有目共睹。吴宓的誓词就是在王的文化精神的感召下悄悄写在日记中的。

也许有人会提出疑问，问吴宓晚年经受那许多精神和肉体的折磨，何以不践履自己的誓词。这个问题说来复杂，亦甚难言者也。兹有一点可以论定，即便吴宓选择了王国维的结局，由于“世移势变”，也不可能产生震动社会的文化效应。清华国学研究院英杰才隽之中，不乏大义凛然的气节之士，当年看到陈寅恪向王国维遗体行跪拜大礼，而放声痛哭的刘盼遂先生，即死于“文革”开始之年，然而有如黄英堕溷，无任何声息，人们仿佛忘却了这桩悲剧。因为当时的时代情势，是“铁骑横驰园作径，饥黎转死桂为薪”[3]。“殉道”已不知“道”在何处，“成仁”亦不知“成”谁家之“仁”。作为文化所托命之

[1] 钱基博：《现代中国文学史》四版增订识语，岳麓书社1980年版，第5页。

[2] 《独秀文存》卷二，外文出版社2013年版，第371页。

[3] 《吴宓诗集》，商务印书馆2004年版，第174页。

人，反不如以己身之经历为中国的反文化传统留一实证。

连陈寅恪在饱观世运之后也有新的反省，作于1957年的《题王观堂〈人间词〉及〈人间词话〉新刊本》写道："世运如潮又一时，文章得失更能知。沉湘哀郢都陈迹，剩话人间绝妙词。"[1]但陈、吴和王一样，文化信仰和文化精神始终如一，未尝稍有变异。1964年夏天，陈寅恪在《赠蒋秉南序》中，特标举欧阳修撰《新五代史》"贬斥势利，尊崇气节"之义，并以"默念平生固未尝侮食自矜，曲学阿世"[2]告慰友朋，即为明证。1974年，吴宓在自身莫保的境况下起而谴责批孔伐儒的谬举，致使遭遇更大的不幸，被遣送回陕西泾阳老家，终于赍志以殁。王国维遗嘱云："五十之年，只欠一死。"陈寅恪在诗中一再重复咏叹："大患分明有此身。"陈、吴的结局，从文化精神的指归来说，与王并无不同。1935年出版的《吴宓诗集》，关于《王观堂先生挽词》的诗话，只录诗而未录序，晚年吴宓重订《诗集》，诗序并录，且写下按语："此序陈义甚高，而至精切。寅恪在1927年，已看明1949年后之变。"[3]

吴宓一生受王、陈文化精神的影响至深至巨，直到晚年独卧病榻，仍不忘从王、陈身上汲取支撑的力量。1971年1月29

[1] 陈寅恪：《陈寅恪集·诗集》，三联书店2001年版，第129页。

[2] 陈寅恪：《赠蒋秉南序》，《寒柳堂集》，三联书店2001年版，第182页。

[3] 吴宓：《空轩诗话》第十二整理者所加之脚注，《吴宓诗话》（吴学昭整理），商务印书馆2005年版，第193页。

日《雨僧日记》载："阴，晦。上午，身体觉不适。心脏痛，疑病。乃服狐裘卧床，朗诵（1）王国维先生《颐和园词》；（2）陈寅恪君《王观堂先生挽词》等，涕泪横流，久之乃舒。"[1]1973年6月3日，又梦陈寅恪诵释新作的诗句"隆春乍见三枝雁"[2]。哪"三枝雁"？是王国维、陈寅恪、吴雨僧么？不过应改"隆春"为"隆冬"才是呵。

三　晚年的陈寅恪与吴宓

陈寅恪在《王观堂先生挽词》的序言里，为说明王国维1927年6月2日自沉于昆明湖不是为了"殉清室"，而是殉延续几千年的中国固有文化，提出中国文化的最高境界具有"抽象理想之通性"，比如"以朋友之纪言之，友为郦寄亦待之以鲍叔"。郦寄是西汉时期有名的出卖朋友的小人，史家称其为"卖交"，为后世所不耻。鲍叔则以能知人著称于世，少年时发现管仲有出息，就始终不变，不论管仲有什么小的缺点，处境如何，都"善遇之"，直到推荐给齐桓公，使居于自己之上，感动得管仲不知如何是好，说"生我者父母，知我者鲍子也"。

管鲍故事是中国人友朋相交的最高境界，向为人们所称道，但复按历史，真正达到这一境界的例证并不很多。不过我

[1]《吴宓日记续编》第九册（1969—1971），三联书店2006年版，第178页。

[2]《吴宓日记续编》第十册（1972—1974），三联书店2006年版，第401页。

在这里要说，我国现代学术文化史上的两位巨子——陈寅恪与吴宓，他们之间的友谊，是可以比之管、鲍而不愧疚的。两个人自1919年在哈佛订交，以后在半个多世纪的时间里，不论顺利也好，挫折也好，他们总是真诚不欺，相濡以沫。共事于清华国学研究院时期两个人的深厚情谊已如上述。感人的是1944年10月底，吴宓从昆明西南联大去成都看望在燕京大学任教的陈寅恪。当时寅恪先生右眼已失明，左眼因劳累过度也于12月12日不能辨视物象，两天以后住进医院治疗。

我们打开1944年12月14日至1945年1月24日的《雨僧日记》，几乎是天天、有时一天两次，吴宓都去医院看视、陪同寅恪先生。例如《雨僧日记》1944年12月14日："寅恪以目疾，住陕西街存仁医院三楼73室，宓1—2往探视，久陪坐谈。"12月15日："10—11存仁医院探寅恪病……4：00再探寅恪病，以万元付寅恪作家用。"12月16日："在燕京大礼堂讲《红楼梦》评论"，"探寅恪病"。12月17日："下午1：30始得至存仁探寅恪病。"12月18日："12—1探寅恪病。今日下午，左目将行割治。"12月19日："往存仁视寅恪，仅得见夫人筼，言开刀后，痛呻久之。"12月21日："探寅恪病，甚有起色。"12月23日："夕，探寅恪病，仅见筼夫人，言寅恪不如前。"12月24日："上午探寅恪病，转佳。"12月25日："探寅恪病。逢陈医检查其病目。"12月26日："探寅恪病，医方检视，宓急退出。"12月28日："夕，探寅恪病，方眠。"12月30日："探寅恪病，方食，后筼夫人送出，密告：医云割治无益，左目网膜，脱处增广，未能黏合，且网膜另有小洞穿。”12月31日：“探寅恪病。方眠。”1945年元旦：“9：30探寅恪病。”“下午，阴，2—3以借得之张恨水小说《天河配》送与寅恪。”1月3日：“夕5—8探寅恪病，陪坐。”1月5日：“探寅恪病，方眠。”[1]吴宓几乎是天天去医院“陪坐”“久坐”“陪谈”。这一时期的《雨僧日记》，如同寅恪先生眼病的病历卡一样，纤毫不漏，很少见到朋友之间有如此至爱亲情的。陈寅恪的特点是深挚，吴宓的特点是投入。1961年吴宓赴广州最后一次看望老友，陈寅恪赠诗有句说：“幸有人间佳亲在。”这“佳亲”，二字不妨看作也包括两个老友的关系在内。

吴宓和陈寅恪在1949年以前，尽管有战乱和流离，总有机会倾心谈叙，互相切磋；1949年以后，本来是寰宇已定的和平环境，反而天各一方、相见时难了。因此1961年已是六十七岁的吴宓亲赴广州看望七十有一的陈寅恪，可不是一件小事。吴宓于8月23日乘船到武汉，会见老友刘永济先生，然后于8月30日抵广州，到中山大学已是夜里12时，寅恪先生仍在东南区一号楼上相见。这一天的《雨僧日记》写道：“寅恪兄双目全不能见物，在室内摸索，以杖缓步。出外由小彭搀扶而行。面容如昔，发白甚少，惟前顶秃，眉目成八字形。目盲，故目细而更觉两端向外下垂（八）。然寅恪兄精神极好，撮要谈述十二

[1] 《吴宓日记》第九册（1943—1945），三联书店1999年版，第376—403页。

年来近况。”[1]读这篇日记，令人感到凄然。吴宓9月4日离开广州，与寅恪先生有四个整天在一起叙往谈心，学术、政治、人事，无所不及，又交流诗作，劝吴宓与陈心一女士复合。陈寅恪《赠吴雨僧》诗第一首：“问疾宁辞蜀道难，相逢握手泪汍澜。暮年一晤非容易，应作生离死别看。”[2]不料想这首纪实的诗，后来竟成为谶语，果然是“生离死别”，从此这两位结管鲍之谊的老人再没有见过面。

1964年暑期吴宓本来还计划有广州之行，因政治风云忽变而未果。陈寅恪1962年跌断右腿，盲目膑足，在“文革”期间备受摧残。吴宓处境更为不利。1969年挨批斗，被猛向前推跌倒，左腿扭折，至1971年6月又盲了右目。扣发工资，每月只给三十七八元生活费。但此情此景，他担心、眷念的是寅恪先生，竟于1971年9月8日写信给“中山大学革命委员会”，问询老友的消息。他在信中说：“在国内及国际久负盛名之学者陈寅恪教授，年寿已高”，“且身体素弱，多病，双目已久盲。不知现今是否仍康健生存，抑已身故（逝世）？其夫人唐稚莹（唐筼）女士，现居住何处？此间宓及陈寅恪先生之朋友、学生多人，对陈先生十分关怀、系念，极欲知其确实消息，并欲与其夫人唐稚莹女士通信，详询一切。故特上此函，敬求贵校（一）复函，示知陈寅恪教授之现况、实情。（二）将此函交

[1] 《吴宓日记续编》第五册（1961—1962），三联书店2006年版，第159页。

[2] 陈寅恪：《赠吴雨僧》，《陈寅恪集·诗集》，三联书店2001年版，第138页。

付陈夫人唐稚莹女士手收。请其复函与宓，不胜盼感”[1]。其实寅恪夫妇早在1969年10月和11月去世，吴宓的信晚了差不多两年。不过即使两年前写此信，他大约也得不到回复吧。

使我们感到格外钦敬的是吴宓的勇气，身处自身莫保的险境，他居然敢于写这样一封充满对老友系念、礼敬的信，这只有吴宓才做得出。而且十分细心，开头即说明陈寅恪是“国内及国际久负盛名之学者”，在当时恐怕也包含有对迫害知识精英的抗议吧。“身故”一词后面加一括号，注明是“逝世”的意思，想得也极周到，因为当时以戕贼文化为使命的文化环境，可能读不懂雨僧先生的至诚无华的信，连吴宓的“宓”是否识得都在未知之数。当时吴宓下放在四川梁平县，不久又由于为孔子和儒学辩护，所受迫害更变本加厉，以至于不得不回到陕西泾阳老家，终于孤独地死去，比陈寅恪更加不幸。

而当晚年的吴宓独卧病榻时，他还在不停地思念老友。一生以维系中国固有文化为己任而又具有诗人浪漫情怀的吴宓，到生命的晚期，把他与寅恪先生的友谊升华到醇美的诗的境界，管、鲍地下有知，也要为后世有如此气类知音之士而额手至再罢。

1992年7月19日初稿

2013年8月17日改定

[1]《吴宓书信集》（吴学昭整理、注释、翻译），三联书店2011年版，第434页。

第二章

王国维思想学行传论

一

王国维，字静安，又字伯隅，号观堂，浙江海宁人。1877年农历十月二十九（公历12月3日）出生于海宁州城之双仁巷自宅。先生先世籍河南开封，远祖王光祖《宋史》有传，因征御北方边族有功，被封为泾原河东定州路副总管。光祖子王禀，忠义勇武，战功卓著。《三朝北盟会编》记载："王禀性质沉雄，智谋深静，便弓剑之习，负劲气于山西，贯韬钤之奇，走雄名于塞北，久率戎伍，夙著战功。"而靖康元年（1126年）九月初三日，已被金兵围困二百多天的太原眼看就要陷落之时，王禀率部巷战，身被数十创，还到城里庙中背负太宗的塑像，与其子之全家跳汾河自尽。后高宗南渡，追封王禀为安化郡王，赐谥“忠壮”[1]。这是王氏家族史上最辉煌的一幕。

明代中期以后，王氏家族开始中落。而此前在元代，已经成为“世为农商”的家庭。王禀之后凡三十四传，至先生父王乃誉。乃誉出生于道光二十七年（1847），以商贾为事，而喜书画篆刻，书学米芾，画学董其昌，书画自成格调，为识者所重；乃誉淡名利，富收藏，以种竹养鱼为常课。先此，曾一度充任江苏溧阳县（今溧阳市）的幕僚，但四十岁以后便家居不再复出。[2]尝作《游目录》十卷，诗集二卷，藏未行世。静安出生时，恰值其父的而立之年，自身之兴趣爱好深受其父影响，如同异母弟王国华所说：“先兄一生淡名利，寡言笑，笃志坟典，一本天性，而弱冠内外，其有承于先君子者尤众。”[3]先生母凌氏，当其四岁尚不能完整记忆时亡故，后由祖姑母和叔祖母抚养；越五年，王乃誉续娶，则与继母生活在一起。先生

[1] 关于王国维先世之情况，可参阅《王国维遗书》第四册《观堂集林》卷二十三所载之《补家谱忠壮公传》，征引包括《三朝北盟会编》等各种史籍甚详。静安先生且于文末发为论议，写道：“裔孙国维曰：公之勋绩忠烈，具于载籍者如此。乃《宋史》不为公立传，仅于《忠义传》刘士英下附见公死事。又事颇舛午，故掇诸书所纪事迹，汇而书之。当宣、靖之间，斡离不以全胜之师，长驱逼京师，势已无宋矣。然卒媾和以去者，以太原未下，粘罕之军顿于坚城，不能会师城下故也。河东既陷，汴京亦以不守。然则靖康之局所以得支一年者，公延之也。呜呼，处无望之地，用必死之兵，当蚩尤之攻，为墨翟之守，粮尽援绝，父子殉之。公之忠可谓盛矣。书而著之，非徒家门之光，亦欲使后之读史者有所考焉。”《王国维遗书》第四册，上海古籍书店据商务印书馆 1940 年版印行（此下引文仅标注引述内容及页码），1983 年版，第 13a 页。

[2] 王国维：《先太学君行状》记载：“年四十，归，遂不复出。唯一游金陵，一沿桐江，观富春山，登钓台，皆不数月而归。归后，日临帖数千字，间于素纸作画，躬养鱼种竹，以为常课。”参见《扬州师院学报》（社会科学版），1985 年第 3 期，第 34 页。

[3] 王国华为《王国维遗书》所作的序言，见《王国维遗书》第一册卷首《序三》。

对继母叶氏甚敬畏，即使与少年友人冶游聚会，也总是守时归家，不敢延宕致使继母失欢。先生之寡言忧郁之性格，实童年生活境遇所使然。

先生七岁入私塾就读，颇习诗文时艺。王乃誉家居后，以“课子自娱”，要求尤其严格，几易塾师，犹不惬意。但先生雅好诗词，十五岁已代父作挽诗。[1]十六岁参加岁试，以第二十一名入州学。购“前四史”在是年，称为“平生读书之始”[2]。翌年，赴杭州应乡试，不终场而归。[3]1894年中日甲午战争爆发，清军惨败，北洋舰队全军覆没，朝野震惊，先生亦深为所动，遂开始向往新学。但由于家境贫寒，没有条件出国留学。其自述有云：“甲午之役，始知世尚有所谓学者。家贫不能以赀供游学，居恒怏怏。”[4]1896年夏天，先生开始担任城内一沈姓家之塾师。同年，与同邑出身商人家庭的莫氏女结婚。次年，再赴杭州应乡试，又不中。从此弃绝举业，绝意仕途。

当是时，汪康年等在上海创办《时务报》，汪康年为总

[1] 《王乃誉日记》第一册，光绪十七年辛卯七月十七条，海宁市史志办公室编，中华书局2014年版。

[2] 王国维：《静安文集续编·自序》，《王国维遗书》第五册，上海古籍书店1983年版，第19a页。

[3] 《王乃誉日记》光绪十八年三月十三日条：“静儿杭回，知考而未取，自不思振作用功于平日，妄意自为无敌，至临场数蹶，有弃甲曳兵之象。”《王乃誉日记》第一册，中华书局2014年版，第152页。

[4] 王国维：《静安文集续编·自序》，《王国维遗书》第五册，上海古籍书店1983年版，第19a页。

理，梁启超任主笔，大力鼓吹变法，是为维新派的重要舆论园地，也成为静安先生当时最喜爱的读物。他也曾将借得的刊有梁任公宏文的第四十五、四十六册《时务报》，呈献给父尊王乃誉观览，乃誉亦为之震撼。只要检阅一下1896年岁尾和1897年的《王乃誉日记》，就会发现这位一心望子有所成就的乃誉先生发生了何等变化。1896年除夕过后，他在日记中全文抄录了《时务报》刊登的盛宣怀《自强大计举要胪陈折》，共九个半页的篇幅，五千余言，以及梁任公的《论学校》（所抄之部分为任公《学校总论》之《论幼学》），以大一些的漂亮俊逸的行书抄写[1]（乃誉先生的法书似非凡品），看后无法不令人动容。此时的王氏父子的思想应该已冥合在一处，则静安先生对维新变革的态度可以想知。与同乡张英甫等筹划创办海宁师范学堂之议也在是年，因款项无着未果，然先生之笃志于学及热心教育之抱负于此可见一斑。

二

1898年这一年是先生人生的转折点。新正伊始，就离别妻室，来到上海，到时务报馆担任书记及校对的职务。不过不是正式应聘，而是因供职于时务报馆的同乡举人许默斋返乡处理

[1] 《王乃誉日记》光绪二十三年九月之前条，见《王乃誉日记》第二册，中华书局2014年版，第754—765页。

家中事务，暂作为代理，主要为校对、抄写之类，实际地位相当之低，收入亦至为菲薄。恰值罗振玉创办的日语专科学校东文学社于是年三月开学，王国维经报馆同意，每天下午前往学习三个小时，因得以结识罗振玉。从此先生一生之命运便与罗氏紧紧地联系在一起。

罗字叔蕴，号雪堂，浙江上虞人，1866年生，比王国维长十二岁。早年致力于欧西新学的介绍，并热心教育，曾创办《农学报》，组织农学会；与张之洞关系密切，担任过湖北农务局总理兼学堂总督。精于小学、金石、甲骨之学，是现代学术史上有影响的古文字、古器物学者。大内档案得以保存，罗氏与有功焉。[1]罗氏由于后来参与策划溥仪出京，任伪满洲国的"参议"和所谓"满日文化协会会长"，使得当时后世颇遭疵议，但对其治甲骨文字和古器物、研究敦煌遗书等所做出的成绩，文史学界鲜有异词。罗、王相知，起因是王国维在东文学社一个同学的扇面上题写的一首《咏史》诗：

> 西域纵横尽百城，张陈远略逊甘英。
> 千秋壮观君知否，黑海西头望大秦。[2]

[1] 参见王国维：《库书楼记》，《王国维遗书》第四册之《观堂集林》卷二十三，上海古籍书店 1983 年版，第 34b—36b 页。

[2] 王国维：《咏史》第十二首，《王国维全集》第十四卷，第 619 页。

罗氏看到大为激赏，叹为异才，于是着意扶植培养，虽考试成绩欠佳，也宁愿保留其学习机会，使之无后顾之忧。不久，《时务报》停办，先生则因治疗腿病返回海宁。

同年八月，戊戌政变发生，康有为、梁启超逃亡国外，谭嗣同、刘光第等六君子罹难。先生于此气愤之极，写信给许默斋说："今日出，闻吾邑士人论时事者，蔽罪亡人不遗余力，实堪气杀。危亡在旦夕，尚不知病，并仇视医者，欲不死得乎？"[1]本年底病愈后又来到上海，重新进入东文学社补习日文，同时奋力研习英文，间做庶务，直至1900年学社解散。学社教师有日人藤田丰八、田冈佐代治二氏，对先生为学均有影响。这是先生打开视界、努力掌握治学工具时期，为日后的学业拓展铺设了必要条件。

罗振玉1900年下半年应鄂都张之洞之邀总理湖北农务局，先生亦应邀于次年年初赴湖北参与罗氏策划的农书译事。所译之日人的《日本地理志》，当年由商务印书馆出版。1902年岁首，受罗之资助，先生东渡日本在东京物理学校学习数理。当时正值戊戌之后，维新党人云集东瀛，王国维以为并非吉兆。他在写给罗振玉的信里说："诸生骛于血气，结党奔走，如燎方物，不可遏止。料其将来，贤者以殒其身，不肖者以便其

[1]《致许同蔺》（1898年9月26日），吴泽主编：《王国维全集·书信》，中华书局1984年版，第17—18页。

私。万一果发难，国是不可问矣。”[1]其担心疑惧之情跃然纸上。后因脚气病发作，同年夏天回国，滞留上海，住罗振玉家中，并协助罗编辑《教育世界》杂志。从藤田丰八学习英文，应在此时。同年秋，应教育家张謇之聘任教于南通师范学校。这时罗振玉已开始注意甲骨文字的研究，刘鹗著录的《铁云藏龟》就是罗氏协助校印的，并为之撰写序言。王国维接触甲骨文，也是在这个时候。但他此时的主要兴趣在哲学、教育和诗词创作。

日人狩野直喜知中国学人中有先生者，即在此时。狩野后来回忆当时的情形时写道："我初闻王君之名，时间甚早，大概是明治三十四年左右，我在中国上海留学的时候。当时我的友人之一藤田丰八博士，正在罗叔言君所主办的东文学社教授日文，博士告诉我，他所教的学生某君头脑极明晰，善读日文，英文亦巧，且对西洋哲学研究深感兴趣，其前途大可瞩望。当时中国青年有志于新学的，大都对政治学经济学有兴趣，而想尝试研究西洋哲学者却极罕见。藤田博士极赏识该生，说了许多夸奖他的话，但是我始终没有与之见面，此某君即后来鼎鼎大名的王静安先生。”[2]1904年，罗振玉在苏州创办江苏师范学校，也曾聘请先生任教职。

[1] 转引自陈鸿祥：《王国维年谱》，齐鲁书社1991年版，第50页。

[2] 狩野直喜：《回忆王静安君》，《追忆王国维》，中国广播电视出版社1997年版，第341—342页。

三

罗振玉于1901年在武昌创刊的《教育世界》，是专门译介世界各国教育规章制度及学说的刊物，其中介绍日本教育规制的文章最为集中，印行在上海，开始为旬刊，后改为半月刊。王国维为实际主编，对原来的宗旨也有所更易，增加了本社自撰部分，包括论说、学制、训练、传记、小说、国内外学界动态等，都予以刊载。托尔斯泰的小说《枕戈记》，即由王国维从日文移译发表在《教育世界》上。[1]他的许多重要的哲学和美学文字，如《哲学辨惑》《论教育之宗旨》《论叔本华之哲学及其教育学说》《论哲学家美术家之天职》《国朝汉学派戴阮二家之哲学说》《释理》《论性》《周秦诸子之名学》《红楼梦评论》《论近年之学术界》《论新学语之输入》等，都发表于此刊。这是王氏建构自己学术大厦的一块重要园地。《静安文集》也是由《教育世界》社刊行的。此一时期，先生一方面大面积地介绍西方的思想和著作，另一方面以西方哲学、美学思想来诠释中国的古典，包括阐释义理之学和解析古典文学名著，也做出了成功的实验。所以，这是王国维生平学术活动的一个非常重要的时期，也就是醉心于哲学、美学等欧西新学的时期。

---

[1] 关于《教育世界》的创办和王国维在此刊发表文章情形，陈鸿祥著《年谱》和《王国维与近代东西方学人》两书有颇为详尽的考订，读者自可参阅。后书为天津古籍出版社 1990 年版。

先生自己称这一时期为“独学时代”。他说：“体素羸弱，性复忧郁，人生之问题，日往复于吾前。自是始决从事于哲学，而此时为余读书之指导者，亦即藤田君也。次岁春，始读翻尔彭之《社会学》，及文之《名学》、海甫定《心理学》之半。而所购哲学之书亦至，于是暂辍《心理学》而读巴尔善之《哲学概论》，文特尔彭之《哲学史》，当时之读此等书，固与前日之读英文读本之道无异。幸而已得读日文，则与日文之此类书参照而观之，遂得通其大略。既卒《哲学概论》《哲学史》，次年始读汗德之《纯理批评》。至《先天分析论》几全不可解，更辍不读，而读叔本华之《意志及表象之世界》一书。叔氏之书，思精而笔锐。是岁前后读二过，次及于其《充足理由之原则论》《自然中之意志论》，及其文集等。尤以其《意志及表象之世界》中《汗德哲学之批评》一篇，为通汗德哲学关键。至二十九岁，更返而读汗德之书，则非复前日之窒碍矣。嗣是于汗德之《纯理批评》外，兼及其伦理学及美学。至今年从事第四次之研究，则窒碍更少，而觉其窒碍之处，大抵其说之不可持处而已。此则当日志学之初所不及料，而在今日亦得以自慰藉者也。”[1]这是写于1907年的《静安文集》自序中的话，向读者交代他研究欧西学术思想的过程。

同时，他的学术性情的另一方面，即诗词创作，也得到了

[1] 王国维：《静安文集续编 · 自序》，《王国维遗书》第五册，上海古籍书店 1983 年版，第 20 页。

尽情的发挥。1903年至1905年三年间，所写之诗作就有近四十首，词作三十多阕。[1]1903年写的《书古书中故纸》："昨夜书中得故纸，今朝随意写新诗。长捐箧底终无恙，比入怀中便足奇。黯淡谁能知汝恨，沾涂亦自笑余痴。书成付与炉中火，了却人间是与非。"同年的《六月二十七日宿硖石》："新秋一夜蚊如市，唤起劳人使自思。试问何乡堪著我，欲求大道况多歧。人生过处惟存悔，知识增时只益疑。欲语此怀谁与共，鼾声四起斗离离。"都堪称随意挥洒，清新可诵而又意趣盎然之作。以及写于次年的颇受钱锺书先生称赏的《晓步》："兴来随意步南阡，夹道垂杨相带妍。万木沉酣新雨后，百昌苏醒晓风前。四时可爱惟春日，一事能狂便少年。我与野鸥申后约，不辞旦旦冒寒烟。"[2]还有寄怀之作《欲觅》："欲觅吾心已自难，更从何处把心安。诗缘病辍弥无赖，忧与生来讵有端。起看月中霜万瓦，卧闻风里竹千竿。沧浪亭北君迁树，何限栖鸦噪暮寒。"充满了哲理和忧思。至于此时所作之词，更是达到一个峰巅期。仅1905年一年，就创作二十二阕各类词作，而1906年一年之中，更有三十阕之多。其中不乏"意境两忘，

[1] 陈永正撰《王国维诗词全编校注》一书，对王氏诗词系年大体可资依凭，笺释亦颇见功力，且尊重同道之成果，故此节参考了该书之相关部分，特在此致谢。陈书由中山大学出版社2000年出版。

[2] 钱锺书：《谈艺录》，三联书店2001年版，第77页。

物我一体，高蹈乎八荒之表，而抗心乎千秋之间”[1]的绝妙好词。如写于1905年的《浣溪沙》：“山寺微茫背夕曛。鸟飞不到半山昏。上方孤磬定行云。试上高峰窥皓月，偶开天眼觑红尘。可怜身是眼中人。”明白如话而又格高意远。尤其“偶开天眼觑红尘，可怜身是眼中人”两句，不失为古今词人之独出的秀句，既含意象多重，又有哲理存焉。王著《人间词话》所称道的“有性情，有境界”“不失其赤子之心”之词人标格，我们从静安的词作中不难品味出来。

王国维自己对此一时期的词作也自视甚高。当一年后集所填词成《人间词甲稿》之时，托名樊志厚者为之序，称“读君自所为词，则诚往复幽咽，动摇人心。快而沉，直而能曲。不屑屑于言词之末，而名句间出，殆往往度越前人。至其言近而旨远，意决而词婉，自永叔以后殆未有工如君者也”[2]。翌年，成《人间词乙稿》，也是托名樊志厚撰写序言，认为静安之词做到了“意境两忘，物我一体，高蹈乎八荒之表，而抗心乎千秋之间”。这些自评是否确当自可仁智互见，但如果是真正的词的爱好者，能静下心来，结合王的身世阅历和他的美学

[1] 王国维：《人间词乙稿序》（代樊炳清作），《王国维全集》第十四卷，中华书局1984年版，第683页。

[2] 《人间词》甲乙稿前面之序言，均系静安先生自作，而托名为樊志厚。盖樊氏亦实有其人，乃静安在东文学社的同学，名少泉，字炳清，后改志厚。樊本应允为序，静安恐其拖延，故寄词稿时同序一起寄之，并云署名任之，志厚遂书以己名，见《王国维全集》第十四卷，第681页注①。

思想，细读慢斟，反复味之，当不难体会王之自评虽不一定语语中的，然亦不远矣。《乙稿》序并标出“意境”这个概念，提出：“文学之事，其内足以摅己，而外足以感人者，意与境二者而已。上焉者意与境浑，其次或以境胜，或以意胜，苟缺其一，不足以言文学。”[1]“境界说”是先生美学上的一大发明，嗣后所撰之《人间词话》，对境界理论发挥更为详尽。

但人生之困扰也随之而生。王国维在《静庵文集》的自序二中写道：“余疲于哲学有日矣。哲学上之说，大都可爱者不可信，可信者不可爱。余知真理，而余又爱其谬误。伟大之形而上学，高严之伦理学，与纯粹之美学，此吾人所酷嗜也。然求其可信者，则宁在知识论上之实证论，伦理学上之快乐论，与美学上之经验论。知其可信而不能爱，觉其可爱而不能信，此近二三年中最大之烦闷，而近日之嗜好所以渐由哲学而移于文学，而欲于其中求直接之慰藉者也。要之，余之性质，欲为哲学家则感情苦多，而知力苦寡；欲为诗人，则又苦感情寡而理性多。诗歌乎？哲学乎？他日以何者终吾身，所不敢知。抑在二者之间乎？”[2]深入地涉猎、介绍、研究西方哲学所达到的进境，诗词创作所取得的意外成就，反而令他矛盾重重，增加其精神苦痛。这在一般人是不可思的，然在先生却是顺理成章

[1] 王国维：《苕华词·序二》，《王国维遗书》第五册，上海古籍书店 1983 年版，第 1b 页。

[2] 王国维：《静安文集续编·自序二》，《王国维遗书》第五册，上海古籍书店 1983 年版，第 21 页。

必然如此的精神历程。盖先生之学问，每一时期都是与自己的生命处境结合在一起的，与其说是学术思想的矛盾，不如说是生命存在形态的矛盾更为确当。作为诗人哲学家的个性特色，这一时期表现得异常突显。

四

1905年农历八月，清廷认可袁世凯和赵尔巽联衔奏请的废止科举议案，决定自第二年开始所有乡试一律停止，各省岁科考试也一并停止。同年12月，决定设立学部，统筹全国的学堂教育。此义1898年康有为在《请开学校折》中就提出来过，经过七年的曲折终于实现。废科举和设学部这两大晚清文教变革的大举措，都直接与王国维的人生际遇相关。

新设立的学部尚书为荣庆，其人与罗振玉有旧，很快就于1906年年初奏调罗入学部为参事，王国维与罗北上同行，并住在罗振玉家中。可是当年七月，先生父尊王乃誉病逝，于是又归里料理父丧，并作《先太学君行状》。丁忧守制期间，乡先生尝推举先生为本乡学务总董，谢不就，提出："吾浙一省尚无完全之师范学校，其高等学堂附属之师范简易科卒业者，学术卤莽，教授拙劣，断不足以胜教员之任。"又说："就地方教育情形，非学部统筹全局，立其根本，则虽圣贤豪杰亦无以善其后，况不才如某者乎。且某尚欲研究学问，又将有四方之役，未能以身委诸一邑之公益也。”[1]此可见先生对晚清教育现状的体认别具卓识。其中，刊载于1906年出版的《教育世界》第13期上的《去毒篇》一文，尤值得我们注意。当时社会有识之士对鸦片之为害无不深恶痛绝，但怎样才能彻底根除？先生提出了自己的看法，写道：

> 禁鸦片之根本之道，除修明政治，大兴教育，以养成国民之知识及道德外，尤不可不于国民之感情加之意焉。其道安在？即宗教与美术二者是。前者适于下流社会，后者适于上流社会；前者所以鼓国民之希望，后者所以供国民之慰藉。兹二者，尤我国今日所最缺乏，亦其所最需要者也。[2]

他甚至还说“感情上之疾病，非以感情治之不可”，把情感教育作为国民教育的内容之一，这是王氏的特见，应看到这是切合我国国情的非常重要的教育思想。

第二年，经罗振玉引见，得识学部尚书兼军机大臣荣庆，受到赏识，命在学部总务司行走，同时担任学部图书编译局编译之职。1907年9月，清廷谕令已经入职军机的张之洞管理学

[1] 王国维：《静安文集续编·纪言》，《王国维遗书》第五册，上海古籍书店1983年版，第47页。

[2] 王国维：《静安文集续编·去毒篇》（鸦片烟之根本治疗法及将来教育上之注意），《王国维遗书》第五册，上海古籍书店1983年版，第44a页。

部。但南皮雅不情愿任该职，多次辞却，反复谕诏，才不得已北上京师。然未及一载，1908年11月14日、15日，光绪和慈禧先后辞世，清朝的命运已接近终局。而第二年即1909年的10月，张之洞就溘然而逝了，终年七十三岁。王国维写给张之洞的长信《奏定经学科大学文学科大学章程书后》，就在此前后。信中提出，经学科大学和文学科大学的课程设置有经学而没有哲学，是根本性的错误。盖先生在沉醉于欧西哲学、美学的同时，对东西教育思想也做了深入的研究，《教育世界》上曾发表多篇他探讨教育问题的文章可作为证明。

他的指陈辜鸿铭翻译错误的《书辜氏汤生英译中庸后》，也是这一年所写，发表在《教育世界》杂志。值得注意的是二十年后《学衡》重刊此文，他所做的一番说明："此文作于光绪丙午，曾登载于上海《教育世界》杂志。此志当日不行于世，故鲜知之者。越二十年乙丑夏日，检理旧箧始得之。《学衡》杂志编者请转载，因复览一过。此文对辜君批评颇酷，少年习气，殊堪自哂。案辜君雄文卓识，世间久有定论，此文所指摘者，不过其一二小疵，读者若以此而抹杀辜君，则不独非鄙人今日之意，亦非二十年前作此文之旨也。"[1]从中可以看出先生学术思想的变迁，以及他的足以启导后世的自省精神。

静安先生任职学部的时间是1907年春天。恰好同年5月法

[1] 王国维：《静安文集续编·书辜氏汤生英译中庸后》所载之"附记"，《王国维遗书》第五册，上海古籍书店1983年版，第18b页。

人伯希和氏运敦煌写本经卷过京师，他有机缘和罗振玉一起前往观看，并将其中一些作了过录，因而结识了伯希和氏这位日后对他的学术甚有影响的著名汉学家。7月，原配莫氏病故；阴历年底，继母叶老太太亦辞世。先生两返海宁，料理丧事。家庭屡遭不幸，对先生之精神打击也大矣。1908年3月，续娶莫氏之表甥女潘氏为继室。4月，携眷北上，仍任职学部，寓宣武门内新帘子胡同。1909年，兼任学部名词馆协修，严复为总纂。

这一时期，先生之学已由哲学和美学转向文学和戏曲研究。京师人文荟萃，图书条件便利，词曲等古籍善本年来先生多有所得，从而引发新的学术兴趣。《曲录》《优语录》《录曲余谈》《曲调源流表》《古剧脚色考》《录鬼簿校注》，以及《清真先生遗事》等词曲著作，均成于此一时期。这一时期的另一大著述是《人间词话》。在总结自己诗词创作经验基础上，以新观念接通古人，诠释境界说的多重意涵，成独家之诗学体系。“昨夜西风凋碧树。独上高楼，望尽天涯路。”“衣带渐宽终不悔，为伊消得人憔悴。”“众里寻他千百度，蓦然回首，那人却在灯火阑珊处。”静安先生说这是“古今成大事业者、大学问者，必经过三种之境界”[1]。则其论诗论词，学问之门径修养固未肯稍忘，实亦包含己身为学进路的深切体会。《人间

[1] 王国维：《人间词话》卷上，《王国维遗书》第十五册，上海古籍书店1983年版，第4a页。

词话》最初连载于《国粹学报》，是为上卷；下卷系门人赵万里整理，发表于十九卷三号之《小说月报》，已经是先生逝世之后了。

罗振玉1911年创办《国学丛刊》，先生为之序，写道："学之义不明于天下久矣。今之言学者，有新旧之争，有中西之争，有有用之学与无用之学之争。余正告天下曰：学无新旧也，无中西也，无有用无用也。凡立此名者，均不学之徒，即学焉而未尝知学者也。"[1]罗振玉为《国学丛刊》所作之序，也是出自先生之手，叙古往今来学术衍变，言简意赅，独具手眼。

五

1911年辛亥革命发生之后，罗振玉避地东瀛，先生亦随之前往，同寓于日本京都附近的吉田山下之田中村。罗振玉的丰富藏也运往日本，寄存在日本京都大学。先生则每天协助罗氏整理藏书、编写书目，因而得以尽阅"大云书库"所藏之古籍、古彝器及各种古器物的拓本。

这时先生的学问兴趣，开始仍在中国戏曲的研究与考证，具有划时代意义的《宋元戏曲考》即撰成于此时。该书最后之完稿时间应在1913年的年初，其所撰自序写道："凡一代有一

[1] 王国维：《观堂别集·国学丛刊序》，《王国维遗书》第四册，上海古籍书店1983年版，第6b页。

代之文学，楚之骚，汉之赋，六代之骈语，唐之诗，宋之词，元之曲，皆所谓一代之文学，而后世莫能继焉者也。独元人之曲，为时既近，托体稍卑，故两朝史志与四库集部均不著于录，后世儒硕，皆鄙弃不复道。而为此学者，大率不学之徒，即有一二学子，以余力及此，亦未有能观其会通，窥其奥窔者，遂使一代文献，郁堙沉晦者且数百年，愚甚惑焉。往者读元人杂剧而善之，以为能道人情，状物态，词采俊拔，而出乎自然，盖古所未有，而后人所不能仿佛也。辄思究其渊源，明其变化之迹，以为非求诸唐宋辽金之文学弗能得也。乃成《曲录》六卷、《戏曲考原》一卷、《宋大曲考》一卷、《优语录》二卷、《古剧脚色考》一卷、《曲调源流表》一卷。从事既久，续有所得，颇觉昔人之说与自己之书罅漏日多，而手所疏记与心所领会者，亦日有增益。壬子岁暮，旅居多暇，乃以三月之力，写为此书，凡诸材料，皆余所搜集，其所说明，亦大抵余之所创获也。世之为此学者自余始，其所贡于此学者，亦以此书为多，非吾辈才力过于古人，实以古人未尝为此学故也。”[1]此书学术上之开辟意义静安先生本人阐述甚明。诚如梁启超所说：“曲学将来能成为专门之学，则静安当为不祧祖矣。”[2]

但到日本以后，没有多久，由于受罗振玉氏的影响和启发，先生之治学方向即转向经、史、小学的考证与研究，而对

[1]　王国维:《宋元戏曲考·序》,《王国维遗书》第十五册，上海古籍书店1983年版，第1页。

[2]　梁启超著、朱维铮校注:《梁启超论清学史二种》，复旦大学出版社1985年版，第520页。

自己以往的哲学和美学研究，则弃之如敝屣。即戏曲与文学的研究也基本停顿下来。据罗振玉回忆，他劝王专门研究国学，并从小学和训诂方面培养根基，曾说过下面的话："方今世论益歧，三千年之教泽不绝如线，非矫枉不能反经。士生今日，万事无可为，欲拯此横流，舍反经信古未由也。公年方壮，予亦未至衰暮，守先待后，期与子共勉之。公闻而悚然自怼，以前所学未醇，乃取行箧《静安文集》百余册，悉摧烧之，欲北面称弟子。予以东原（戴震）之于茂堂（段玉裁）者谢之。其迁善徙义之勇如此。"[1]罗氏的话，有人以为不尽确实，认为王未必烧书。其实以王国维的性情论，尽弃前学，完全可能。

日人狩野直喜在回忆王在日本的印象时也说过："从来京都时开始，王君在学问上的倾向，似有所改变。这是说，王君似乎想更新中国经学的研究，有志于创立新见解。例如在谈话中，我提到西洋哲学，王君总是苦笑着说，他不懂西洋哲学。"[2]透露出决心改变学术路向的信息。而1913年和1914年这两年，先生全身心致力于古文字和古史研究的沉迷状况，我们从他写给缪荃孙的信里可以获知大体轮廓。一则曰："今年发温经之兴，将《三礼注疏》圈点一过。阮校尚称详密，而误

[1] 罗振玉：《海宁王忠悫公传》，收录于罗继祖主编：《王国维之死》，台北县祺龄出版社1995年版，第8页。

[2] 参见狩野直喜回忆王国维文，转引自王德毅：《王静安先生年谱》卷上，台北中国学术著作奖助委员会1967年初版，第77页。

处尚属不少，有显然谬误而不赞一辞者，有引极平常之书而不一参校者，臧、洪诸君非不通礼学，而疏漏如是。此系私家著述，犹不免是病，无怪官书之不能善也。”[1]二则曰：“比年以来拟专治三代之学，因先治古文字，遂览宋人及国朝诸家之说。此事自宋迄近数十年无甚进步，《积古》于此事有筚路蓝缕之功，然甚疏陋，亦不能鉴别真伪。《筠清》出龚定庵手，尤为荒谬。许印林称切实，亦无甚发明。最后得吴清卿乃为独绝，惜为一官所累，未能竟其学。然此数十年来，学问家之聪明才气未有大于彼者，不当以学之成否、著书之多寡论也。”[2]

这两封信分别写于1913年11月和1914年7月，从而可见其沉潜古学的精神和钻研的深度。而其研治范围不止于古文字、古器物和古史研究，实已返归六经，亦即罗振玉所建言的，如接续“三千年之教泽”“舍反经信古未由”。可知此一时期静安先生所致力的乃是大范围的“三代之学”。其所著之《流沙坠简》及其《考释》（与罗氏合作）、《简牍检署考》、《明堂寝庙考》、《秦郡考》、《生霸死霸考》、《胡服考》、《宋代金文著录表》、《国朝金文著录表》等，是这一时期的代表作。此外还有《颐和园词》也作于此时。总之寓居日本四年多时间，先

[1] 《致缪荃孙》（1913 年 11 月），吴泽主编：《王国维全集 · 书信》，中华书局 1984 年版，第 37 页。

[2] 《致缪荃孙》（1914 年 7 月 17 日），吴泽主编：《王国维全集 · 书信》，中华书局 1984 年版，第 40—41 页。

生之学问大变，而收获成果之丰硕则为已往未有。他自己后来也说，此一时期“成书之多，为一生冠”[1]。其《丙辰日记》（1916）亦云：“自辛亥十月寓居京都，至是已五度岁，实计在京都已四岁余。此四年中生活，在一生中最为简单，惟学问则变化滋甚。”[2]

1915年春天，先生曾归国扫墓，因得以在上海与沈曾植相识。沈字子培，号乙庵，晚号寐叟，浙江嘉兴人。光绪六年进士，钦用主事，观政学部，迁员外郎，并任总理各国事务衙门俄国股章京。曾参与康有为公车上书和张勋复辟。精通辽金元史及西北舆地之学，世有大儒之目。王的思想和学术旨趣与沈甚契合。沈欣赏王为罗振玉作的《殷虚书契考释后序》，以为可与言古音韵之学；并称赞王善于命题，趣说：“君为学，乃善自命题，何不多命数题，为我辈遣日之资乎？”[3]1919年沈七十寿诞，王为之序，极称乙庵之学的博大，写道：

> 世之言学者，辄伥伥无所归，顾莫不推嘉兴沈先生，以为亭林、东原、竹汀者俦也。先生少年固已尽通国初及乾嘉诸家之说，中年治辽金元三史，治四裔地理，又为道、咸以

[1] 赵万里：《王静安先生年谱》，载《国学论丛》第一卷第三期，1928年，第102页。

[2] 《王国维全集》第十五卷，广东教育出版社、浙江教育出版社2010年版，第911页。

[3] 王国维：《尔雅草木虫鱼鸟兽释例·序》，《王国维遗书》第六册，上海古籍书店1983年版，第1b页。

降之学，然一秉先正成法，无或逾越。其于人心世道之污隆，政事之利病，必穷其原委，似国初诸老。其视经史为独立之学，而益探其奥窔，拓其区宇，不让乾嘉诸先生。至于综览百家，旁及二氏，一以治经史之法治之，则又为自来学者所未及。若夫缅想在昔，达观时变，有先知之哲，有不可解之情，知天而不任天，遗世而不忘世，如古圣哲之所感者，则仅以其一二见于歌诗。发为口说，言之不能以详，世所得而窥见者，其为学之方法而已。

又说：

　　夫学问之品类不同，而其方法则一。国初诸老，用此以治经世之学，乾嘉诸老，用之以治经史之学，先生复广之，以治一切诸学。趣博而旨约，识高而议平，其忧世之深，有过于龚、魏，而择术之慎，不后于戴、钱。学者得其片言，具其一体，犹足以名一家，立一说。其所以继承前哲者以此，其所以开创来学者亦以此。使后之学术变而不失其正鹄者，其必由先生之道矣。[1]

可以说给予了至高的评价，我们由此可知静安之学的格致

[1] 王国维：《观堂集林·沈乙庵先生七十寿序》，《王国维遗书》第四册，上海古籍书店1983年版，第26b—27a页。

与归宿。而当1922年沈氏在上海辞世，静安先生的挽联写的是："是大诗人，是大学人，是更大哲人，四昭炯心光，岂谓微言绝今日；为家孝子，为国纯臣，为世界先觉，一哀感知己，要为天下哭先生。"更可见两人交谊之厚。

王国维回国扫墓停留上海期间，罗振玉也回国赴安阳考察，于是两人又会合于沪上，时间在1915年4月。罗振玉经王国维介绍结识沈曾植即在此时。第一次相见，罗向沈请教了古音韵问题，相谈甚得。加上对古籍图书版本和书画的共同爱好，他们应该有谈不完的话题。就一代通儒的学术气象而言，沈的标格，世罕其匹；就一个纯粹学人的为学精神而言，王恐怕应站在沈的右边。罗的所长在中西教育和甲骨金石器物，视野格局亦有可观。沈的所长在边疆史地和学养器识。而静安之学识固然，金石器物的过眼或逊于罗，但书画鉴赏的根底亦有可观。因其多了一层家学熏习，其父王乃誉的书画收藏及长期鉴赏经验，必然如同种子一般植入静安的文化血液之中。明了这一层，可以正解王、罗和王、沈之间的针芥之歧与针芥之合。

陈寅恪在《王静安先生挽词》中对先生此一时期的学术景观有极为准确的评价："大云书库富收藏，古器奇文日品量。考释殷书开盛业，钩探商史发幽光。当世通人数旧游，外穷瀛渤内神州。伯沙博士同扬搉，海日尚书互倡酬。"[1]"伯沙

[1] 陈寅恪:《陈寅恪诗集》，清华大学出版社1993年版，第13页。

博士”指的是法国的两位汉学家伯希和暨沙畹博士；“海日尚书”则是指沈曾植，意谓静安先生此时已成为与中外学界顶尖人物并驾齐驱的学者。

六

静安先生是在1915年4月与罗振玉一起自沪返回日本的。但仅在八个月之后，即1916年丙辰正月初七，他便最终结束了浮海东瀛的五载光阴，回到他熟悉的上海，开始人生的新的旅程——当时恰值他的不惑之年。

他是经同乡友人邹安（字景叔）的推荐，应聘为上海哈同花园的主人主编一种学术刊物。丙辰年正月初三和长子潜明一起乘海船回国，携带行李计十二件，仅书籍就有十个，包括新购置的《太平御览》《章氏遗书》等，而词曲一类书籍则留给了罗振玉。船行的三日夜，他的研治未遑稍停。《丙辰日记》写道：“（初四日）阅段注《说文》二十页。”“（初五日）作一书致韫公，论石鼓‘欶’字，并为举《说文》一字两声者，共得三字”，“前疑殷商卜文及小盂鼎之[illegible]字，从日、从立、从[illegible]，此疑‘巤’字，疑‘立’‘巤’皆声，而苦无其例，今始得之，为之一快”。“初七日早，舟行至中国近海，风浪渐平。昨晚在卧床中思石鼓第二鼓之‘[illegible]’字，当即《说文》火部之‘炱’字。‘辝’本台声，故‘辝’声、台声可通。用如‘枲’字，小篆从木，台声；籀文作‘[illegible]’，则从林，辝声。以鱳字即臬字例之，可知‘籑’即‘皃’字，其音亦当读如台，与下‘时’字为韵，但不能知为何字之假借耳。”[1]人在船上，风雨如晦的归国途中，学问精神和学问状态，固如磐石一般不倾不移。

静安在京都期间，长时间住在罗振玉家里，后罗氏虽为先生另租了房舍，但资用之大部分仍为罗氏接济。这种经济上长期依赖于他人的状况，必给静安带来精神上的不安。《丙辰日记》元旦条写道：“自去岁送家眷回国，即寓韫公家，至是已八阅月。去冬十二月，同乡邹景叔大令移书谓，英人哈同君之夫人罗氏拟创学问杂志，属余往任其事。”[2]哈同和他的夫人突然在此时出现，对当时的静安而言，无异于天时、地利、人和骤然凑泊一处，他的立即应允并马上成行正不足怪也。

哈同是英籍犹太人，在上海做房地产生意，因而有机会踞有哈同花园。哈同夫人名罗诗，系混血，传说出身娼寮。其所办的“仓圣明智大学”，实相当于教人识字的小学或初中。哈同的主要管事者姬觉弥（号佛陀）也是颇遭疵议的人物，连沈曾植都说此人不足成事。但哈同花园主人和主事者对中国文化的兴趣是真实的。王国维知其利弊，虽出席了正月二十二日的开学典礼，但未就“大学教务长”之聘，而以专一主持编撰《学术丛编》为职司。此一期间王、罗有频繁的书信往来，对应聘

[1] 王国维：《丙辰日记》，《王国维全集》第十五卷，第912—913页。

[2] 同上，第909页。

哈同的不尽如人意的情形，以及如不合意将辞却他图，也对罗有流露，因此罗振玉在正月十七日的信中，对相关事体详加剖解，勖勉殷殷，写道：

> 得十一日手书，知景叔尚未见面，观此次大札语气和平，不似前函之严重，当不至决裂，为之差慰。弟意公仍以守初志，专意办报（学报内容仍愿闻），能兼教科更佳。弟所以以此相劝者，办学报于公平日学术有益无损，学堂则是长局。我不与人以可侮，外侮无由而至，此即善为戒备之良法，若别有防御之策，即是过度，转启争招侮矣。不知尊意如何？方今谋食虽至艰，然以常理观之，断不致饿死。必欲舍此他图，以弟所知，若往昔杨子安之广学会，月谢百番，抗父诸君在商务，月薪亦百余番，然每日必牺牲六七点钟，除去往复钟点，人已疲极，不复能修他业，若岁岁如此，学业终身无增长，况尚须我求童蒙，且（以下原件破损，少约二十字）者，而可决也。抑弟尚有厚望于先生者，则在国朝三百年之学术不绝如线，环顾海内外，能继往哲开来学者，舍公而谁？此不但弟以此望先生，亦先生所当以此自任者，若能如前此海外四年余，则再十年后，公之成就必逾于亭林、戴、段，此固非弟之私言也。若以天挺之质，而以生活二字了之，岂不可惜！弟非无前人之资禀，而少撄患难，根柢未深，中年又奔走四方，遂毫无成就，今且老矣，欲以炳烛之明，补东隅之补，所补能几何？顾影汲汲，绠短汲深，故期之先生者，不能不益殷。择业

> 与修学，相关至切，至于此次馆事，再三相渎，想不憎其（下缺十三四字）进退之小艺，亦须积二三十年之功力，乃可望成就，学术之难如此。[1]

罗的意思，办学报于学术有益无害，只要能“守初志”，就不必有太多顾虑。信中说的“我不与人以可侮，外侮无由而至，此即善为戒备之良法，若别有防御之策，即是过度，转启争招侮矣”，不失为深识老到的经验之谈，此语不是谁都可以讲出的。尤可难能者是对王国维学问的期许，认为如果能继续保持京都时期那样的学问状态，期以十年，当会超过顾亭林、戴震、段玉裁等清代诸大儒的成就。“以天挺之质，而以生活二字了之，岂不可惜”一语，尤恳切感人，可知当时的罗、王交谊，可谓正处于蜜月期，而绝非利交之可为比也。

当认定下来哈同只负责编撰《学术丛编》，静安先生就安心以赴了，在大通路吴兴里租到了合适的房舍，书籍也上了架，到二月二十五日，《学术丛编》的编辑条例、刊前序言，以及第一期的稿件，都一一准备就绪。《学术丛编》的宗旨是：“专在研究古代经籍奥义及礼制本末、文字源流，以期明上古之文化，解经典之奥义，发扬古学，沾溉艺林。”[2]内容则包括经学、史学、文字学方面的新著，以及未刊或流行甚少的旧

[1] 《罗振玉王国维往来书信》，东方出版社 2000 年版，第 32—33 页。

[2] 参见王国维代作《学术丛编》首册之编例，上海书店出版社 2015 年版。

籍。经学注重三礼，旁及诸经。每月出版一编，每册八十页。与《学术丛编》同时刊行的还有《艺术丛编》，由邹安主编。经王之手，《学术丛编》共出版24期，王的许多关于金石、考古、音韵、文字学方面的文章都刊载于此刊。罗振玉这一时间的文章也比较多，有的也在《学术丛编》刊登。他们有些文字也刊登在《艺术丛编》上。说来也是静安先生为学的幸运，早年致力于西方哲学和美学的时候，有《教育世界》供他不断发表新作，如今在三代经典和小学研究，以及古史、古器物研究阶段，又有《学术丛编》和《艺术丛编》为他提供驰骋的园地。这一时期繁杂事务虽然多了一些，但精研学问无一日或停。我们不妨摘录一些此一期间的《丙辰日记》，以见他为学的精勤和诸多学术新创获。

《丙辰日记》正月初十，上午“杂阅抗公处书，王箓友（王筠）《说文释例》中说一字两声者数字”。“午后书《通志考异》稿五页”。正月十二日，“写《考异》稿二页”。“购慎修先生手稿《音学辨微》一册，其跋文中有‘韵书三种’云云，以是知之。”正月十三日：“拟将《说文》中籀文辑出为《史籀篇缉释》，午前共抄得百余字。”正月十六日，“早八时起，录籀文三十余字”。正月二十一日，“午后作《史籀篇序录》，未成”。正月二十二日，“晚饭闲思《史篇》诸字，见差字作𢀩，其所从之‘左’字从二，因思殷虚卜辞之‘又’字有作𠂇者，则‘左’正宜作[illegible]。悟得此字，至快也。又阅卜辞有

[illegible]字，此即拕字，从手，引它，它亦声”。正月二十三日，“午后写《史篇考释》三页”。正月二十四日，“写《史篇考释》五页”。正月二十五日，“写《史篇考释》三页”。正月二十六日，“写《史篇考释》四页”，“夜拟作《书顾命》，即《位礼考》”。正月二十七日，“写《考释》二页余”。“午饭后出，归复写《考释》三页”。正月二十八日，“写《史籀篇疏证》五页”。“三时余归，复写《疏证》三页，初稿已就”。正月二十九日，“作《顾命礼考》，得半”。正月三十日，“早起作《顾命礼考》”。二月初一，“早起写《史篇叙录》，得二页”，“午后续作《叙录》”，“夜作《叙录》毕”。二月初二日，“午后写《史篇叙录》毕，共六页。又写《疏证》稿二页”。二月初三日，“写《疏证》，得六页”。二月初四日，“写《疏证》六页”。二月初五日，“是日写《疏证》五页”。二月初六日，“早起写《疏证》二页半”，“归写《疏证》二页”。二月初七日，“写《史篇疏证》八页半，已毕”。二月初八日，“校阅《疏证》一过”。二月十三日，“写《周书顾命礼征》，竟日不出”。二月十四日，“写《尚书顾命礼征》毕，得七页。接写《流沙坠简补正》，得五页”。二月十五日，“写《沙简补正》，得五页”。二月十六日，“归写《沙简补正》毕，共得十三页”。二月十七日，“早起阅《殷虚书契》一卷”。二月二十八日，“作《殷礼小记》，得六页”。二月二十九日，“作《殷礼小记》，得二页”，“是月写定《殷礼征文》一卷，《释史》一篇，《乐诗考略》一篇，又作

《毛公鼎释文》，未写出”。[1]

须知，1916年农历一月和二月两个月，是静安先生刚从东瀛归来，与哈同主人商酌承担范围及安家等诸事猥集一处之时，然而就是在此种交错忙乱中，学术研治仍然少有停顿，并不断结出新的果实。

至于1916年下半年到1921年的五年时间，更是他生平最集中的学术繁盛期。这一时期的主要论著包括《生霸死霸考》《周书顾命考》《周大武乐章考》《两周金石文韵读》《汉以后所传周乐考》《名堂庙寝通考》《汉魏博士考》《毛公鼎考释》《魏石经考》《唐诸家切韵考》《五声说》《鬼方昆夷玁狁考》《西胡考》《殷卜辞中所见先公先王考》《殷卜辞中所见先公先王续考》《殷周制度论》等，都是代表王氏毕生学术成就的重要著作。其中《先公先王考》和《续考》，开启了甲骨研究的断代之学。而《殷周制度论》之刊布，更是佳评如潮。赵万里写道：“此篇虽寥寥不过十数页，实为近世经史二学第一篇大文字。”[2]先生自己代罗振玉为此书所写的序言，也称：“《殷卜辞中所见先公先王考》及《殷周制度论》，义据精深，方法缜密，极考证家之能事，而于周代立制之源及成王周公所以治天下之意，言之尤为真切，自来说诸经大义，未有如此之贯串者。”又说自己之学“实由文字声韵以考古代之制度文物，并

[1]　王国维：《丙辰日记》，《王国维全集》第十五卷，第912—913页。

[2]　赵万里：《王静安先生年谱》，《国学论丛》第一卷第3期，1928年，第102页。

其立制之所以然。其术皆由博以反约，由疑而得信，务在不悖不惑，当于理而止。其于古人之学说亦然。”又说：“今之学者于古人之制度文物学说无不疑，独不肯自疑其立说之根据。”[1]在写给罗振玉的信里他也说：“《殷周制度论》于今日写定。其大意谓周改商制一出于尊尊之统者为嫡庶之制，其由是孳生有三：一、宗法，二、服术，三、为人后之制。与是相关者二：一、分封子弟之制，二、君天子臣诸侯之制。其出于亲亲之统者，曰庙制。其出于尊贤之统者，曰天子诸侯世，而天子诸侯之卿大夫皆不世之制（此殆与殷制同）。又同姓不通婚之制，自为一条，周世一切典礼皆由此制度出，而一切制度典礼皆所以纳天子诸侯卿大夫庶人于道德，而合之以成一道德之团体。政治上之理想，殆未有尚于此者。文凡十九页，此文于考据之中，寓经世之意，可几亭林先生。惟文字未能修饰尽善耳。”[2]可以看出先生对此篇著述何等重视。

我们不妨引录《殷周制度论》中的一段要括的论述，以见其学理精醇：

> 殷周间之大变革，自其表言之，不过一姓一家之兴亡与都邑之移转；自其里言之，则旧制度废而新制度兴，旧文化

[1] 参见《观堂集林·序一》,《王国维遗书》第一册，上海古籍书店1983年版，第1b页。

[2] 《致罗振玉》（1917年9月13日），吴泽主编：《王国维全集·书信》，中华书局1984年版，第214页。

> 废而新文化兴。又自其表言之，则古圣人之所以取天下及所以守之者，若无以异于后世之帝王；而自其里言之，则其制度文物与其立制之本意，乃出于万事治安之大计，其心术与规摹，迥非后世帝王所能梦见也。[1]

如此清晰之理念、闪光之思想，很难想象是从静安先生那样羸弱的躯体中迸发出来的，而且是通过爬梳枯燥的甲骨文字得出来的不易之论。静安先生是纯粹的学者，固然；但他同时也是能够掘发潜德幽光的思想翘楚。

先生后来于1921年手自编定的《观堂集林》，集中汇辑了此一时期的研究成果。《集林》由乌程蒋氏出资以聚珍版印行，罗、蒋并有序言。蒋氏名孟苹，字汝藻，号乐庵居士，与先生同籍浙西，生年亦同。其“传书堂”是江南名藏，被称为海上三大藏书家之一。[2]此前蒋氏尝聘请吴县（1995年撤销）曹元忠编写藏书目录，但历时一年，未成一字。蒋早有聘王之意，因王与曹有旧，不忍遽夺；俟曹辞去，静安先生方应聘，但接事之后工作态度极为认真，为做好先期准备，用很多时间遍校各书，一一写出跋记，同时还为蒋氏撰写了绍其祖德的《传书堂记》。对王国维来说，这是继在日本得以尽窥“大云藏书”之后，再一次获得了遍览群籍的机会。先生为学的几个阶段，都

[1]　王国维：《殷周制度论》，《王国维遗书》第二册之《观堂集林》卷十，第2a页。

[2]　王国维：《传书堂记》，《王国维遗书》第四册之《观堂集林》卷二十三，第33—34页。

有特藏之书供其饱览。尝说："余毕生惟与书册为伴，故最爱而最难舍去者，亦惟此耳。"[1]而为学之精勤，又非常人所能及。对王先生生平志事颇为了解的赵万里对此曾有过下述说明："盖先生之治一学，必先有一步预备工夫，如治甲骨文字，则先释《铁云藏龟》及《书契前后编》文字。治音韵学，则遍校《切韵》《广韵》。撰蒋氏《藏书志》，则遍校《周礼》《仪礼》《礼记》等书不下数十种。其他遇一佳椠，必移录其佳处或异同于先生自藏本上。间有心得，则必识于书之眉端。自宣统初元以迄于今，二十年间，无或间断。求之三百年间，实于高邮二王为近，然方面之多，又非怀祖、伯申两先生所可及也。"[2]这一时期，先生还曾参与《浙江通志》的续修工作。沈曾植为总纂，先生与张尔田一起担任寓贤、掌故、杂记、仙释、封爵五门的撰述。值得注意的是，沈向王说明《浙江通志》编写体例的一封信写得甚具大儒风采。信中称王国维为"大哲学家"（王挽沈之联语称沈为"更大哲人"，不知是否从这里获得灵感），并提出了"显学巨儒，实有关于一代风气者"的论断。[3]

1918年起，王国维担任仓圣明智大学经学教授，于是他写了《经学概论讲义》一书，后由上海商务印书馆刊行。《经学概论》共

[1] 赵万里：《王静安先生手校手批书目》之文末"识语"，《国学论丛》第一卷第3期，1928年，第179页。

[2] 同上。

[3] 赵万里：《王静安先生年谱》，《国学论丛》第一卷第3期，1928年，第116—117页。

十一章：第一章，总论；第二章，周易；第三章，尚书；第四章，诗；第五章，礼；第六章，春秋；第七章，论语；第八章，孝经；第九章，尔雅；第十章，孟子；第十一章，历代之经学。[1]虽然是一简要的纲要式读本，因深研三代之学有年，此时之静安已经有充分条件来涉足经学了。但此时他的重大收获为小学，尤其清儒诸大家在文字、音韵、训诂方面取得的成就，令他赞赏不已。他在《两周金石文韵读》自序中说："自汉以后，学术之盛无过于近三百年。此三百年中，经学、史学皆足以凌驾前代。然其尤卓绝者，在小学。小学之中，如高邮王氏、栖霞郝氏之于训诂，歙县程氏之于名物，金坛段氏之于《说文》，皆足以上掩前哲。然其尤卓绝者，则为韵学。古韵之学，自昆山顾氏，而婺源江氏，而休宁戴氏，而金坛段氏，而曲阜孔氏，而高邮王氏，而歙县江氏，作者不过七人，然古音廿二部之目，遂令后世无可增损。故训诂、名物、文字之学，有待于后人者甚多；至古韵之学，则谓之前无古人、后无来者可也。原斯学所以能完密至此者，以其所治者不过《三百篇》及群经、诸子有韵之文；其治之法，不外因乎古人声音之自然，其道至简而其事有涯，以至简入有涯，故数传而遂臻其极也。余比年读《三百篇》，窃叹言韵至王、江二氏殆毫发无遗憾，惟音分阴、阳二类，当从戴、孔；而阳类有平无上、去、入，当从戴氏。前哲所言，固已包举靡遗，因不复有所论述，惟前哲音韵，皆以诗三百五篇为主，

[1] 王国维：《经学概论》，《王国维全集》第六卷，第313—323页。

余更搜周世韵语见于金石文字者，得数十篇。中有杞、鄫、许、邾、徐、楚诸国之文，出商、鲁二《颂》及十五《国风》之外，其时亦上起宗周，下迄战国，亘五六百年，然其用韵，与《三百篇》无乎不合。故即王、江二家部目，谱而读之，虽金石文字用韵无多，不足以见古韵之全，然足证近世古韵学之精密，自其可征者言之，其符合固已如斯矣。”[1]此可见观堂于小学一门之所识、所得、所获，并自己在上古韵语和诗三百之比勘方面所做出的建树。

七

写到这里，不妨看看静安先生安居上海期间，当时中国的时局、政治等背景方面有过一些什么样的突发事件、人物浮沉和文化变迁及其对静安的影响。首先一个大事件，是1915年12月12日袁世凯称帝，宣布自己是中华帝国大皇帝。结果招致全国性的讨伐，致使许多省份宣布独立。最后这位“大皇帝”也在千夫所指的困境之下，于1916年6月6日病故。

但一年之后，即1917年7月1日，矢志忠于清室的“辫帅”张勋将复辟的理想变成了复辟的行动，在康有为等的支持下，率所统辖之兵力进京，拥戴宣统皇帝溥仪恢复旧制，改甲辰年五月十三日为宣统九年五月十三日。同时加封了一批内阁阁丞

[1] 王国维：《两周金石文韵读》自序，《王国维全集》第六卷，第3页。

和各部尚书，康有为被任命为弼德院院长。重要的是，一向被静安先生尊为学术楷模的沈曾植也悄悄地北上任职，被补授为学部尚书。其离沪北上近乎秘密而行，与之交往频密的王国维完全被蒙在鼓里。待看到消息之后，罗、王二人的心理颇为复杂。设若此次复辟获得成功，而罗、王（主要是罗振玉）被排出局外，不免感到遗憾。故罗在致王的信里说："弟初十致书乙老，言必趁正轨，斯言又幸中。惟此老持局外主义，弟始终不赞成。"[1]

随后又在7月4日致王的信中写道：

> 此次我邦成功，不借东力，彼邦人士凡所以诅咒谤诋，无所不至，然则借彼力而成功，为彼所至快，可知。易地以思，利害可想。乙老等以前执迷不悟，今柄政矣，恐方针益惑。弟初欲与面陈此利弊，又恐有猎官之嫌（在弟自问虽无嫌，此老终不知我，或以为借此求出，亦未可知），又不忍不言。兹将报章携沪，又信一封，请送渠宅，询明渠在京住址，双挂号寄去为要（寄学部恐遗失）。

又说：

[1] 罗振玉：《致王国维》（1917年7月1日），《罗振玉王国维往来书信》，东方出版社2000年版，第265—266页。

> 乙老果长学部，不出预料。弟意中兴诸臣，当以让德先天下，乃竟不能。弟幸免为之佐，乃深得前日面争之力，不然殆矣（若发表而不就，其怨弟尤甚矣。此老狭隘，终可虞，深为忧之。各部尚侍，颇多不妥，此老赞画居多）。然弟独不敢入都者，因彼必以大学总长或国子监丞、图书馆长诸职相牢范，则去留都难。素公在政府，不过伴食，然此老虚心毅力，必不肯自认伴食，或就弟咨询行政，若采择二三，乙等必以弟为素党，门户水火，将于此始，党祸必不免。弟即不往，亦必然。[1]

观此函之措辞，似事前亦曾有约罗参与其中之微意，并可能于事成之后委以“大学总长或国子监丞、图书馆长”等职，因前此罗恰在沪，与寐老相晤应非止一次，故当面婉拒云云必有来历。可是又想对沈寐叟等“中兴诸臣”有所建言，希望“诸臣”能够“以让德先天下”。那么请王代寄的致沈信件，应大体不出这些内容。但罗对沈的不满溢于言表。致信的开头“此次我邦成功，不借东力，彼邦人士凡所以诅咒谤诋，无所不至，然则借彼力而成功，为彼所至快，可知”等语，则似暗藏玄机。盖罗氏并非不赞成复辟，他没有想到的是，没有借助东瀛的力量却获得了“成功”。后来溥仪住进日本大使馆，乃

[1] 罗振玉：《致王国维》（1917年7月4日），《罗振玉王国维往来书信》，东方出版社2000年版，第266—267页。

至最终沦为日人的傀儡“皇帝”等事件，罗氏的态度可通过此函关于东瀛一段语词中窥知一些信息。

张勋复辟如同袁世凯称帝一样，很快招致全国上下的反对，尤其当北面的有实力的段祺瑞和南方的冯国璋站出来发声之后，局势已经洞若观火。故王在致罗的信中写道：“今日情势大变，北军已多应段，战事即将起于京津间，张军中断，结果恐不可言。北行诸老恐只有以一死谢国。”[1]罗致王的信亦云：“乙老诸人，依赖已成性根。往者以弟为偏，乃以不狂为狂，弟逆料其必致今日之事也。天乎人乎！”[2]似不无惋惜。罗在随后的信中又说：“乙等不知如何作计，恐亦不能善终如始。海内读书种子，寥寥仅此数人，若此次遽丧其平生，茫茫宇宙，谁与共处乎？”[3]王7月14日致罗函与罗同此为忧：“此次负责及受职诸公，如再靦然南归，真所谓不值一文钱矣。诸公中以横渠为最可惜，素公、玉老当能不忘久要，寐叟于前日已有传其南归者，此恐不确也。”[4]

实际上，静安先生素所尊敬的沈寐叟确实在事败后不久即

[1] 王国维：《致罗振玉》（1917年7月6日），《罗振玉王国维往来书信》，东方出版社2000年版，第268页。

[2] 罗振玉：《致王国维》（1917年7月4日），《罗振玉王国维往来书信》，东方出版社2000年版，第269页。

[3] 罗振玉：《致王国维》（1917年7月10日），《罗振玉王国维往来书信》，东方出版社2000年版，第270页。

[4] 王国维：《致罗振玉》（1917年7月14日），《罗振玉王国维往来书信》，东方出版社2000年版，第271页。

回到了上海，时间在1917年9月8日左右。嗣后直到沈病故，静安与之来往更为频密，几乎是几天就能一见。罗振玉致沈的信笺也经常请静安面交。他们谈学问、谈图籍版本和书画的同时，也每每谈及时局和政治。谈得不洽的情况也发生过，如1918年12月3日，静安致罗振玉的信中写道："昨往寐叟处，又以无意开罪。因渠前次将贵州汉刻交维，归后读之，乃全系赝刻，以示景叔，景叔即退回，不复付印。昨面交还，因言此刻人谓为赝，维以文章观之，亦有未妥之处，不料大触其怒。本知此语当忌，又思将来不印，又必不妥，故遂告之。当时虽无言，然谈次及日本那珂、白鸟旧事，渠谓日本人尚知敬重老辈，今中国北京已非昔比，上海人则更骄，即如汉刻一事，彼等竟敢断定为伪。余（叟自称）固知上海评骘书画皆由掮客把持，学问亦由一种人把持，凡学术上之物非由彼辈出者，皆斥为伪也云云。（此语亦有因。因寐初问此刻曾著录否，维归检《汉石存目》无之，次日因报以书。）维不与辨，又敷衍少时而去。此后威海卫路虽不能不往，将视为畏途矣。"[1]诚然，乙老生于道光三十年庚戌（1850年），比静安长二十七岁，则静安在沈的面前则为晚辈矣。但此次愠怒没过多久也就缓过去了，可知情绪是一时之事，惺惺相惜的学谊才是恒久之事。

1917年秋天国外发生的另一件大事，是俄国发生了"十月

[1] 王国维:《致罗振玉》(1918年11月3日),《王国维全集》第十五卷，第471页。

革命”，此事对中国的影响巨大，静安的反应也很敏感，只不过他的态度是站在了质疑和反对的一面。此一期间，静安与身处北京的元史专家柯劭忞联系也比较多。柯字凤荪，号蓼园，所著《新元史》，享誉士林。1917年俄国“十月革命”爆发，王尝致书凤老，认为北方邻国的这场革命之风会吹到中国来，并对时局做出预测：“观中国近状，恐以共和始而以共产终。”[1]如果撇开政治是非判断价值取向的一面，则静安先生的预测早已被后来的事实所验证。沈、柯两老当时有“南沈北柯”之称，政治上固是与时论不合的边缘人物。由此可知静安当时的心境和对时局所持之态度。先生给日人狩野直喜的信里曾说：“世界新潮澒洞澎湃，恐遂至天倾地坼。然西方数百年功利之弊，非是不足一扫荡，东方道德政治或将大行于天下，此不足为浅见者道也。”[2]则先生关注时局，也包含有自身的文化理想能否得以实现的成分在内。

1919年农历四月，罗、王联姻，王之长子潜明娶罗的三女孝纯为妻[3]，成为儿女亲家，两人之关系又进了一层（两人之失和亦由此埋下种子）。这一年，罗振玉也回到国内在天津赁房安居，本来准备住在上海，王国维已经在哈同花园附近看好

[1] 参见罗振玉编《海宁王忠悫公遗书》初集之前言。

[2] 《致狩野直喜》（1920年），吴泽主编：《王国维全集·书信》，中华书局1984年版，第311页。

[3] 罗振玉：《永丰乡人行年录》，《罗振玉学术论著集》第十二集，上海古籍出版社2010年版，第421页。

了一处居所，后来罗氏选择天津应与升允有关。罗回天津后，王亦曾赴天津罗宅小住养病，据记载是1919年农历八月十八日赴天津，九月十一日左右返回到上海。

此时，先生尝多次接到北京大学欲聘请为导师的邀请，均婉拒。1918年6月26日，静安先生在致罗振玉的信里写道："京师大学昨有使者到此，仍申教授古物学及宋元以后文学之请。"又说："闻尚有第二次人来，将来拟以哈园一信复之。"[1]1922年8月，北京大学又有专人以马衡的亲笔信面交，并送二百元作为两月之薪水，静安作书婉谢并退还脩金，但同意保留北大研究所国学门通讯导师的名义。他在同月8日致罗的信中写道："仍许留名去实，不与决绝，保持一线关系，或有益也。"[2]其致马衡的信里写道："前者大学屡次相招，皆以事羁未能趋赴。今年又辱以研究科导师见委，自惟浅劣，本不敢应命。惟惧重拂诸公雅意，又私心以为此名誉职也，故敢函允。不谓大学雅意又予以束脩。窃以导师本无常职，弟又在千里之外，丝毫不能有所贡献，无事而食，深所不安。况大学又在仰屋之际，任事诸公尚不能无所空匮，弟以何劳敢贪此赐，故已将脩金托交张君带还，伏祈代缴，并请以鄙意达当事诸公，实为至幸。"[3]后由于马衡又恳切致函，至8月底才决定

[1] 王国维：《致罗振玉》（1918年6月26日），《王国维全集》第十五卷，第424页。

[2] 王国维：《致罗振玉》（1922年8月8日），《王国维全集》第十五卷，第429页。

[3] 王国维：《致罗振玉》（1922年8月1日），《王国维全集》第十五卷，第805页。

收下脩金。[1]但是年季秋，先生即致信给北大国学门主任沈兼士[2]，拟出“研究发题”四项，作为北大国学门的参考选题。

静安先生所开出的“研究发题”，包括：（一）《诗》《书》中成语之研究；（二）古字母之研究；（三）古文学中联绵字之研究；（四）共和以前年代之研究。并对各题之研究价值暨已有之研究现状逐一做了说明。

关于《诗》《书》中成语之研究发题，静安先生写道：“古今言语文章，无不根据于前世之言语。今之言语中，有元明之成语；元明言语中，有唐宋之成语；唐宋言语中，有汉魏六朝之成语；汉魏言语中，有三代之成语。凡此成语，率为复语，与当时分别之单语，意义颇异，必于较古之言语中求之。今之成语，我辈得求之于元明以上之言语中；汉魏六朝之成语，我辈得求之于三代言语中。若夫《诗》《书》为三代言语，其中必有三代以上之成语，然今日所存言语，无更古于三代者，其源既不可求，其语亦遂不可解，然犹可参互求之。”[3]并举《诗·鄘风》“子之不淑，云如之何”为例，说明此“淑”字不应以“善”训，而是与古“吊”字同。又“不淑”有“不

[1] 马衡（1881—1955），浙江鄞县（今鄞州区）人，字叔平，金石考古学家，1922年应聘为北京大学研究所国学门考古研究室主任兼导师，1924年11月受聘于“清室善后委员会”，参加查点清宫物品，1925年故宫博物院成立后，任古物馆副馆长。王国维与马衡1920年开始即有书信往还，彼此学术交谊直到1927年3月，距静安之逝仅三个月。

[2] 沈兼士（1887—1947），浙江湖州人，大书家沈尹默之弟，章太炎的弟子，文字训诂学家。1922年北大成立国学门，沈为实际负责人。

[3] 王国维：《致沈兼士》（1922年10月20日），《王国维全集》第十五卷，第853—854页。

幸”之意，是“古吊死唁生之通语”。又如另一古之成语“陟降”，可转为“陟各”，亦可转为“登假”或“登遐”等，静安因之得出了“古之成语不能以分别之单语解之”的结论[1]。静安先生可谓循循善诱，在发之以题的同时，又以具体案例加以解说，对初学者的启发可以想见。

其于古字母之研究，则写道：“一字之音，有母有韵。古韵之学，创于宋人，至近世而极盛。古字母之学，创于嘉定钱氏，同时休宁戴氏亦作《转语》二十章，而其书不传，其流亦微。惟番禺陈氏作《切韵考》，始据《广韵》中反切以求中古字母之系统，其所得与等韵家之三十六字母不同。至于古音中之字母，则尚未有论其全体者，此亦音韵学上一阙点也。此问题不待说明，所当说者，材料方法耳。今举其委，约有五端：一、经传异文。如《尚书》古今文、《春秋》三传，实同名异，往往遇之。汉儒注中，某读为某，亦其类也。二、汉人音读。古注中某读如某，某读若某是也。三、音训。如‘仁’‘人’、‘义’‘宜’之类。《释名》一书，所用以相释者，什八九皆同母字也。四、双声字。如‘玄黄’‘觱发’‘栗烈’之类，皆同母字也。五、反切。孙炎以下，至于徐邈、李轨之音，见古书注及《经典释文》者是也。苟以此数者参互相求，但顺材以求合，而不为合以验材，仿顾氏《唐韵正》之例，勒为一书，庶几古

[1] 王国维:《致沈兼士》(1922年10月20日),《王国维全集》第十五卷，第855页。

字母部目或睹其全，不让古韵之学专美欤！”[1]

其于古文学中联绵字之研究，又写道：“联绵字，合二字而成一语，其实犹一字也。前人《骈雅》《别雅》诸书，颇以义类部居联绵字，然不以声为之纲领，其书盖去类书无几耳。此等复语，其变化不可胜穷，然皆有其公共之源。如风曰‘觱发’，泉曰‘觱沸’，跋扈曰‘畔援’，广大曰‘伴奂’，分散曰‘判奂’。字虽不同，其声与义各有其相通之处。又如雨之小者曰‘霢霂’，草之小者曰‘蘼芜’、曰‘绵马’，木之柔者曰‘木髦’，虫之小者曰‘蠛蠓’；状草木之细密曰‘覭髳’，状鸟之小者曰‘绵蛮’；殆皆与‘微’字之音义相关。辞赋既兴，造语尤夥，乃至重叠用之，如《离骚》‘须臾’‘相羊’，见于一简之中；《上林赋》‘湢测’‘泌瀄’‘谽呀’‘豁閜’，叠于一句之内，其实为一语之变化也。若集此类之字，经之以声，而纬之以义，以穷其变化而观其会通，岂徒为文学之助，抑亦小学上未有之事业欤。”[2]

关于共和以前年代之研究，也做了相应说明，写道：“《史记》年表起于共和，厉王以前，年祀无考。《鲁世家》别据鲁历，上讫考公；而伯禽一代未著年数，则未能上关周初也。其诸公（羊）［年］数，（亦）［与］刘歆《三统历》所纪，互有异同。《汲冢纪年》虽有夏商年纪，此太史公所谓‘不同（乘）

[1]　王国维:《致沈兼士》(1922 年 10 月 20 日),《王国维全集》第十五卷，第 856 页。

[2]　同上，第 857 页。

［乖］异，不足取信者。今兹所传，又非原本，自皇甫谧以下向壁虚造者，更无论已。然《周书》‘武成’‘召诰’‘顾命’诸篇，颇具年月，如能以黄帝、颛顼、夏、殷、周、鲁六历，各上推四五百年，各著其分至，朔望之甲子，以与《尚书》及古器物之月日相参证，虽宗周诸王在位之年数无从臆说，然武王克殷之年、周公营洛之岁与成王在位年数，或可得定欤。”[1]

盖先生一经答允导师之任，便冀图有贡献于诸生，而不愿徒托空名。

八

1923年王国维到北京入值南书房，开始了他生命的一个特殊段落，也是造成他最后归宿的一次转折。

辛亥革命的第二年，也就是在溥仪当了三年皇帝之后，下诏逊位，但仍住在紫禁城，一应礼仪体制，继续保持皇家气派，所以才有“遴选海内硕学入值南书房”的举措。溥仪的谕旨是1923年农历三月初一发出的，同时选中的还有杨锺羲、景方昶、温肃。杨、景、温都是进士出身，只有王国维是举人身份。此事的关键人物是升允。升允是蒙古镶蓝旗人，当过山西按察使、布政使、江西巡抚等。他反对清帝退位，是个强硬的复辟派。1913

[1] 王国维:《致沈兼士》(1922年10月20日),《王国维全集》第十五卷,第857—858页。

年走东瀛，曾参加“宗社党”，谋求日人给予支持。1917年张勋复辟，他是积极参与者。罗振玉与升允交厚，升允从青岛移居天津，是罗的主意，而罗回国选择天津而不是上海，也与升允有直接关系。因此推荐人虽是升允，牵线人必为罗振玉无异。入值南书房的消息，也是罗写信到上海告诉王国维的。

王国维到北京的时间是1923年5月31日（四月十六），5月28日先到天津晤见罗振玉，6月1日觐见，算是报到。6月2日谢恩，溥仪告诉他：每日进来入值。只是随口说的而已，由于赶上建福宫失火，入值办法一直未能确定下来。直到7月14日（六月初一）方发出“谕旨”：“加恩赏给五品衔，并赏食五品俸。”六月中旬决定每六日入内一次，对先生而言，是很闲暇的。他感受到了京城的寂寞。而笔墨应酬却不少，虽不善书，扇面写了二三十幅。接近年关的十二月初二（1924年1月7日）又奉“谕旨”：“著在紫禁城骑马。”虽时候早已是民国，王国维仍视为“异遇”。为尽职分他做的很郑重的一件事情是上了一道奏折，这就是一向为研究者所注意的《论政学疏》。

今《王国维全集》第十四卷诗文编所收之《论政学疏》，题目作《论政学疏稿》。盖此稿系王与罗振玉氏的讨论稿，也许有罗的改笔掺杂其间，但此疏的真实性应无可疑。由于另一侍从陈宝琛认为作为帝师遇事当面陈，不合具折上奏，所以实际上并没有呈交给溥仪。不过疏稿的章法还是颇合于历来具折上奏的法式的，如开头一段：“奏为敬陈管见恭折仰祈圣鉴事。窃念臣以疏贱迂拙，蒙皇上知遇，置之侍从之列，糜太官之厚禄，荷前席之殊荣，中夜彷徨，罔知报称。重以时事阽危，灾异叉告，正皇上焦思之日，亦臣子效力之时，敬将微臣管见所及有关宗庙大计及圣躬者，不敢缄默，敬为我皇上陈之。”[1]由措辞可推见该疏的具草时间应该在1924年年初，因“著在紫禁城骑马”时在1924年1月7日，则此疏固应在获此殊荣之后。

王国维在此疏中主要是提出了三条建议。第一条关乎中西政治与学术渊源的利弊得失，这应该是静安先生最难以为说的部分。我们知道他一生为学，开始的涉猎、介绍、研究西学，占去他不短的时间，即便后来转变为古文字、古器物、古史研究，其于中西学术亦从未持彼此对立之见。但此疏他就无法不屡陈中国固有政治与学术的好处，而指陈西政与西学的弊端。一则曰：“中国立说，首贵用中，孔子称过犹不及，孟子恶举一废百。西说大率过而失其中，执一而忘其余者也。”再则曰：“数年以来，欧洲诸大学议设东方学术讲座者，以数十计，德人之奉孔子、老子说者，至各成一团体。盖与民休息之术，莫尚于黄老，而久安之道，莫备于周孔，在我国为经验之良方，在彼土尤为对症之新药，是西人固已憬然于彼政学之流弊而思所变计矣。”三则曰：“西人以权力为天赋，以富强为国是，以竞争为当然，以进取为能事，是故挟其奇技淫巧以肆其豪强兼并，更无知止知足之心，浸成不夺不厌之势，于是国与国相争，上与

[1] 王国维：《论政学疏稿》，《王国维全集》第十四卷，第211—212页。

下相争，贫与富相争，凡昔之所以致富强者，今适为其自毙之具。此皆由‘贪’之一字误之，此西说之害根于心术者一也。”四则曰：“臣观西人处事，皆欲以科学之法驭之，夫科学之所能驭者，空间也，时间也，物质也，人类与动植物之躯体也，然其结构愈复杂，则科学之律令愈不确实。至于人心之灵及人类所构成之社会、国家，则有民族之特性，数千年之历史与其周围之一切境遇，万不能以科学之法治之。而西人往往见其一而忘其他，故其道方而不能圆，往而不知反，此西说之弊根于方法者二也。”[1]人权、竞争、科学、追求富强，一股脑都成了静安先生的挞伐对象。但亦不是不留余地，在批判西人之科学方法之前，特加上一句：“臣不敢谓西人之智大率类此。”[2]

当时正值第一次世界大战之后，苏俄革命成功，欧洲社会与政治本身暴露出来的问题引起了人们的关注，包括梁启超在内的许多中国学者不约而同地产生了欧西衰落，而东方道德文化之复兴恰逢历史契机之想往。静安《论政学疏稿》中所表达的亦是此一时代思潮的反映。如疏中所谓：“西洋近百年中，自然科学与历史科学之进步，诚为深邃精密，然不过少数学问家用以研究物理、考证事实、琢磨心思，消遣岁月斯可也。而自然科学之应用又不胜其弊，西人兼并之烈与工资之争，皆由科学为之羽翼。其无流弊如史地诸学者，亦犹富人之华服、大家之古玩，可以饰观

[1] 《王国维全集》第十四卷，第212—214页。

[2] 同上，第213页。

瞻而不足以养口体。是以欧战以后，彼土有识之士，乃转而崇拜东方之学术，非徒研究之，又信奉之。”以及“数年以来，欧洲诸大学议设东方学术讲座者，以数十计，德人之奉孔子、老子说者，至各成一团体”等等，出自大学问家王国维之口，所叙说的也并非毫无依据。不过显然混淆了思想潮流与学者为学的界限，盖“欧洲诸大学议设东方学术讲座”，以及成立关于孔子和老子的学术团体，所昭示的是欧洲东方学的兴起，以此作为中国固有道德文化的复兴，未免其牵强。当然这位南斋侍从撰写此疏的目的原不在论学论政，他更为悬心的是另外两件大事，即他的第二、第三条建议所申申言之者。

此疏的第二条建议，是希望溥仪当此闲暇无事之际，不妨效法康熙和乾隆二帝，“于文学艺术心之所好者，不妨泛览，或有所专习”，亦即“游于艺”。王国维写道：“顾皇上春秋鼎盛，闲暇多方，欲勤政而无政之可施，虽忧民而无民之可理。焦劳则无益于事，而有损于圣躬；逸豫则不安于心，而亦亏于至德。皇上典学之余，将何以遣此岁月乎？亦曰游艺而已。”[1]说开来，就是希望溥仪在无所事事之际，多看点闲书，消磨岁月而已。所担心者，是怕静中生动，闹出什么意外的大事来。这段话最精彩的对句，是“欲勤政而无政之可施，虽忧民而无民之可理”，简直妙绝，把困于紫禁城内，无所事事，闲得无聊的

[1] 《王国维全集》第十四卷，第 214—215 页。

末代皇帝的窘境，概括得天衣无缝。

《论政学疏稿》的第三条建议，是无论如何不能让溥仪出国。静安先生写道："至报纸以出洋游历劝皇上者，亦殊类此。夫民国所以不敢侵入宫禁者，以皇上在内也。如皇上朝出国门，则宫禁旦夕不能保，皇上异日将安归乎？且欧洲激党，中国乱民，何地蔑有？而行幸所至，无周庐设卒之防，无出警入跸之制，岂皇上不赀之躬所宜冒此？且游历之事，意在增益见闻，而动止不得自如，与今日处宫中何异？报纸之论，乃均未计及此。皇上受祖宗之付托，虑亿兆之安危，有视民如伤之仁，有沉几先物之智，岂不能洞兹利害、察彼是非？臣之䰰䰰，诚为过虑，然可使微臣多此一言，不可使圣虑千有一失。此臣所欲言者三也。"[1]

这是最紧要的一条。因为当时之报章多有以此为建言者。尤其担任英文师父的庄士敦，更是力主溥仪应出国游历，溥仪本人心有所动就不奇怪了。他在紫禁城里早已坐不安席，开始骑自行车，后来还有了汽车。一次竟坐汽车去了陈宝琛师父家。还安上了电话，不仅打给了胡适，还约请胡博士到宫里来了一次。那些"王公大臣"已经被溥仪的行为吓坏了，更增加了限制他的"理由"。这时，外傅庄士敦从优待清室条文中，发现了可以常驻颐和园的依据[2]，很长时间颐和园就成为溥仪

[1] 《王国维全集》第十四卷，第216页。

[2] 庄士敦：《紫禁城的黄昏》（高伯雨译注本），上海人民出版社2019年版，第222页。

的悠游之地。为给已被罗振玉买下的“内阁大库档案”找个存放之地，罗、王还曾经到颐和园找庄士敦寻求帮助。庄提出可考虑排云殿西面的一所建筑，罗、王大喜过望，畅谈了未来的学术理想。尽管此计划后来落空，庄士敦却将此次的“一日勾留”，郑重地写入他的书中。[1]溥仪周围的势力，既有留洋的主张者，也有伺机复辟的势力。而各派势力的消长，又受制于民国和各路军阀的纵横捭阖之格局。宫禁内外各派势力的利益集合点，是绝不能让溥仪失去“逊帝”的有名无实的“尊号”。“逊位”的皇帝也是皇帝呵。试想，如果“皇帝”走了，变成“有宫无主”，空余一座紫禁城，那还了得。这是包括静安在内的众侍从最感担心的事情。

就是在这种紫禁城内外惶惶无定的情况下，冯玉祥决定将溥仪赶出宫的计划已开始付诸行动。传闻早就有了，生活的惯性使人们不愿意相信。王国维在《论政学疏》中，还铁定认为不会有此种情形发生。他说：“民国将帅，孰非大清之臣子？其士卒，孰非皇上之编民？臣愚以为，皇上端居禁中，则虽有乱人，决无敢称兵向阙者。何则？以下逼上，则为不顺；以众陵寡，则为不祥。列邦之耳目具在，万姓之是非未昧，虽病狂失心，岂敢为此。”[2]然而，静安的话音未落，冯玉祥就来逼宫了。

将溥仪逐出紫禁城的决定，是1924年十一月四日深夜，由

[1] 庄士敦：《紫禁城的黄昏》（高伯雨译注本），上海人民出版社2019年版，第237—238页。

[2] 《王国维全集》第十四卷，第216页。

摄政内阁做出的。背景是当吴佩孚出关攻打张作霖之际，冯玉祥发动了一场轻松的政变，总统曹锟下台，成立临时的摄政内阁。十一月五日施行，执行人是警备司令鹿钟麟、警察总监张璧。溥仪出宫的时间是当日下午三时，在什刹海的醇亲王府暂住。[1]法律依据是重新修正的《清室优待条件》，共五条。主要是第一条："大清宣统帝即日起永远废除皇帝尊号，与中华民国国民在法律上享有同等一切之权利。"第三条："清室应按照原优待条件第三款，即日移出宫禁，以后得自由选择居住，但民国政府仍负保护责任。"一句话，将逊帝溥仪降为平民。溥仪见大事不好，只好接受。这就是载入史册的所谓"甲子之变"。但末代皇帝的价值，想利用的人可不在少数。最看重此事的是日本人。幕前幕后的活动便戏剧性地展开了。为了安全，溥仪周围的谋士认为得到外国使领馆的保护是上策。庄士敦显然是最便捷行事的角色，他立刻去见驻京公使团的领袖人物荷兰公使欧登科[2]，经与英、德公使会商，得到了允予保护的承诺。但罗振玉等人的想法不是如此，他们必然而且只能将溥仪送到日本人手中。所以出宫之后的溥仪，很快就由醇亲王府迁到日本使馆。翌年就被送往天津，住在张园。这一过程，罗振

[1] 台北故宫博物院那志良的《故宫博物院三十年的经过》一书，所记"甲子之变"的经过甚详，为庄士敦《紫禁城的黄昏》所引用，见《紫禁城的黄昏》（高伯雨译注），上海人民出版社 2019 年版，第 258—259 页。

[2] 庄士敦：《紫禁城的黄昏》（高伯雨译注本），上海人民出版社 2019 年版，第 256 页。

玉是主要角色，这是罗等和日人早就谋划好的“路线图”。

但我们的静安先生，可以说完全被蒙在鼓里。背后的那些谋划他不仅没有参与，而且也不知情。或者说，他也不屑于知道那些鬼鬼祟祟的事情。但溥仪于事变后躲进日本使馆，静安仍“时往觐见”，并且还上了一封“敬陈管见折”。他至诚地写道：

> 臣伏愿皇上入境问俗，入国问禁，起居言笑慎之又慎。至驻跸之期尚需时日，环堵之室颇苦回旋。皇上每日须读书一二时以颐养心神，运动三四刻以操练身体。又仆之数，惟在足供使令，引对之臣，亦须选择贤否。凡诸举措，皆系观瞻，务令外人知帝王之自有真，天人之有攸属，则天下幸甚！前日奉驾抵日馆后，陈宝琛对臣诵《檀弓》之言曰：“亡国恒于斯，得国恒于斯。”味此十字，实为名言，愿皇上一日三复之。又皇上出潜邸时，未及携带书籍，臣谨呈《后汉书》及唐陆贽《奏议》各一部，用备御览。[1]

静安此折署年为“宣统十六年十一月初七日”，即1924年12月3日。溥仪住进日本使馆的时间是1924年11月29日，静安是在之后的第四天呈递此折的。折中语气措辞，在在是倾心的关切，句句温馨之至。陈宝琛所诵《檀弓》，为《礼记》本文。本

[1] 王国维：《敬陈管见折》，《王国维全集》第十四卷，中华书局1984年版，第226—227页。

事是晋献公之子重耳，为躲避晋国的宫廷残杀，逃亡到翟国。后晋献公去世，秦穆公派人到重耳那里吊丧，而且说："寡人闻之，亡国恒于斯，得国恒于斯，虽吾子俨然在忧服之中，丧亦不可久也，时亦不可失也。孺子其图之。"意谓，虽在举丧期间，也不应忘掉了重掌国柄之大计，而是不论"亡国"还是"得国"自己的恒心都是一样的。陈宝琛诵《礼记·檀弓》此句，可谓恰切之极。故静安希望溥仪每天能诵读三遍。

翌年，溥仪离京赴天津，静安也在张园被"召对"过。

可是，1924年的"翌年"，就是1925年。对中国现代学术史感兴趣的读者，我不说也会想到，刚成立的清华国学研究院，已经频频向静安先生招手了。

九

王国维答允去清华国学研究院执教，是一个曲折的故事，容后再谈。这里先说他何以不去北大。别忘了，他本来已经同意担任北大国学门的导师，还写过堪称典要的"研究发题"。最后决定去清华而不去北大，他内心一定有特殊的权衡。

可以想到的原因，一个是，以静安一贯的思想，他可能不愿接受北大的"新潮"。另一个是，他已经感觉到北大似乎存在派系问题。这后一方面，他1924年写给蒋汝藻的信里曾有所透露："东人所办文化事业，彼邦友人颇欲弟为之帮助，此间大学诸人，亦希其意，推荐弟为此间研究所主任（此说闻之日人）。但弟以绝无党派之人，与此事则可不愿有所濡染，故一切置诸不问。大学询弟此事办法意见，弟亦不复措一词。观北大与研究系均有包揽之意，亦互相恶，弟不欲与任何方面有所接近。”[1]鉴于如是之看法，静安先生与北大的关系实维持在“远近之间”。

更重要的是，当年发生的另一件事情，促使他决意与北大脱却关系。这就是北大考古学会发表《保存大宫山古迹宣言》，指陈皇室“占据官产”，“亡清遗孽擅将历代相传之古器物据为己有”，等等。王国维看到后当即致函沈兼士和马衡，一一为之辩陈，并将问题置诸社会法律的高度，措辞强硬地写道：

> 诸君苟已取销民国而别建一新国家则已，若犹是中华民国之国立大学也，则于民国所以成立之条件与其保护财产之法律，必有遵守之义务。况大学者全国最高之学府，诸君又以学术为己任，立言之顷不容卤莽灭裂如是也。抑弟更有进者，学术固为人类最高事业之一，然非与道德法律互为维持则万无独存之理，而保持古物不过学术中之一条目，若为是故而侵犯道德法律所公认为社会国家根本之所有权，则社会国家行且解体，学术将何所附丽？诸君所欲保存之古物，欲求其不为劫灰岂可得乎？即不然，强有力者将以学术为名，而行掠夺侵占之

[1] 《致蒋汝藻》（1924 年 4 月 6 日），吴泽主编：《王国维全集·书信》，中华书局 1984 年版，第 394 页。

实，以自盈其囊橐，诸君所谓文献将全为斋粉者将于是乎实现，不审于学术何所利焉？于诸君何所利焉？[1]

王国维在信函之末尾，特别注明，他是“以考古学者之资格”写这封信的，为的是“敬告我同治此学之友”，而不是以“皇室侍从”的身份来讲话。而信后面的“再启者”，更其决绝不留余地，提出取消他的北大研究所国学门导师名义，研究生前来咨询事“饬知停止”，甚至已交给《国学季刊》的文章也要求“停止排印”[2]，等于完全断绝了与北大的诸种学术联系。

清华国学研究院礼聘王国维为导师，最早是胡适之的主意，尝特地向曹云祥校长推荐。但静安只答应考虑，并没有立即接受。后来胡适想到一个办法，即由溥仪下一纸“诏书”，王先生便不好不去了。所谓“诏书”，按已往的说法，实即其他师傅代写的一张条子而已，忠于自己内心的静安，却应命“受诏”，而没有“违诏”。所以陈寅恪《王观堂先生挽词》：“鲁连黄鹞绩溪胡，独为神州惜大儒。学院遂闻传绝业，园林差喜适幽居。”指的就是因胡适的推荐而应聘清华国学研究院一事。

然则胡适的提议是谁去施行的呢？得有人将此事告知溥仪啊。近读外傅庄士敦的《紫禁城的黄昏》，终于找到了答案。

[1] 《致沈兼士马衡》（1924年），吴泽主编：《王国维全集·书信》，中华书局1984年版，第406页。

[2] 同上，第407页。

庄士敦在是书里是这样写的：

> 自从逊帝逃入日本公使馆之后，王国维忠心耿耿，不愿离开他的皇上。他本是个穷书生，自然要找生活。国立清华大学便请他担任史学教授，这个职位对他是最适当不过的，他也很乐意接受，但他又不愿在这个时期舍弃他那个在“蒙尘”中的皇上而去。清华的校长和我是相识的，他写信给我，他说，只有一人可以使王国维前来就职，就是逊帝，请我对逊帝说一下，可否由逊帝叫他去教书，莘莘学子受惠不浅。我便把这个情形对逊帝说了，结果是逊帝一开口，王国维奉命唯谨。[1]

原来王国维就聘清华一事，提议人是胡适，穿线人是庄士敦。这就里外皆无不合了。《紫禁城的黄昏》一书，依叙事而言，我参照各种相关资料复按，应可认定是翔实可信的。2019年上海人民出版社出版的高伯雨译注本，尤可信赖。译注人是有名的熟悉晚清史事的专家，有不确的地方，他都一一予以注出。此处他还注明，王国维是去清华学堂研究院，因为清华大学是1928年成立的，可见其严谨。

那么前往具帖拜请的是哪一位呢？是当时担任国学研究院

[1] 庄士敦：《紫禁城的黄昏》（高伯雨译注本），上海人民出版社2019年版，第258页。

主任的吴宓。《吴宓自编年谱》1925年条写道："宓持清华曹云祥校长聘书，恭谒王国维静安先生，在厅堂向上行三鞠躬礼。王先生事后语人，彼以为来者必系西服革履、握手对坐之少年，至是乃知不同，乃决就聘。"[1]这样，整个过程就严丝合缝地连起来了。静安在1925年3月21日给罗振玉的信里，也写到了此事："清华房屋顷得七间五间各一所，拟即与定约，下月中当移居也。"[2]此信的开头一句是："昨别后，午刻抵京。"[3]写信的前一天，王、罗还曾在天津晤面，应聘清华的过程，相信静安必向罗细陈。

清华国学研究院成立于1925年，是一旨在研究高深学术、造就专门人才之机构。1925年4月17日（农历三月二十五），先生携全家搬入清华园西院十八号居住，并提议"多购置书籍"[4]。所聘之导师除王先生外，还有梁启超、陈寅恪、赵元任，学者称"四大导师"。讲师有考古学家李济，研究院主任则是吴宓，都是当世大儒。在国学研究院开学之前，先生应清华学生会邀请，尝以"最近二三十年中中国新发见之学问"为题做演讲，后来改定稿刊载于《学衡》等刊物。研究院9月开

[1]《吴宓自编年谱》，三联书店1995年版，第260页。

[2] 王国维：《致罗振玉》（1925年3月21日），《王国维全集》第十五卷，第569页。

[3] 同上。

[4]《致蒋汝藻》（1925年4月13日），吴泽主编：《王国维全集·书信》，中华书局1984年版，第413页。

学，先生作为经史、小学科的导师，每周讲授《古史新证》两小时、《尚书》两小时、《说文》一小时。

他的著名的“二重证据法”，就是在《古史新证》中提出的。他说：

> 吾辈生于今日，幸于纸上之材料外，更得地下之新材料。由此种材料，我辈固得据以补正纸上之材料，亦得证明古书之某部分全为实录，即百家不雅驯之言亦不无表示一面之事实。此二重证据法惟在今日始得为之。虽古书之未得证明者，不能加以否定，而已得证明者，不能不加以肯定，可断言也。[1]

此论一出，对当时流行的疑古思潮，应不无震撼性的补偏救弊之作用。是非经久而论定，时至今日 ，我辈当益信静安先生之论为颠扑不破之的论也。

听过静安先生课的国学研究院同学的印象是：“先生体质瘦弱，身着不合时宜之朴素衣服，面部苍黄，鼻架玳瑁眼镜，骤视之，几若六七十许老人。态度冷静，动作从容，一望而知为修养深厚之大师也”[2]，“他讲学的时候，常说‘这个地方我不懂’，但

[1] 王国维:《古史新证》第一章“总论”，1935年北平来薰阁影印王静安先生遗著之一。

[2] 徐中舒:《追忆王静安先生》,《文学周报》“王静安先生追悼专号”，1928年第276—300期合刊，第68页。

又宣称‘我研究的成果是无可争议的’。他这样讲，只能使我尊敬他”[1]，“先生于当世人士，不加臧否。唯于学术有关者，即就其学术本身，略加评骘”[2]。这大约就是置身学府的王国维的风格。至于为学之方法，先生给诸生以启发者尤多。一次对国学研究院同学姚名达说：“治《史记》仍可用寻源工夫，或无目的地精读，俟有心得，然后自拟题，亦一法也。大抵学问常不悬目的，而自生目的，有大志者，未必成功，而慢慢努力者，反有意外之创获。”[3]可见先生学问精神之纯正。清华国学研究院四大导师中，陈寅恪与王的关系最密。梁启超、赵元任也都极服膺先生之学，遇有疑难，梁总是说“可问王先生”[4]。

十

写到这里，我们不妨将静安先生一生的学术活动，做一简要的归结。

要之，静安之学似可分为六期：一、青少年时期（1877—1897）。主要在海宁家乡，读书、做塾师，可以称作“前学时

[1] 白夜：《燕南园中访王力》，《随笔》1980 年第 10 期。

[2] 徐中舒：《追忆王静安先生》，《文学周报》“王静安先生追悼专号”，1928 年第 276—300 期合刊，第 70 页。

[3] 姚名达：《哀余断忆》之二，载《国学月报》1927 年第二卷第 8—10 期合刊，第 450 页。

[4] 徐中舒：《追忆王静安先生》，《文学周报》“王静安先生追悼专号”，1928 年第 276—300 期合刊，第 70 页。

期”。二、掌握治学工具时期（1898—1900）。来到了省城杭州，一面供职于《时务报》馆，一面在东文学社补习日文和英文，是为“学术准备时期”。三、醉心于欧西新学，包括哲学、美学、伦理、教育，翻译介绍并研究创发，不遗余力。同时致力于诗词创作和词学研究（1901—1905）。王自己称为“独学时代”，实际上是先生学问进境的“新学时期”。四、由诗词创作和诗学研究，进而研究宋元戏曲，这是已往学人鲜有关注的学问领地（1905—1911）。也可以说，是先生之为学由“新”返“旧”之第一步。五、随罗振玉东渡扶桑，住京都乡下，阅读大云书库的丰富藏书，从金石、小学入手，集中研究古文字声韵、古器物和古史研究时期（1912—1922）。这是静安之学的“旧学时期”，也是他学术创获的高峰期。六、最后五年（1923—1927），潜心研究元史和西北史地，在清华讲授《古史新证》，其为学更见平稳安成。角色则是从帝师到国学研究院导师。我愿意称这一时期为“潜学时期”。

静安之治学态度和研究方法的特点，诚如近人王森然氏在《王国维先生评传》中所说：“先生之研究方法，所以能上世界学术界之公路者，实具最伟大之魄力与天才也。其考究商代甲骨、周秦铜器、汉晋简牍、唐人写本、古代生活、种族历史、社会制度，无一不以西洋最新研究史学之科学方法治之。”又说：“先生对学术界最大之功绩，便在经书不当作经书看，而当作史料看；圣贤不当作圣贤看，而当作凡人看；龟甲钟鼎经籍实物，打通一贯，拆穿古代史迹之神秘。此又与罗氏专信古代圣道王功者，迥乎不同。故先生驳许慎、驳郑康成，罗氏均不以为然，斥其过于大胆。此先生所以异于罗氏，而罗氏之所以不及先生者正在此。先生在古史学与崔东壁、康长素不同之点亦在此。崔、康仅能破坏伪古史，而先生乃能建设真古史。”[1]信哉，斯评。

而先生代罗振玉起草的《观堂集林》序中，也一再申明自己治学方法的特点：

> 余谓征君之学，于国朝二百年中最近歙县程易畴先生及吴县吴愙斋中丞。程君之书以精识胜，而以目验辅之。其时古文字、古器物尚未大出，故扃涂虽启，而运用未宏。吴君之书，全据近出文字器物以立言，其源出于程君，而精博则逊之。征君具程君之学识，步吴君之轨躅，又当古文字古器物大出之世，故其规模大于程君，而精博过于吴君。海内新旧学者咸推重君书无异辞。[2]

又说：

> 盖君之学，实由文字声韵以考古代之制度文物，并其立制之所以然。其术在由博以反约，由疑而得信，务在不悖不

[1]　王森然：《近代二十家评传》，书目文献出版社1987年版，第191页。

[2]　《观堂集林・序一》，《王国维遗书》第一册，第1a页。

> 惑，当于理而止。其于古人之学说亦然。君尝谓今之学者于古人之制度文物学说无不疑，独不肯自疑其立说之根据。[1]

则先生之学实际上已融会了有清一代的学术精华，并与当时流行之疑古思潮很早就判然两分了。而他在仓圣明智大学的一位同事费行简先生，后来在回忆当时相聚论学的情形时也曾提到，静安先生认为“近世学人之敝有三：损益前言以申己说，一也；字句偶符者引为确据，而不顾篇章，不计全书之通，二也；务矜创获，坚持孤证，古训晦滞，蔑能剖析，三也”[2]。此可以反证王学之平实纯正，包括静安先生对自己著作所做的评价，看起来可不算低，实则不失为公允客观之论。

先生晚年执教于清华有两年多的时间，为学环境是好的。除授课之外，已开始对西北地理和元代史事着手研究。《蒙古史料校注四种》[3]《耶律文正公年谱》及有关辽金元史的一些论文，即写于此一时期。

[1] 《观堂集林·序一》，《王国维遗书》第一册，上海古籍书店 1983 年版，第 1b 页。

[2] 费行简：《观堂别传》，闵尔昌录：《碑传集补》卷五十三，台北文海出版社 1973 年版，第 2967 页。

[3] 《蒙古史料校注四种》包括：一、《长春真人西游记校注》；二、《圣武亲征录校注》；三、《蒙鞑备录笺证》；四、《黑鞑事略笺证》（附《鞑靼考》《辽金时蒙古考》）。以上可参阅《王国维遗书》第十三册。

十一

然当时之社会正处于剧烈变动时期，民国失政，执权柄的军阀互相攘夺，大的事变接连不断，每与静安的生命志向适相冲突，使他敏感的心灵始终陷于苦痛之中。1924年的“甲子之变”不用说了，每言及此，他都会愤激泣下。他曾与罗振玉、柯劭忞有同殉之约，结果未能实现。陈寅恪《王观堂先生挽词》“北门学士约同死”句，即指此事而言。

另外，个人生活方面，也有几件颇不顺遂的事。一是好友乌程蒋氏经商破产，全部藏书抵押殆尽。自1919年秋天至1923年北上，先生为蒋氏编校藏书，前后四年时间，已完成经、史、子三部，集部则至明。沈曾植、朱古微、张孟劬等海上诸名公经常与先生雅集于蒋宅，彼此结下深厚情谊。蒋之破产，对王是一重大打击。二是1926年9月26日，长子潜明在沪病故，遗孀罗曼华年仅24岁，系罗振玉的小女。当时王、罗都曾到上海料理丧事，但罗携女先返，王、罗从此失和。表面原因是潜明有一笔遗款，合洋银两千四百二十三元，另罗女的款项有五百七十七元，总计三千元整。王请罗代收，罗拒绝。王因而致书罗氏：

> 亡儿遗款自当以令媛之名存放，否则照旧时钱庄存款之例，用“王在记”亦无不可。此款在道理、法律，当然是令媛之物，不容有他种议论。亡儿与令媛结婚已逾八年，其间

> 恩义未尝不笃。即令不满于舅姑，当无不满于其所天之理，何以于其遗款如此之拒绝。若云退让，则正让所不当让。以当受者而不受，又何以处不当受者？是蔑视他人人格也。蔑视他人人格，于自己人格亦复有损。总之，此事于情理皆说不去，求公再以大义谕之。[1]

此函之出语已失去冷静。试想，“蔑视他人人格，于自己人格亦复有损”一语，是何等分量！此函写于1926年10月31日，无论吴泽主编之《王国维全集·书信》，抑或后来之《全集》，都是王致罗的最后一封信，以此亦可以视为王、罗的“绝交信”。然则王、罗“绝交”，宜有更深层的原因。所谓冰冻三尺，非一日之寒。

也许，我们从王的祝贺罗振玉六十岁寿辰的诗里[2]，可以窥到一些消息。

诗有两首，作于1925年8月。其一：“卅载云龙会合常，半年濡呴更难忘。昏灯履道坊中雨，羸马慈恩院外霜。事去死生无上策，智穷江汉有回肠。毗蓝风里山河碎，痛定为君举一觞。”王、罗1898年结识于上海东文学社，至1925年写此诗之

[1] 《致罗振玉》（1926年10月31日），吴泽主编：《王国维全集·书信》，中华书局1984年版，第445页。

[2] 王国维：《罗雪堂参事六十寿诗》，《王国维遗书》第四册之《观堂集林》卷二十四，上海古籍书店1983年版，第16b页。

时，已过去二十有八年（“三十载”为举成数），虽早期主要是罗关照王，后来王对罗亦多有照应，彼此相契，终于成就了各自的事业。此种情形颇似《易·乾·文言》所说的：“同声相应，同气相求。水流湿，火就燥，云从龙，风从虎，圣人作而万物睹。”则首句之古典，当出于此也。第二句：“半年濡呴更难忘。”“濡呴”显系用《庄子·大宗师》“泉涸，鱼相与处于陆，相呴以湿，相濡以沫”之成典。但“半年濡呴”，陈永正《王国维诗词笺注》认为，是指1924年10月7日罗振玉到京，至“甲子之变”后的“半年”[1]，自可成为一说。然以笔者推断，两人的“濡呴”之情状，似宜从1924年5月30日王致罗的信函，首次使用“永丰先生”的称谓开始。“永丰乡人”是雪堂之外，罗振玉的另一字号。王此前的信函，至少自入值南斋以来，经常的称谓是“雪堂先生亲家有道”，或“雪堂先生有道”。我以为这是一个标志。因为此后的信函，大都是对小朝廷的“朝政”和人事，念念为心，不断分析研议。紧接此函的6月2日函，就是探讨《论政学疏》如何撰写。[2]而“半年”之下限，应该是溥仪住进日本使馆的1924年11月29日。从始称“永丰先生有道”的1924年5月30日，到1924年11月29日，不多不少，整好半年时间。

---

[1]　陈永正：《王国维诗词笺注》，上海古籍出版社2013年版，第385页。

[2]　王国维：《致罗振玉》（1924年6月2日），《王国维全集》第十五卷，中华书局1984年版，第562页。

半年的时限既明，则颈联、颔联、尾联各句的句意，便不难解读了。“昏灯履道坊中雨，羸马慈恩院外霜”，系指“小朝廷”的内外处境和罗、王二人的心理感受。“事去死生无上策，智穷江汉有回肠”，指遭遇“甲子之变”的无可奈何。冯玉祥逼宫，溥仪被赶出紫禁城，“小朝廷”的大势已去，无论生还是死，都不是最好的办法。在“武夫”面前，是没有道理可讲的，只剩下愁肠百转的伤痛罢了。此处是直接用《诗经·周颂·江汉》的古典。《江汉》有句：“江汉浮浮，武夫滔滔。”[1]借指逼宫的军队来势凶猛。“毗蓝风里山河碎，痛定为君举一觞。”国家的山河破碎如此，只能求毗蓝菩萨来保佑了。

静安的第二首祝寿诗为：“事到艰危誓致身，云雷屯处见经纶。庭墙雀立难存楚，关塞鸡鸣已脱秦。独赞至尊成勇决，可知高庙有威神。百年知遇君无负，惭愧同为侍从臣。”首句是说，当事情到了危难之际，本来是可以献身的，但考虑到长远的目标，还须有更高明的策划才是。第二句“云雷屯处见经纶”，全部用的是《易经》“屯卦”的义涵。“屯卦”的卦辞是：“屯。元亨，利贞。”王弼注云：“刚柔始交，是以屯也。不交则否，故屯乃大亨也。大亨则无险，故利贞。”[2]“屯”有困难之意。孔颖达疏谓：“刚柔始交而难生。”[3]是为得之。“屯卦”

[1] 参见高亨《诗经今注》下册，上海古籍出版社 2019 年版，第 608 页。

[2] 楼宇烈：《周易注校释》，中华书局 2012 年版，第 17 页。

[3] 《周易注疏》，中央编译出版社 2013 年版，第 51 页。

的《象辞》是："云雷屯，君子以经纶。"意谓当此困难之际，正是君子发挥大智慧，拿出经纶天下之大计之时。此卦之"云雷"一语，恰可以照应第一首的"卅载云龙会合常"句。

而初九的爻辞是："磐桓，利居贞，利建侯。"王注云："处屯之初，动则难生，不可以进，故'磐桓'也。处此时也，其利安在？不唯居贞、建侯乎？夫息乱以静，守静以侯，安民在正，弘正在谦。屯难之世，阴求于阳，弱求于强，民思其主之时也。初处其首，而又下焉。爻备斯义，宜其得民也。"[1]王注简直妙绝，几乎完全是为溥仪的遭际和王罗的处境而预示出趋吉的途径，也就是所需的经纶大计也。此卦提醒，不要忘了处身"屯难之世"，是"阴求于阳，弱求于强"的时候，己方是当此困难之时，宁可"磐桓"不前，也不要轻举妄动，而是要"守静以侯"。"利建侯"，孔疏的解释，是"宜建立诸侯"，则又与王、罗彼时的意趣相合。所以王注说，此时正是"民思其主之时"。好了，诗的首联的义涵，已尽皆在斯了。颈联的"庭墙雀立难存楚，关塞鸡鸣已脱秦"，及颔联的"独赞至尊成勇决，可知高庙有威神"，陈永正先生的笺注都能清晰得义[2]，读者自可参阅，此不赘。

问题是，尾联的"百年知遇君无负，惭愧同为侍从臣"，应如何释证。陈永正《笺注》是这样解释的："'百年'两句：知

[1] 楼宇烈：《周易注校释》，中华书局2012年版，第18页。

[2] 陈永正：《王国维诗词笺注》，上海古籍出版社2013年版，第386—387页。

道您没有辜负皇帝对您一生的知遇之恩，我同为侍从之臣就更感到惭愧。”[1]可以肯定地说，如此解释，是完全地误读了。把“百年知遇”解释为逊帝对罗振玉的“百年知遇”，无疑是弄错了主宾对象，无论如何是说不通的。不妨先让溥仪站出来说话。他在《我的前半生》中有一段专门写罗和王的文字，现抄录如下：

罗振玉到宫里来的时候，五十出头不多，中高个儿，戴一副金丝近视镜（当我面就摘下不戴），下巴上有一绺黄白山羊胡子，脑后垂着一条白色的辫子。我在宫里时，他是袍褂齐全，我出宫后，就总穿一件大襟式马褂，短肥袖口露出一截窄袍袖。一口绍兴官话，说话行路慢条斯理，节奏缓慢。他在清末做到学部参事，是原学部侍郎宝熙的旧部，一个三品官，本来是和我接近不上的，在我婚后，由于升允的推荐，也由于他的考古学的名气，我接受了陈宝琛的建议，留做“南书房行走”，请他参加对宫中古彝器的鉴定。和他前后不多时间来的当时名学者，还有他的姻亲王国维和以修元史闻名的柯劭忞。陈宝琛认为“南书房”有了这些人，是颇为清室增色的。当然，罗振玉在复辟活动方面的名气比他在学术的名气，更受到我的注意。[2]

[1] 陈永正：《王国维诗词笺注》，上海古籍出版社 2013 年版，第 387 页，注释三。

[2] 溥仪：《我的前半生》，群众出版社 2007 年版，第 155 页。

这段文字是否包含有对罗的一定程度的轻蔑，暂且不论。明显的事实是，在罗可以入宫之前，溥仪根本不认识罗振玉，亦即“本来是和我接近不上的”。后来由于升允的推荐和陈宝琛的建议，才留做“南书房行走”。此时，也只有此时，“皇帝”才认识了罗振玉其人。时间上，罗比王入值南斋要晚，王是1923年6月1日入值，罗入值的时间为1924年9月2日。陈永正先生认为罗入值为1924年10月7日，那就更晚。即使王、罗入值时间约略相同，则从1923年6月1日，到王国维写祝寿诗的1925年8月，也仅为两年又两个月的时间。中间和溥仪见面的机会寥寥无几，怎么可以用“百年知遇”来状写呢？退一步说，即使“皇上”对罗振玉的印象好得不得了，也谈不上“百年知遇”。“百年”是指人的一生的意思，典例俯拾皆是。

陶渊明《感士不遇赋序》：“寓形百年，而瞬息已尽。”

韩愈《读皇甫湜公安园池诗书其后》：“百年讵几时，君子不可闲。”

王安石《韩子》：“纷纷易尽百年身，举世何人识道真。”都是以“百年”为一生或终身。短短两年的君臣关系，连通常的“知遇”都谈不上，何来“百年知遇”之有。

况且，把“百年知遇君无负”的“君”，理解为逊帝溥仪，更为不切。试想，即使溥仪“有负”于罗振玉，静安在诗里也不敢讲出来。而下一句“惭愧同为侍从臣”，永正先生解释为：“我同为侍从之臣更感到惭愧。”如是解释，等于说“皇上”只对罗有“知遇”，对自己没有“知遇”，所以感到“惭愧”。这又未免把为人诚笃的静安先生看小了。以永正先生释证王诗的功力，我以为完全是一时走眼，无须苛责。只不过祝寿诗的这最后两句，实为两首诗的题眼，是点睛之笔，无比重要，甚至是解开王、罗一生情谊和最后失和的锁钥，故不能不稍作辨析。

要之，此第二首祝寿诗的最后两句，是写王、罗的关系，具体说，是写罗振玉对静安的“知遇”之情和知遇之恩。这样就和第一首起句的“卅载云龙会合常”相呼应了。毫无疑问，罗对静安的赏识、推重、资助、帮助，在两人相处的三十年里，鲜有变化，称为“百年知遇”，再合适不过。这在现代学人中是很少见的。甚至一时想不出第二个例证。所以静安使用了“君无负”三字。但是，在“同为侍从臣”的一小段时间，两人的友谊出现了裂痕。这是静安非常不愿意看到的，不禁为之感到惭愧。此处的“惭愧”，语意与遗憾相当。

事实上，罗“入值南斋”之后，以及之前一段时间，罗生出的事情可是不少。只要翻检一下1924年上半年的王、罗通信，即能意识到王在宫中的重要言行，都有罗在后面运筹谋划。王出于学者的书生本性，对宫中的诸种矛盾纠葛殊无意趣，但为了罗的需要，却必须随时把具体纠葛情况详加报告，包括溥仪下令锯掉了宫中的门槛，以及柯凤荪因身体过重，入宫时压断轿索等细碎之事，都一一具列在给罗的信中。罗几次让王国维转呈他的“本章”，有的还是王代为缮写，弄得静安困扰不堪。如1924年5月24日致罗函：“昨改前文，至今日上午缮就。”[1]所指当为劝阻溥仪欲出洋事。为罗的文稿，需要转请好多人，常常为此而碰钉子。譬如找过金梁，拜见过溥仪的岳父荣源。当他将文稿呈给荣源时，荣源说“此时无用”，容易让人怀疑有人指使，“反令后日不能进言”[2]。当然大都是罗认识的人，需要当面转述罗的想法，尤增烦扰。王给罗的信，涉及相关人事，大都不直接以名或字出之，而是以代指为称谓。如称陈宝琛为“明道”，称郑孝胥为“高密”，称朱益藩为“紫阳”，称金梁为“日”，称温肃为“太真”，等等。可知他们在做相关事情的时候，心里没底，不得不小心翼翼。

下面以1924年6月2日王给罗的信为例，以见当时的情状。静安在该信中写道：

> 顷别后回家，细读尊文，并思立言之法。因思前次尊文由维代缮，手续本不甚妥，而螺江自来敝处，又令楫先传语，谆谆以不须再说相属（且上已指出造谣之人，维不能以不知为解）。若此文再由维缮，则或以维借名相污蔑亦不可料（此文亦因之失效）。故将尊文与维所拟一稿令冯友送呈，请与素师一酌，或用其一，或参合用之，即由叔炳兄一

[1] 王国维：《致罗振玉》（1924年5月24日），《王国维全集》第十五卷，中华书局1984年版，第555页。

[2] 同上，第556页。

缮封固，交维代递，似于手续较备。[1]

信中所说的“尊文”应该即是《论政学疏》。“并思立言之法”是说到底如何撰写更稳妥，说明对罗的原稿不是很满意。因此静安没有再次为之缮写，而是另起一稿，同时呈送。

再看1924年6月6日王致罗的信：

前日聆上公所言，盖绍等疑公欲尽去新旧人，而拥素老出，即心中明知其不然，亦必以此相诬蔑，此为彼等防御之远策。上公言语中露挑拨二字，即出于彼等之口者也。观告上公，公本无所为，亦不畏其中伤。至第二层谓不欲使当上从此轻视老成之语，观无以答之，只唯唯而已。前函所述皆上公语（即改为致紫阳函一节，亦上公所言）。惟欲使公知他人心理，若公之心事，观岂不知。又上公屡谓观太真，由渠屡称。其人故有新命，若以此笼致观者，亦岂不可笑耶。观之欲请假者，一则因前文未递，愧对师友；二则因此恶浊界中机械太多，一切公心在彼视之尽变为私意，亦无从言报称。譬如禁御设馆一事近亦不能言，言之又变为公之设计矣。得请之后，拟仍居辇毂，闭门授徒以自给，亦不应学校

[1] 《致罗振玉》(1924年2月5日)，吴泽主编：《王国维全集·书信》，中华书局1984年版，第389页。

之请，则心安理得矣。[1]

这封信，一方面见出由于罗不断提出主张，已使得宫里的复杂人事变得更为复杂，以致引起对罗的怀疑和不满；另一方面可见静安已被困扰得痛苦不堪，因此决定请假退避。甚至表示，宁愿过一种“闭门授徒以自给”的生活，也会感到“心安理得”。则不仅是请假暂避，内心实已产生完全退出之意。

静安的困扰，当然是由于罗振玉的多事所造成，但他又不想怪罪三十载云龙会合的老友，只好以“惭愧同为侍从臣”的婉曲诗语表而出之。

这里，不妨再看看“同为侍从臣”期间，他们的“皇上”是怎样看待王、罗的关系的。溥仪在《我的前半生》中写道：“罗振玉并不经常到宫里来，他的姻亲王国维能替他‘当值’，经常告诉他，当他不在的时候，宫里发生的许多事情。王国维对他如此服服帖帖，最大的原因是这位老实人总觉得欠罗振玉的情，而罗振玉也自恃这一点，对王国维颇能指挥如意。”[2]溥仪书中的记述，不排除有不准确、误记，甚至颠倒错乱的地方，但此段文字所记，参之以王、罗的通信，可以确定为无误。

[1] 王国维：《致罗振玉》（1924年6月6日），《王国维全集》第十五卷，中华书局1984年版，第563—564页。

[2] 溥仪：《我的前半生》，群众出版社2007年版，第155页。

十二

溥仪《我的前半生》中，由谈罗、王的关系，还提出了关于王国维死因的看法。他是这样写的：

> 王国维求学时代十分清苦，受过罗振玉的帮助，王国维后来在日本的几年研究生活，是靠着罗振玉一起过的。王国维为了报答这份恩情，最初的几部著作，就以罗振玉的名字付梓问世，罗振玉也居然受之无愧。罗振玉早年是有远见的，放长债滚大利的办法是生效了。罗、王两家后来成了儿女亲家，按说两人又是老友又是近亲，王国维的债务总可不提了，其实不然，罗振玉并不因此忘掉了他付出的代价，而且王国维处处还要听他的吩咐。我到了天津，王国维就任清华大学国文教授之后，不知王国维在一个什么事情上没有满足罗振玉的要求，罗振玉又向他追起债来，继而又以要休退王的女儿（罗的儿媳妇）为要挟，逼得这位又穷又要面子的王国维走投无路，在一九二七年六月二日跳进了昆明湖里自杀了。[1]

这就是关于王国维之死的“逼债说”。此段文字有一处显误，即把罗的女儿误为王的女儿，而且没有根据地衍生出“休

[1] 溥仪:《我的前半生》，群众出版社 2007 年版，第 155 页。

退”谁的女儿的问题。

但王的死因的“逼债说”，不是溥仪的首创。郭沫若早在1946年写的《鲁迅与王国维》一文中，即持此说。兹将郭文的相关文字引录如下：

> 王国维很不幸地早生了几年，做了几年清朝的官；到了1923年更不幸地受了废帝溥仪的征召，任清宫南书房行走，食五品俸。这样的一个菲薄的蜘蛛网，却把他紧紧套着了。在1927年的夏间，国民革命军在河南打败了张作霖，一部分人正在兴高采烈的时候，而他却在6月2日（农历五月三日）跳进颐和园的湖水里面淹死了。在表面上看来，他的一生好像很眷念着旧朝，入了民国之后虽然已经16年，而他始终不曾剪去发辫，俨然以清室遗臣自居。这是和鲁迅迥然不同的地方，而且也是一件很稀奇的事。他是很有科学头脑的人，做学问是实事求是，丝毫不为成见所囿，并且异常胆大，能发前人所未能发，言腐儒所不敢言，而独于在这生活实践上却呈出了极大的矛盾。清朝的遗老们在王国维死了之后，曾谥之为忠悫公，这谥号与其说在尊敬他，毋宁是在骂他。忠而悫，不是骂他是愚忠吗？真正受了清朝的深恩厚泽的大遗老们，在清朝灭亡时不曾有人死节，就连身居太师太傅之职的徐世昌，后来不是都做过民国的总统吗？而一个小小的亡国后的五品官，到了民国十六年却还要“殉节”，不真是愚而不可救吗？遗老们在下意识中实在流露了对于他的嘲悯。不

过问题有点蹊跷，知道底里的人能够为王国维辩白。

据说他并不是忠于前朝，而是别有死因的。他临死前写好了的遗书，重要的几句是“五十之年，只欠一死，经此世变，义无再辱”。没有一字一句提到了前朝或者逊帝来。这样要说他是“殉节”，实在是有点说不过去。况且当时时局即使危迫，而逊帝溥仪还安然无恙。他假如真是一位愚忠，也应该等溥仪有了三长两短之后，再来死难不迟。他为什么要那样着急？所以他的自杀，我倒也同意不能把它作为“殉节”看待。据说他的死，实际上是受了罗振玉的逼迫。详细的情形虽然不十分知道，大体的经过是这样的。罗在天津开书店，王氏之子参预其事，大折其本。罗竟大不满于王，王之媳乃罗之女，竟因而大归。这很伤了王国维的情谊，所以逼得他竟走上了自杀的路。前举殷南先生的文字里面也有这样的话：“偏偏去年秋天，既有长子之丧，又遭挚友之绝，愤世嫉俗，而有今日之自杀。”所谓“挚友之绝”，所指的应该就是这件事。伪君子罗振玉，后来出仕伪满，可以说已经沦为了真小人，我们今天丝毫也没有替他隐的必要了。我很希望深知王国维的身世的人，把这一段隐事更详细地表露出来，替王国维洗冤，并彰明罗振玉的罪恶。[1]

[1] 郭沫若：《鲁迅和王国维》，《郭沫若全集·文学编》第20卷，人民文学出版社1992年版，第308—310页。又本人手边没有《郭沫若全集》，承郭老女儿郭平英摄影见告，特此致谢。

郭对王的学术成就评价甚高，认为“他是很有科学头脑的人，做学问是实事求是，丝毫不为成见所囿，并且异常胆大，能发前人所未能发，言腐儒所不敢言”，其判断至为准确。文中辩驳王之死非由于“殉节”，也不是没有一定道理。他相信是因为罗振玉“逼债”而产生的悲剧。但举证时用了“据说”二字，减轻了立说的分量。溥仪《我的前半生》开始写于1957年，最后定稿于1964年，包括郭沫若在内的好几位史学家参加了定稿讨论[1]，以此溥仪的“逼债说”也许受了郭的影响。

但“逼债说”也不完全是空穴来风。郭在《鲁迅和王国维》一文里反复引用的殷南的文章，其中有一段极重要的话：“偏偏在去年秋天，既有长子之逝，又遭挚友之绝，愤世嫉俗，而有今日之自杀。”[2]殷南是马衡的化名，如前所述，马衡是金石考古学者，当时担任北大国学门考古研究室主任，静安与马衡的关系颇为密切，同意为北大国学门通讯导师，即由于马的一再敦请。两人通信很多，静安逝前三个月，还有信给马。[3]那么，马衡文中所说的“又遭挚友之绝”一语，究竟是指何者而言。如果仅仅是指潜明死后，连同罗女所有的三千块

[1] 溥仪：《我的前半生》出版说明，群众出版社 2007 年版，第 1 页。

[2] 殷南：《我所知道的王静安先生》，原载《国学月报》二卷第八、九、十号合刊，1927 年 10 月。陈平原、王风编的《追忆王国维》（增订本）收录，见该书第 104—106 页。

[3] 王国维：《致马衡》（1927 年 3 月），《王国维全集》第十五卷，中华书局 1984 年版，第 837 页。

钱，静安寄给罗振玉而遭拒收，似还不能以“挚友之绝”括之。实际上，如果只是为了此事，罗也不会如此决绝。从两人最后的通信看，一定还有更深层的原因。在此，不妨做一个“大胆的假设”，即在三千元的“经济”之后，另有更多的“经济”原因。他们两个人的“账”是永远算不清楚的。一旦在经济问题上“翻脸”，我们的静安就没有活路了。因此，尽管“逼债说”的证据还有待查实，但我不想断然否定“逼债说”。

比“逼债说”势力更大的是“殉清说”，在诸说中几乎占有压倒优势。几乎所有的遗老都持此说，连非常熟悉静安的清华国学院主任吴宓也赞同此说[1]，当然最积极的是罗振玉。王逝后罗振玉曾代拟《遗折》给逊帝溥仪，表示系因“报国有心，回天无力”而成为“死节之人”。据说溥仪览折至于“陨涕”，立即下诏，谥以“忠悫”。[2]但此事完全是罗氏强加给静安的，不独与先生的生平志愿不相吻合，反而模糊了事件的真正动因，也为扑朔迷离的王、罗关系添加一重帷幕。且看当事人溥仪是怎样的讲法。《我的前半生》写道：

王国维死后，社会上曾有一种关于国学大师殉清的传

[1] 《吴宓日记》1927年6月2日条：“王先生此次舍身，其为殉清室无疑。”《吴宓日记》第三册，三联书店1998年版，第345页。

[2] 罗振玉：《海宁王忠悫公传》，收录罗继祖主编：《王国维之死》，台北县祺龄出版社1995年初版，第9页。

说，这其实是罗振玉作出的文章，而我在不知不觉中，成了这篇文章的合作者。过程是这样：罗振玉给张园送来了密封的所谓王国维的“遗折”，我看了这篇充满了孤臣孽子情调的临终忠谏的文字，大受感动，和师傅们商议了一下，发了一道“上谕”说，王国维“孤忠耿耿，深堪恻悯……加恩谥予忠悫，派贝子溥伒即日前往奠醊，赏给陀罗经被并大洋两千元……”罗振玉于是广邀中日名流、学者，在日租界日本花园里为“忠悫公”设灵公祭，宣传王国维的“完节”和“恩遇之隆，为振古所未有”。又在一篇祭文里更宣称他相信自己将和死者“九泉相见，谅亦匪遥”。但是那个表现着“孤忠耿耿”的遗折，却是个假的，编造者正是要和死者“九泉相见”的罗振玉。

那时我身边的几个最善于勾心斗角的人，总在设法探听对手的行动，办法之一是收买对手的仆役，因而主人的隐私，就成了某些仆人的获利资本。在这上面肯下工夫又肯花钱的是郑孝胥和罗振玉这一对冤家。罗振玉假造遗折的秘密，就这样被郑孝胥探知，于是在某些遗老中就传开了。这事的真相当时没有传到我耳朵里来，因为一则谥法业已赐了，谁也不愿担这个“欺君之罪”，另则这件事传出去也实在难听，这也算是出于遗老们的“爱国心”吧，就把这件事压下去了。一直到罗振玉死后，我才知道这个底细。近来我又看到那个“遗折”的原件，字写得那么工整，显然不是他的手笔，一个要自杀的人能找到代缮绝命书的人，这样的怪事，我当初却没有发觉出来。

罗振玉给王国维写的祭文，很能迷惑人，至少是迷惑了我。他在祭文里表白了自己没有看见王国维的“封奏”内容之后，以逆臆其心事的题目渲染了自己的忠贞。说他自甲子以来曾三次“犯死而未死”，头两次在我出宫和进日使馆的时候，他都想自杀过，第三次是最近。他本想清理完未了之事就死的，不料“公竟先我而死矣，公死，恩遇之隆，为振古所未有，予若继公而死，悠悠之口或且谓予希冀恩泽”，所以他就不便去死了。好在“医者谓右肺大衰，知九泉相见，谅亦匪遥”。这篇祭文的另一内容要点，是说他当初如何发现和培养了那个穷书记，这个当时“黯然无力于世”的青年在他的资助指点之下，终于“得肆力于学，蔚然成硕儒”。总之，王国维无论道德、文章，如果没有他罗振玉都是成不了气候的。那篇祭文当时给我的印象，就是这样。[1]

复按罗氏《祭王忠悫公文》原文[2]，可知溥仪的叙述是可信的。罗氏在祭文中承认，静安的“遗封”他没有看到，但静安的意思他完全了解，隐含的意思是，他有资格代为上奏。因此溥仪说是罗振玉假造遗折，应为不诬。尤其罗提出的“犯三死而未死”之说，让人感到更加拘虚不实。而最后一“犯”，由

[1] 溥仪:《我的前半生》出版说明，群众出版社 2007 年版，第 156 页。

[2] 陈平原、王风编:《追忆王国维》(增订本)，三联书店 2009 年版，第 70—71 页。

于看到王死后得到的“恩遇之隆，为振古所未有”，他更不敢死了。如果他“继公而死”，担心“悠悠之口”会认为他“希冀恩泽”。此番话，就不仅欺人亦复欺世了。

罗振玉在金石考古方面的成绩自无可否定。他的赏识、资助、帮助王国维，也是举世皆知。此点，前引静安给罗的六十寿诗，已阐释清楚。只是，当我们看到罗氏在静安逝后假造遗折，又以此篇祭文一再为自己辩解，对他立言是否守持《易》道之“修辞立其诚”，令人心存疑虑。

静安逝后罗振玉的一系列举动，使得“殉清说”反而易遭质疑。

王国维死因的第三种说法，是“思想的冲突与精神的苦闷”所导致[1]，这是周作人的说法。梁启超也说：“王先生的性格很复杂而且可以说很矛盾：他的头脑很冷静，脾气很和平，情感很浓厚”，“有此三种矛盾的性格合并在一起，所以结果可以至于自杀”。原因是：“他对于社会，因为有冷静的头脑所以能看得清楚；有和平的脾气，所以不能取激烈的反抗；有浓厚的情感，所以常常发生莫名的悲愤。积日既久，只有自杀之一途。”[2]

其实，本人在《王国维的诸种矛盾和最后归宿》一文中，

[1] 陈平原、王风编：《追忆王国维》（增订本）附录之史达的《王静安先生致死的真因》，三联书店 2009 年版，第 56 页。

[2] 梁启超：《王静安先生墓前悼辞》，《追忆王国维》（增订本），三联书店 2009 年版，第 84 页。

对此一方面的缘由和表现论述得至为详明。我在文章中列出了静安一生的十重矛盾：第一，个人和家庭的矛盾；第二，拓展学问新天地和经济不资的矛盾；第三，精神和肉体的矛盾；第四，追求学术独立和经济上不得不依附于他人的矛盾；第五，“知力”与“情感”的矛盾；第六，学问上的可信和可爱的矛盾；第七，新学与旧学的矛盾；第八，学术和政治的矛盾；第九，道德准则和社会变迁的矛盾；第十，个体生命的矛盾。我因而提出：“王国维的一生，始终是一个矛盾交织的人物，他的精神世界和人生际遇充满了矛盾。”[1]不能不说，静安的最后抉择，是和他一生的这些个重重矛盾分不开的。他是哲人，又是诗人，而且是大哲人和大诗人。具有哲人和诗人双重气质的人物，精神必然苦痛。他的性格与气质为他以自己的方式结束自己的生命，铺设了前期的条件。但必须指出，这一切仅仅是最后事件的长久因素，是长期形成的精神和思想的种子，还不是促使他做出最后决定的刺激和触媒。我们所要探讨的，是诱使静安在最后时刻决定一死的那个“契机”。如果说哲人兼诗人的气质性苦闷也是静安先生之死的又一说的话，似应称为“宿因说”。

静安死因的第四种说法，是陈寅恪先生的“殉文化说”。他是在《王观堂先生挽词并序》中提出来的。原文如下：

[1] 见本书“第五章　王国维的诸种矛盾和最后归宿”，第183—197页。

或问观堂先生所以死之故。应之曰：近人有东西文化之说，其区域分划之当否，固不必论，即所谓异同优劣，亦姑不具言；然而可得一假定之义焉。其义曰：凡一种文化值衰落之时，为此文化所化之人，必感苦痛，其表现此文化之程量愈宏，则其所受之苦痛亦愈甚；迨既达极深之度，殆非出于自杀无以求一己之心安而义尽也。

吾中国文化之定义，具于白虎通三纲六纪之说，其意义为抽象理想最高之境，犹希腊柏拉图所谓Eîdos者。若以君臣之纲言之，君为李煜亦期之以刘秀；以朋友之纪言之，友为郦寄亦待之以鲍叔。其所殉之道，与所成之仁，均为抽象理想之通性，而非具体之一人一事。

夫纲纪本理想抽象之物，然不能不有所依托，以为具体表现之用；其所依托以表现者，实为有形之社会制度，而经济制度尤其最要者。故所依托者不变易，则依托者亦得因以保存。吾国古来亦尝有悖三纲违六纪无父无君之说，如释迦牟尼外来之教者矣，然佛教流传播衍盛昌于中土，而中土历世遗留纲纪之说，曾不因之以动摇者，其说所依托之社会经济制度未尝根本变迁，故犹能借之以为寄命之地也。

近数十年来，自道光之季，迄乎今日，社会经济之制度，以外族之侵迫，致剧疾之变迁；纲纪之说，无所凭依，不待外来学说之掊击，而已销沉沦丧于不知觉之间；虽有人焉，强聒而力持，亦终归于不可救疗之局。盖今日之赤县神

> 州值数千年未有之巨劫奇变；劫尽变穷，则此文化精神所凝聚之人，安得不与之共命而同尽，此观堂先生所以不得不死，遂为天下后世所极哀而深惜者也。至于流俗恩怨荣辱委琐龌龊之说，皆不足置辨，故亦不之及云。[1]

我有多篇文章解析这篇《挽词序》[2]，此不多具。我曾说，这篇序是陈寅恪的文化宣言，今天重读，仍感到斯言毫不为过。虽然，自上世纪初以来，就有中西文化之说充斥于报章图籍，至上世纪八十年代又有过文化热，以及后来对文化热的反思和反反思，但寅老之说迄今仍为不刊之论，则无问题。没有第二人能如此高屋建瓴地将中国文化之精义概括无遗，尤其以“三纲六纪”为中国文化抽象理想的最高之境，可谓把握住了问题的要旨。而“文化所化之人”和“此文化精神所凝聚之人”的提出，又对文化与文化的托命者给出了新的解释。“文化所托命之人”是陈寅恪对文化传承者身份的独特界定，他们文化含藏的特点，则是“文化所化之人”，或者是“文化精神所凝聚之人”。这样的标称，王国维当得，陈寅恪也当得。

职是之故，当一种文化值衰落之时，其中的一些为“文化所化之人”，或曰“文化精神所凝聚之人”，一句话，就是“文

[1] 陈寅恪：《王观堂先生挽词并序》，《陈寅恪集·诗集》，三联书店 2001 年版，第 12—13 页。

[2] 参阅刘梦溪：《陈寅恪论稿》，三联书店 2018 年版，第 361—374 页。

化所托命之人”，必因之而感到苦痛，是再自然不过的事情。但肯为此种文化而献身之人，又是“表现此文化之程量愈宏，则其所受之苦痛亦愈甚”者。这样的人可以说少之又少，少到亿万斯人中偶尔一出而已。很不幸，我们的静安就是这样的身心与俱的人。陈寅恪说：“迨既达极深之度，殆非出于自杀无以求一己之心安而义尽也。”信哉，斯言！

我这里想探讨的是，陈寅恪在论述王国维之死时，何以引来《白虎通》的“三纲六纪”之说，而且特别单提“君”这一纲和“友”这一纪。寅老说：“若以君臣之纲言之，君为李煜亦期之以刘秀；以朋友之纪言之，友为郦寄亦待之以鲍叔。”我认为此段文字含有弦外之音，实际上说的是溥仪和罗振玉。对当时的静安而言，“君”自然是指溥仪。而“友”，非罗振玉而何？就是说，陈先生显然认为，王的死并非与溥仪、罗振玉无关，只不过他不想探究这些具体的“恩怨荣辱委琐龌龊之说”，而以文化传承的学说给以概括言之。“君臣”这一纪，逊位尔后又被赶出宫的溥仪，当然不是刘秀，静安亦从未期待会有什么“中兴”。几十年与之相交的罗振玉也不是鲍叔。

按“三纲六纪”的“六纪”，包括诸父、兄弟、族人、诸舅、师长和朋友。其中关于朋友一纪是这样写的：

> 《礼记》曰：“同门曰朋，同志曰友。”朋友之交，近则谤其言，远则不相讪。一人有善，其心好之；一人有恶，其心痛之。货则通而不计，共忧患而相救。生不属，死不托。

> 故《论语》曰："子路云：'愿车马衣轻裘与朋友共，敝之。'"又曰："朋友无所归，生于我乎馆，死于我乎殡。"朋友之道，亲存不得行者二：不得许友以其身，不得专通财之恩。友饥，则白之于父兄，父兄许之，乃称父兄与之，不听则止。故曰：友饥为之减餐，友寒为之不重裘。[1]

按朋友一纪的规约，朋友之间应该"货则通而不计，共忧患而相救"，特别是"不得专通财之恩"，亦即在财货上帮助了朋友，不能自以为就是对朋友有"恩"。依据朋友一纪的规约，复按当静安长子逝后罗对王的态度，明显是在财货上发生了问题，静安自然会感到罗之所为有违纲纪之说。因此他失望了，痛苦了。不是一般的失望，而是极端失望。不是寻常的苦痛，而是苦痛得"达极深之度"，只好求其一死而心安了。

要之，在陈寅恪看来，静安的最后一死，如果说是与溥仪和罗振玉两个具体的人有直接干系，还不如说是其人其事所代表的"君臣之纲"和"朋友之纪"。然而静安没有在溥仪被赶出宫的时候去死，而是在三年后，成为清华国学院导师的时候去死，应该已经与溥仪无直接关系了。有直接关系的，是他和罗振玉的矛盾最终爆发，朋友一纪的理想彻底破灭，于是成为直接的导火索。因此王国维之死，不是殉清，而是殉为其所化

[1] 陈立撰：《白虎通疏证》上册，中华书局1994年版，第377—378页。

的那种文化、那种文化理想、那种文化秩序、那种文化精神，亦即孟子所说的“以身殉道”（《孟子·尽心上》）。这就是寅恪先生提出的所谓“殉文化说”的真义所在。

可注意者，还有静安逝世前南北政局发生的一些事件。1927年春天，北伐军已逼近京都。前此有李大钊被绞死，叶德辉被杀于长沙，康有为客死青岛等，不免对王国维也构成一定刺激。但这些最多只是现实的背景因素，而不是促使静安下决心求一己之心安的决定性理由。

十三

当静安决心一下，他走得平静而从容。王贞明在1927年6月5日写给兄长高明的信里写道：“父亲大人于前日八时至公事室，如平日无异。至九时许，忽与旁人借洋三元。但此人身无现洋，故即借一五元之纸币。后即自雇一洋车，直到颐和园，购票入内。至佛香阁排云殿下之昆明湖旁，即投水。时离约四丈旁有一清道夫，见有人投水，即刻亦跳入水，即救上岸。但虽未喝水，然已无气。入水中至多一分钟，亦未喝水，因年岁关系，故无救。”[1]从而可知静安求得一死的意志是何等坚决！投水具体时间为1927年6月2日（农历五月初三）上午十时

[1]　陈平原、王风编：《追忆王国维》（增订本），三联书店2009年版，第61页。

左右，享年五十有一。则一代宗师、中国现代学术的开山王国维，就这样与人间永绝了。

静安所作之《颐和园词》有句："昆明万寿佳山水，中间宫殿排云起。拂水回廊千步深，冠山杰阁三层峙。"[1]他投水之处，恰好是颐和园排云殿西侧之鱼藻轩，为晚清名园又添一掌故。所以陈寅恪《王观堂先生挽词》把先生之死与其所作之《颐和园词》绾合在一起，写道："曾赋连昌旧苑诗，兴亡哀感动人思。岂知长庆才人语，竟作灵均息壤词。"[2]第二天，从王氏内衣口袋中检出《遗书》一纸，背面写"送西院十八号王贞明先生收"。内文为：

> 五十之年，只欠一死。经此事变，义无再辱。我死后，当草草棺敛，即行藁葬于清华茔地。汝等不能南归，亦可暂于城内居住。汝兄亦不必奔丧，因道路不通，渠又不曾出门故也。书籍可托陈吴（陈寅恪、吴宓）二先生处理。家人自有人料理，必不至不能南归。我虽无财产分文遗汝等，然苟谨慎勤俭，亦必不致饿死也。

先生之逝，不仅震动了清华园，也震动了整个学术界。罗振玉氏编辑的《海宁王忠悫公遗书》一百二十卷，第二年春

[1] 参见陈永正：《王国维诗词笺注》，上海古籍出版社 2013 年版，第 121 页。

[2] 《陈寅恪诗集》，清华大学出版社 1993 年版，第 70—71 页。

印行。王国华主持、赵万里编辑的1936年版《王静安先生遗书》，就是在此稿的基础上补辑而成。

对王国维一生的学术贡献，陈寅恪先生的评价最具权威性。他在《王静安先生遗书序》中写道："自昔大师巨子，其关系于民族盛衰学术兴废者，不仅在能承续先哲将坠之业，为其托命之人，而尤在能开拓学术之区宇，补前修所未逮。故其著作可以转移一时之风气，而示来者以轨则也。先生之学博矣，精矣，几若无涯岸之可望，辙迹之可寻。然详绎遗书，其学术内容及治学方法，殆可举三目以概括之者。一曰取地下之实物与纸上之遗文互相释证。凡属于考古学及上古史之作，如《殷卜辞中所见先公先王考》及《鬼方昆夷玁狁考》等是也。二曰取异族之故书与吾国之旧籍互相补正。凡属于辽金元史事及边疆地理之作，如《萌古考》及《〈元朝秘史〉之主因亦儿坚考》等是也。三曰取外来之观念，与固有之材料互相参证。凡属于文艺批评及小说戏曲之作，如《红楼梦评论》及《宋元戏曲考》《唐宋大曲考》等是也。此三类之著作，其学术性质固有异同，所用方法亦不尽符会，要皆足以转移一时之风气，而示来者以轨则。吾国他日文史考据之学，范围纵广，途径纵多，恐亦无以远出三类之外。此先生之书所以为吾国近代学术界最重要之产物也。"[1]

[1]　陈寅恪：《金明馆丛稿二编》，上海古籍出版社1980年版，第219页。

1929年，陈寅恪在其所撰之《清华大学王观堂先生纪念碑铭》中，又进而写道："先生之著述，或有时而不章。先生之学说，或有时而可商。惟此独立之精神，自由之思想，历千万祀，与天壤而同久，共三光而永光。"[1]可以看作是对静安先生学术、生平、志业的盖棺论定。

1997年初稿、2016年再校修改、2019年三校增补

2020年岁在庚子四月初六增补重写于京城之东塾

[1] 陈寅恪：《金明馆丛稿二编》，上海古籍出版社1980年版，第218页。

第三章

王国维与中国现代学术的奠立

中国传统学术向现代学术转变是一个长时期的历史过程。早在十八世纪中叶，乾嘉诸老的治学观念和治学方法中，已在一定程度上有了现代学术思想的一些萌芽。“为学术而学术”的倾向，乾嘉学者的身上程度不同地有所体现。至十九世纪末、二十世纪初，也就是清末民初时期，中国社会处于急剧的变动之中，学术思想也因所依托的社会结构的崩解塌陷而开始了烈性的化分化合过程。其间诞生了一批无论学识累积还是文化担当力都堪称一流的大师巨子，他们既是传统学术的承继者，又是现代学术的奠基人。王国维是他们之中最具代表性和最杰出的一位。当我们爬梳这段历史之后发现，在传统学术走向现代学术的路途中，举凡一些关节点上都印有静安先生的足迹。

一

中国传统学术向现代学术转变，是与引进、吸收、融解外来的学术思想分不开的。在这点上，王国维是个先行者，是最早觉醒的中国人之一。他出生在一个传统的家庭里，父尊王乃誉“亦吏亦儒”“亦商亦文”，喜诗艺，长于书法金石，四十岁守父丧，从此居家不出，有余暇课子读书，使王国维从小受到了良好的教育。但这个家庭并不保守，上海《申报》刊载的同文馆课程和翻译书目，王乃誉也抄回来拿给王国维看，认为是“时务之急”。甲午战败之后，王氏父子受到极大的刺激，更加关心时局，向往新学[1]。1898年，王国维离开海宁家乡到上海《时务报》报馆任职，并在东文学社学习日文和英文。翌年底，受罗振玉资助留学日本，开始了广泛吸收新学的时期。他凭借初步掌握的外国语言文字工具，尽力阅读哲学、心理学、社会学方面的原著，有时自己还动手翻译。当然主要兴趣是哲学，尤其对叔本华的著作“大好之”[2]。他也喜欢康德，但开始没有啃动，后来反过来再读，才克服了“窒碍”。为满足自己的哲学嗜好，他学了德文。他说自己从1903年夏天到1904年

[1] 王国维《三十自序》云：“甲午之役，始知世尚有所谓学者。家贫不能以赀供游学，居恒怏怏。”王国维：《静安文集续编·自序》，《王国维遗书》第五册，第19a页。

[2] 王国维：《静安文集》自序，《王国维全集》第一卷，浙江教育出版社、广东教育出版社2010年版，第3页。

冬天，“皆与叔本华之书为伴侣”[1]。结果写出了两篇重要研究文字，一是《叔本华之哲学及其教育学说》，一为《叔本华与尼采》。

可以认为，王国维对西方学术思想的涉猎、吸收和介绍，在清末民初学者中，是站在前沿的。故他是新学者，不是旧学者。这里，需要提到当时的一本刊物《教育世界》。《教育世界》是罗振玉在1901年所创办，半月刊，宗旨是译介世界各国的教育制度及其理论，又特别注重日人编译的著作。开始罗氏创办于湖北，后移至上海。1904年开始，由王国维任译编（实即主编），方针起了变化，改为译介西籍为主，哲学、伦理学成为介绍的重点，而不局限于教育方面。康德、休谟、叔本华、尼采等许多西方思想家的学说和传记资料，都是王国维在《教育世界》上译载的。单是介绍康德哲学的就有好几篇。[2]而歌德、席勒、拜伦、莎士比亚等文学家的生平和著述，王氏主编的《教育世界》上，也都有长短不一的译介，有的很可能直接出自静安先生的手笔。还有小说，《教育世界》上辟有专栏，包括教育小说、心理小说、家庭小说、军事小说，均有所介绍。值得注意的是，托尔斯泰的作品首次介绍到中国，也是

[1] 王国维：《静安文集》自序，《王国维全集》第一卷，浙江教育出版社、广东教育出版社 2010 年版，第 3 页。

[2] 据陈鸿祥先生考证，刊载于 1904 至 1906 年《教育世界》上的《汗德之哲学说》《汗德之伦理学及宗教论》等未署名的文章，也出自王国维之手。见陈鸿祥编著：《王国维与近代东西方学人》，天津古籍出版社 1990 年版，第 36 页。

王国维主持的《教育世界》杂志走在了前面。当时王国维正在南通师范学堂任教，他把包括托尔斯泰在内的翻译作品作为学堂的教材，供学子学习。[1]研究者一般都知晓王氏年轻时曾一度醉心于西方哲学和美学思想，而对于其在译介西方学术著作方面所做的贡献，未免估计不足。

王国维所以如此重视西学、西典、西籍的介绍，当然有晚清之时西学东渐的大的历史背景，同时也导因于他对异质文化思想影响本民族文化思想的历史渊源，有清醒的认识。他作于1905年的《论近年之学术界》一文写道：

> 外界之势力影响于学术，岂不大哉？自周之衰，文王周公势力之瓦解也，国民之智力成熟于内，政治之纷乱乘之于外。上无统一之制度，下迫于社会之要求，于是诸子九流，各创其学说，于道德、政治、文学上灿然放万丈之光焰，此为中国思想之能动时代。自汉以后，天下太平，武帝复以孔子之说统一之。其时新遭秦火，儒家唯以抱残守缺为事，其为诸子之学者，亦但守其师说，无创作之思想，学界稍稍停滞矣。佛教之东，适值吾国思想凋敝之后。当此之时，学者见之，如饥者之得食，渴者之得饮。担簦访道者，接武于葱

[1] 《教育世界》乙亥（1905年）第八期上刊有托尔斯泰的《枕戈记》，前面有“编者的话”，写道：“《枕戈记》，为俄国现代文豪托尔斯泰所著。假一军人口吻，述俄营情状者也。日本二叶亭译之。江苏师范学堂取作习和文课本。本社据其译稿润色之。”润色人应该就是王国维，且此编者的话，也合是静安的手笔。

> 岭之道，翻经译论者，云集于南北之都。自六朝至于唐室，而佛陀之教极千古之盛矣。此为吾国思想受动之时代。然当是时，吾国固有之思想与印度之思想互相并行而不相化合。至宋儒出而一调和之，此又由受动之时代出而稍带能动之性质者也。自宋以后以至本朝，思想之停滞略同于两汉。至今日而第二之佛教又见告矣——西洋之思想是也。[1]

王氏此论，是对整个中国学术嬗变过程的一种概括，但他的着眼点在外缘的因素对学术的影响，特别是域外学术思想的影响。在这点上他与晚清开明官吏的变革思想不同，他看重的是思想和精神的学习和引进。1904年他发表于《教育世界》的《教育偶感》一文阐述得更明确，其中写道：

> 今之混混然输入于我中国者，非泰西物质的文明乎？政治家与教育家坎然自知其不彼若，毅然法之。法之诚是也，然回顾我国民之精神界则奚若？试问我国之大文学家有足以代表全国民之精神，如希腊之鄂谟尔（荷马）、英之狄斯丕尔（莎士比亚）、德之格代（歌德）者乎？吾人所不能答也。其所以不能答者，殆无其人欤？抑有之而吾人不能举其人以实之欤？二者必居其一焉。由前之说，则我国之文学不

[1] 王国维：《论近年之学术界》，《王国维全集》第一卷，浙江教育出版社、广东教育出版社 2010 年版，第 121 页。

如泰西；由后之说，则我国之重文学不如泰西。前说我所不知。至后说，则事实皎然，无可讳也。我国人对文学之趣味如此，则于何处得其精神之慰藉乎？[1]

盖王国维所期望者，是一国的精神思想给国人带来的慰藉，所以他重视哲学，重视文学，重视美术（艺术）。故同一文章他强调，大文学家的地位应高于政治家，希腊人引以为荣的是荷马，意大利人引以为荣的是但丁，英国人引以为荣的是莎士比亚，而政治家无法荷此使命。追溯根源，则由于物质上的利益是短暂的，而精神的价值是永久的。他说："物质的文明，取诸他国，不数十年而具矣。独至精神上之趣味，非千百年之培养与一二天才之出不及此。"[2]

王国维关于"能动""受动"之说的提出，说明他在追寻学术思想发生、嬗变的外部动因和内部动因。他的本意显然更赞赏学术思想的能动时代，所以极力表彰晚周学术之光焰灿烂，而对带有能动性质之宋学也给予高度评价。高度评价宋代思想文化，可以看出王国维在强调引进西方思想的同时，对本国的思想文化亦不乏自信的眼光。他在另外一篇文章中也曾写道："故天水一朝人智之活动与文化之多方面，前之汉唐，后

[1] 王国维：《教育偶感四则》，《王国维全集》第一卷，浙江教育出版社、广东教育出版社2010年版，第138—139页。

[2] 同上，第139页。

之元明，皆所不逮也。”[1]其实陈寅恪先生也高度评价宋学，特别对宋代的理学和史学极口称赞。他说：“天水一朝之文化，竟为我民族遗留之瑰宝。”[2]但学术思想的受动时期隐发着学术的大变迁，王国维同样看重，观其上述对佛教东传之盛的描绘可知。他尤其看到了“第二之佛教”即西洋之学术思想的东来，对促进中国传统学术走向现代学术转变的意义，这应该是他顺乎世界潮流、站在时代前沿、自觉翻译与介绍西方思想学说的主观思想动因。

二

王国维一方面是西方学术思想的积极介绍者和研究者，另一方面，他又是运用西方学术思想解释中国古典的躬行者。最有代表性的是写于1904年的《红楼梦评论》，这是他运用西方的哲学美学思想诠释本国作品的一次重要的尝试，为后来者树立了一个典范。

王国维之前，《红楼梦》研究是评点派和索隐派的天下。评点是对作品的片断鉴赏，是把中国传统的诗文批评移之于小说批评。在评点的时候，可以断章，可以借题发挥，而不一定

[1] 王国维：《宋代之金石学》，《王国维全集》第十四卷，浙江教育出版社、广东教育出版社2010年版，第315页。

[2] 陈寅恪：《赠蒋秉南序》，《陈寅恪集·寒柳堂集》，三联书店2001年版，第182页。

要求对艺术整体做出诠释。索隐则是求作意于文本之外，寻找政治的、社会的、家族的背景在书中的影像。只有到了王国维，才第一次从美学的和哲学的角度，从整体上来揭示《红楼梦》的悲剧性质及意义。我们看这篇文章的结构，第一章为“人生及美术之概观”，首先提出文学批评的观念。第二章论“《红楼梦》之精神”，第三章论“《红楼梦》之美学上之价值”，第四章论“《红楼梦》之伦理学上之价值”，都是围绕文学作品的基本问题展开的论述。而结论则曰：“《红楼梦》一书，与一切喜剧相反，彻头彻尾之悲剧也”[1]，“悲剧中之悲剧也”[2]。然则《红楼梦》除了美学上的价值，还有伦理学上的价值，在王国维看来其对人生对艺术更为重要。

《红楼梦评论》的第四章在探讨《红楼梦》伦理学上的价值时，静安先生同样依据的是叔本华的学说。盖叔氏学说的基本假设是人生有欲，欲不得满足则产生苦痛，欲求无限，苦痛亦无限。即使愿望偶尔得以满足，为时亦甚暂；况一愿甫圆，十愿已至，仍不免处于欲望不得满足的苦痛之中。叔本华说：“原来一切追求挣扎都是由于缺陷，由于对自己的状况不满而产生的；所以一天不得满足就要痛苦一天。况且没有一次满足

[1] 王国维：《红楼梦评论》，《王国维全集》第一卷，浙江教育出版社、广东教育出版社2010年版，第65页。

[2] 同上，第67页。

是持久的，每一次满足反而只是又一新的追求的起点。”[1]而精神的苦痛比肉体的痛苦更为深重，智力愈发达，痛苦的程度愈高，因此“具有天才的人则最痛苦”[2]。然则人生之苦痛可有解脱之出路乎？叔本华给出了三种途径：一是由于欣赏艺术而进入“纯观赏状态”，在此一瞬间，“一切欲求，也就是一切愿望和忧虑都消除了，就好像是我们已摆脱了自己，已不是那为了自己的不断欲求而在认识着的个体了”[3]。当此时刻，人的精神苦况有可能获致解脱。二是经过深创剧痛，对“意志”的本质产生自觉的解悟，意识到一切生命的痛苦，不只是自己的痛苦，感到了“身外之物的空虚”。换言之：“由于这样重大不可挽回的损失而被命运伤到一定的程度，那么，在别的方面几乎就不会再有什么欲求了；而这人物的性格也就现为柔和、哀怨、高尚、清心寡欲了。”[4]叔本华把这种境界描绘得很富于诗意，认为“这是在痛苦起着纯化作用的炉火中突然出现了否定生命意志的纹银，亦即出现了解脱”。三是皈依宗教信仰的途径。当一个人的信仰获得之后，“嘉言懿行完全是自然而然从信仰中产生的，是这信仰的表征和果实”，而不是“邀功的根据”。因而个体生命之身，“首先出现的只是自愿的公道，然后

[1] 叔本华：《作为意志和表象的世界》（石冲白译），商务印书馆1982年版，第422页。

[2] 同上，第422—423页。

[3] 同上，第531页。

[4] 同上，第540页。

是仁爱，再进为利己主义的完全取消，最后是清心寡欲或意志的否定”[1]，实现解脱。

自裁的方法是否也是实现解脱的途径之一？叔本华不认可此种方法。他说这种行为，是作为生命意志的自相矛盾的“最嚣张的表现”，是“完全徒劳的、愚蠢的”。如果说对个体生命而言不无一定“解脱”的作用，那也不过相当于“一个病人，在一个痛苦的、可能使他痊愈的手术已开始之后，又不让做完这手术，而宁愿保留病痛”[2]。故依叔氏义，静安先生认为《红楼梦》中的“金钏之堕井也，司棋之触墙也，尤三姐、潘又安之自刎也，非解脱也，求偿其欲而不得者也”。真正能获得解脱者，顾书中只有最后出家之宝玉、惜春、紫鹃三人。笔者尝以今译之《作为意志和表象的世界》对照王国维《红楼梦评论》的相关引文，发现王译至为博洽，而且随时以中国古代之学术资源给以补充解说，其对叔氏学说领悟之深，如同宿契，看来“大好之”的说法自有己身的渊源。

王国维对叔本华的学说并非没有商榷质疑，其在《红楼梦评论》第四章的末尾写道：

> 夫由叔氏之哲学说，则一切人类及万物之根本一也，故充叔氏拒绝意志之说，非一切人类及万物各拒绝其生活

[1] 叔本华:《作为意志和表象的世界》(石冲白译)，商务印书馆1982年版，第556页。

[2] 同上，第544—545页。

之意志，则一人之意志亦不可得而拒绝。何则？生活之意志之存于我者，不过其一最小部分，而其大部分之存于一切人类及万物者，皆与我之意志同。而此物我之差别，仅由于吾人知力之形式故，离此知力之形式而反其根本而观之，则一切人类及万物之意志，皆我之意志也。然则拒绝吾一人之意志而姝姝自悦曰解脱，是何异决蹄跡之水而注之沟壑，而曰天下皆得平土而居之哉！佛之言曰：若不尽度众生，誓不成佛。其言犹若有能之而不欲之意。然自吾人观之，此岂徒能之而不欲哉？将毋欲之而不能也。故如叔本华之言一人之解脱，而未言世界之解脱，实与其意志同一之说不能两立者也。[1]

静安先生的批评在于，叔氏所论只能停止在“一人之解脱”而已，对整个世界而言，无异于“蹄跡之水而注之沟壑”，并不能给人类世界以救赎（王国维译为“救济”）的出路。甚而王国维诘问道：“释迦示寂以后，基督尸十字架以来，人类及万物之欲生奚若？其痛苦又奚若？吾知其不异于昔也。然则所谓持万物而归之上帝者，其尚有所待欤？抑徒沾沾自喜之说而不能见诸实事者欤？果如后说，则释迦、基督自身之解脱与

[1] 王国维：《红楼梦评论》，《王国维全集》第一卷，浙江教育出版社、广东教育出版社2010年版，第72—73页。

否，亦尚在不可知之数也。”[1]此一诘问是极为有力量的。静安先生并引自己的一首七律作为意蕴的补充，其诗曰：

平生颇忆挈卢敖，东过蓬莱浴海涛。
何处云中闻犬吠，至今湖畔尚乌号。
人间地狱真无间，死后泥洹枉自豪。
终古众生无度日，世尊只合老尘嚣。[2]

这首七律的写作时间当与《红楼梦评论》约略同时，亦即1904年，故诗的意象和文的内容足可互为映照。盖静安先生无法相信人间苦痛真能有最终解脱之日，即佛氏的涅槃，也不过一理想而已。实际上叔本华本人在其著作中也提出了同样的疑问。而《红楼梦》的可贵处，恰在于“与吾人以二者之救济”[3]，既写出了解脱的出路，又带来艺术的欣赏，所以不愧为“宇宙之大著述”。而《红楼梦评论》在红学研究的历史上，是为第一次用哲学和美学的方法来批评中国古典小说，其在中国现代学术史上的奠基意义实不容忽视。

《红楼梦评论》之外，王国维也是最早对中西方哲学思想

[1] 王国维：《红楼梦评论》，《王国维全集》第一卷，浙江教育出版社、广东教育出版社2010年版，第74页。

[2] 同上。

[3] 同上，第75页。

作比较研究的现代学人之一。1904至1906年，他先后发表《论性》《释理》《原命》三篇论文，就是结合西方哲学思想分疏中国传统哲学理念的有创见之作。由于他把西方哲学（主要是康德、叔本华哲学）作为参照，出发点是“纯粹哲学”，因而对孔子学说的哲学意义有所保留，认为“孔子教人以道德，言政治，而无一语及于哲学”[1]，倒是老子、墨子涉及了本体论的问题，有追求万物本原的意向。以此之故，他对晚出但同属儒家系统的《周易大传》《中庸》两部著作格外重视，提出“儒家之有哲学，自《易》之系辞、说卦二传及《中庸》始”[2]的观点。因为《中庸》凸显了“诚”的概念，里面有“诚者物之终始，不诚无物”的话，王国维认为已经接触到了根本宇宙观念问题。对宋明理学的核心观念“理”，王国维持的是分析的态度。他说：

> 宋代学术方面最多，进步亦最著。其在哲学，始则有刘敞、欧阳修等脱汉唐旧注之桎梏，以新意说经；后乃有周敦颐、程颢、程颐、张载、邵雍、朱熹诸大家，蔚为有宋一代之哲学。[3]

---

[1] 王国维：《书辜氏汤生英译中庸后》，《王国维全集》第十四卷，浙江教育出版社、广东教育出版社2010年版，第71页。

[2] 同上。

[3] 王国维：《宋代之金石学》，《王国维全集》第十四卷，浙江教育出版社、广东教育出版社2010年版，第315页。

又说：

> 周子之言太极，张子之言太虚，程子朱子之言理，皆视为宇宙人生之根本。[1]

这是从纯哲学的角度给宋明理学以高度评价。朱熹《语类》有载："问天与命、性与理四者之别。天则就其自然者言之，命则就其流行而赋予物者言之，性则就其全体而万物所得以为生者言之，理则就其事事物物各有其则者言之。到得合而言之，则天即理也，命即性也，性即理也，是如此否？然。"王国维在引用了朱熹上述论断之后写道："朱子之所谓理，与希腊斯多噶派之所谓理，皆预想一客观的理存于生天、生地、生人之前，而吾心之理不过其一部分而已。于是理之概念，自物理学上之意义出，至宋以后而遂得形而上学之意义。"[2]王国维对宋儒求理于事物之外的做法，并没有表示认同，相反，他更倾向于戴震的理存于事物之中的说法。可是他对朱熹立论的形上意义却不轻忽，说明采取的是现代的具有思辨意味的学术方

[1] 王国维：《书辜氏汤生英译中庸后》，《王国维全集》第十四卷，浙江教育出版社、广东教育出版社 2010 年版，第 71—72 页。

[2] 王国维：《释理》，《王国维全集》第一卷，浙江教育出版社、广东教育出版社 2010 年版，第 25 页。

法。他引据叔本华哲学的充足理由律，指出“天下之物绝无无理由而存在者。其存在也，必有所以存在之故，此即充足理由也”[1]。在阐释“理”“性”这些概念的时候，他总是既援引西哲之论，又结合中国固有观念来加以解说，这是王氏一生为学的基本方法。

《释理》一文的篇章结构也很值得注意。第一部分为“理字之语源”，第二是“理之广义的解释”，第三是“理之狭义的解释”，第四是“理之客观的假定”，第五是“理之主观的性质”。整篇文章近七千言，有强烈的理论思辨色彩，而著论则完全是现代论文的写法，逻辑严密，引据丰富，思理清晰。其第五部分论“理”之主观性质，首先引证王阳明的观点：“物理不外于吾心，外吾心而求物理，无物理矣。遗物理而求吾心，吾心又何物？”王国维认为，这是中国先哲论述“理”这个概念最深切著名的例子。接着又引西哲的例证，从斯多噶派的“理”说，到休谟、康德、叔本华的论述。最后得出结论：“所谓理者，不过‘理性’‘理由’二义，而二者皆主观上之物也。”[2]但古今东西谈论“理”者，往往附以客观的意义，为什么会这样？王国维写道：

[1] 王国维：《释理》，《王国维全集》第一卷，浙江教育出版社、广东教育出版社2010年版，第19页。

[2] 同上，第27页。

盖人类以有概念之知识，故有动物所不能者之利益，而亦陷于动物不能陷之误谬。夫动物所知者，个物耳。就个物之观念，但有全偏、明昧之别，而无正误之别。人则以有概念故，从此犬彼马之个物之观念中，抽象之而得“犬”与“马”之概念；更从犬马牛羊及一切跂行喙息之观念中抽象之，而得“动物”之观念；更合之植物矿物，而得“物”之观念。夫所谓“物”，皆有形质可衡量者也。而此外尚有不可衡量之精神作用，而人之抽象力进而不已，必求一语以核括之，无以名之，强名之曰“有”。然离心与物之外，非别有所谓“有”也。离动植矿物以外，非别有所谓“物”也。离犬马牛羊及一切跂行喙息之属外，非别有所谓“动物”也。离此犬彼马之外，非别有所谓“犬”与“马”也。所谓“马”者，非此马即彼马，非白马即黄马、骊马。如谓个物之外，别有所谓“马”者，非此非彼非黄非骊非他色，而但有马之公共之性质，此亦三尺童子所不能信也。故所谓“马”者，非实物也，概念而已矣。而概念之不甚普遍者，其离实物也不远，故其生误解也不多。至最普遍之概念，其初故亦自实物抽象而得，逮用之既久，遂忘其所自出，而视为表特别之一物，如上所述“有”之概念是也。夫离心物二界，别无所谓“有”。然古今东西之哲学，往往以“有”为有一种之实在性。在我中国，则谓之曰“太极”，曰“玄”，曰“道”；在西洋则谓之曰“神”。及传衍愈久，遂以为一自证之事实，而若无待根究者，此正柏庚所谓“种落之偶像”，汗德所谓“先天之幻影”。[1]

王国维借助他长于思辨的特点，把人脑获得知识的特殊功能，即借助概念进行逻辑思维，从具体、个别事物中抽象出事物的共同性质，形成概念的能力，并从语源学的角度追溯“理”之为理的形成过程，把这样一个极为抽象复杂的问题，论述得步步紧扣，条理分明。他的这些思想固然来源于叔本华，但论述的清晰说明他理解的准确。

王国维肯定“理性”具有构造概念和推演概念之间关系的作用，而“理由”则为人类知识的“普遍之形式”。但联系中国古代的思想资源，他无法不稍加分解“理”之一字是否亦有伦理学的意义。《礼记·乐记》云：“人生而静，天之性也。感于物而动，性之欲也。物至知知，然后好恶形焉。好恶无节于内，知诱于外，不能反躬，天理灭矣。夫物之感人无穷，而人之好恶无节，则是物至而人化物也。人化物也者，灭天理而穷人欲者也。”[2]于是“天理”“人欲”两大概念由是而生。《乐记》援引之后，静安先生又具引孟子、二程子、上蔡谢氏，证明“理”之伦理学的内涵。朱子论“天理”和“人欲”有云：“有个天理，便有个人欲。盖缘这个天理须有个安顿处，才安

[1] 王国维：《释理》，《王国维全集》第一卷，浙江教育出版社、广东教育出版社2010年版，第27—28页。

[2] 《礼记·乐记》，《四书五经》本，上册，岳麓书社1991年版，第566页。

顿得不恰好，便有人欲出来。”又说：“人欲也便是天理里面做出来，虽是人欲，人欲中自有天理。”[1]王国维认为朱子之说颇值得玩味。戴东原解“理”则说：“理也者，情之不爽失也”，“天理云者，言乎自然之分理也。自然之分理，以我之情，絜人之情，而无不得其平者也”，[2]王国维也极为重视。他写道：“朱子所谓‘安顿得好’，与戴氏所谓‘絜人之情而无不得其平’者，则其视理也，殆以‘义’字、‘正’字、‘恕’字解之。于是理之一语，又有伦理学上之价值。”[3]然而依西方哲人的观点，“理”除“理性”“理由”的含义，实别无他意。所以好人行善和恶人为恶，并非缺少理性所致。因此王国维在文章结尾总括写道：“理性者，不过吾人知力之作用，以造概念，以定概念之关系，除为行为之手段外，毫无关于伦理学上之价值。”[4]我们无法不看重《释理》一文的现代思维方式和它所体现的形上的学术求索精神。

《论性》也是一篇典型的有现代理念渗透其中的学术论文，王国维在这篇文章中提出，“性之为物”是超乎我们的知识之外的。而所以如此的缘故，是由于世间的知识可区分为

[1] 《朱子语类》卷第十三，学七，中华书局标点本，第一册，1986年版，第223—224页。

[2] 戴震：《孟子字义疏证》，《戴震集》，上海古籍出版社1980年版，第265、266页。

[3] 王国维：《释理》，《王国维全集》第一卷，浙江教育出版社、广东教育出版社2010年版，第30页。

[4] 同上，第33页。

"先天的"和"后天的"两类，"先天的知识，如空间时间之形式，及悟性之范畴，此不待经验而生"；"后天的知识"，乃指"一切可以经验之物"。所以他进而论述说："今试问性之为物，果得从先天中或后天中知之乎？先天中所能知者，知识之形式，而不及于知识之材质，而性固一知识之材质也。若谓于后天中知之，则所知者又非性。何则？吾人经验上所知之性，其受遗传与外部之影响者不少，则其非性之本来面目，固已久矣。"[1]这些论述可视为他的观念的框架，而取资举证则为中国古代的人性论学说，从先秦诸子的孔子、孟子、荀子，到汉之董仲舒，再到宋明的王安石、苏东坡、周敦颐、张载、二程、朱熹、陆九渊、王阳明等，举凡中国思想史上的涉"性"言论，都被静安先生引来作为自己立说的依据。在中国哲学史上更是一个最常见也最易生歧义的概念。孔子说："饮食男女，人之大欲存焉。"（《礼记·礼运》）告子说："食、色，性也。"（《孟子·告子上》）孟子说："口之于味也，目之于色也，耳之于声也，鼻之于臭也，四肢之于安佚也，性也。"（《孟子·尽心下》）这说的是饮食男女、声色欲求是人的本性使然。荀子说："性者，天之就也；情者，性之质也；欲者，情之应也。"（《荀子·正名》）董仲舒说："性者，天质之朴也。"（《春秋繁露·实性》）这指的是人的自然本性。朱熹说"性

[1] 王国维：《论性》，《王国维全集》第一卷，浙江教育出版社、广东教育出版社2010年版，第5页。

即理”“性只是理”（《朱子语录·性理》）则是纯哲学化的解释。至于“性善”“性恶”的种种说法，就更其多多了。王国维用标准的哲学语言写道：“人性之超乎吾人之知识外，既如斯矣，于是欲论人性者，非驰于空想之域，势不得不从经验上推论之。夫经验上之所谓性，固非性之本然。苟执经验上之性以为性，则必先有善恶二元论起焉。”[1]事实确实如此，宋以前中国古代各家的人性论思想，除董仲舒外，大都是就性论性，很少涉及形而上学的问题。至宋代随着新的哲学思潮理学的兴起，方有人性论的形而上学的思考。可是静安先生同时又强调，抽象的人性是不可知的，超越经验事实之外去探讨人性，容易导致自相矛盾。

王国维与他在上述文章中论及的古代先哲一样，思想是充满矛盾的，构成自己哲学理念的思想资源颇为驳杂，古今中西兼相牵引，显示出其思想过渡期的特点。但他有浓厚的哲学兴趣，有理论思辨的能力，是非常自觉地对中西思想作比较研究的尝试，而且能够上升到形上之层次，包括思维逻辑、概念的运用、行文方式和文章结构，都已具有现代学术表达方式的意味应无异议。就文章体制思理而言，《释理》比《论性》更高一筹。我所说的王氏三篇哲学论文的另一篇《原命》，比之《释理》《论性》两篇，无论规模还是理趣，都要简略浅显许

[1] 王国维：《论性》，《王国维全集》第一卷，浙江教育出版社、广东教育出版社2010年版，第5页。

多，兹不具论，斯举“二”不妨以“三”反可也。

三

王国维在吸收西学的同时，他的学术思想又是坚实地立基于中国传统学术思想的基地之上的。这一点同样非常重要。他的由哲学与美学转向古器物、古文字和中国古史的研究，由对西方学术思想的介绍和阐释转向对中国古典学问的探究，其转变过程颇富传奇性。具体地说，他的治学历程有三变：一是前期，主要研究哲学、美学和教育学；二是中期，重点在文学和戏曲；三是后期，集中研究古器物、古文字和古史。每一时期都有重要学术成果问世。如果以哲学家、美学家称之，则第一时期之学术可谓代表。如果以戏曲史专家概之，第二时期的以《宋元戏曲史》为代表的成果使他当之无愧。如果论其金文、甲骨文、古器物和古史研究方面的成就，第三时期的学术创获，可谓车载斗量，蔚为大观，其中尤以《殷周制度论》堪称典范。传统学术的所谓文史之学，王氏在现代学人中是最富根底的一个。他的学问之路是由新而旧，而结果则是旧而弥新。他开始时介绍新思想固然不遗余力，后来释证古器物、古史，也是以旧为新，创意纷陈。中西、古今、新旧的畛域，是王国维率先起来打破的。他曾说：

学之义不明于天下久矣。今之言学者，有新旧之争、有

> 中西之争、有有用之学与无用之学之争。余正告天下曰：学无新旧也，无中西也，无有用无用也。凡立此名者，均不学之徒，即学焉而未尝知学者也。[1]

这是王氏为《国学丛刊》作序写出来的话，时间在1911年，可谓开篇正告之语，带有宣言性质，不能不引起我们的重视。其实这些话，正是从学理上开启现代学术的枢纽。晚清以还困扰学者的古今、中西、新旧之辨，王国维已经给出了正确的答案。

王国维立基于中国传统学术来建构自己的学术理念，其在观念和方法上的超越同侪之处，一是明其源流，二是知其利弊。下面，不妨看看他对宋代学术和清代学术的关联以及如何评价清代学术，从而透视这位现代学者的学术追求和学术思想的特点。

宋代学术的总体成就显示出其为我国思想文化的最高峰，王国维、陈寅恪有几近相同的论述，前面已经谈到。王国维并进而写道："宋代学术方面最多，进步亦最著。其在哲学，始则有刘敞、欧阳修等脱汉唐旧注之桎梏，以新意说经；后乃有周敦颐、程颢、程颐、张载、邵雍、朱熹诸大家，蔚为有宋一代之哲学。其在科学，则有沈括、李诫等，于历数、物理、工

[1] 王国维：《国学丛刊序》，《王国维全集》第十四卷，浙江教育出版社、广东教育出版社2010年版，第129页。

艺，均有发明。在史学，则有司马光、洪迈、袁枢等，各有庞大之著述。绘画则董源以降，始变唐人画工之画，而为士大夫之画。在诗歌，则兼尚技术之美，与唐人尚自然之美者，蹊径迥殊。考证之学，亦至宋而大盛。”[1]这是我所看到的在当时的背景下对宋代学术的最全面的评价。因此当他提出“近世学术多发端于宋人”就可以理解了。特别是晚清之际足称发达的金石学，其源头可以直接追溯到宋朝。王国维说：“金石之学创自宋代，不及百年，已达完成之域。”又说：“宋人于金石、书画之学，乃陵跨百代。近世金石之学复兴，然于著录、考订，皆本宋人成法，而于宋人多方面之兴味反有所不逮。故虽谓金石学为有宋一代之学，无不可也。”[2]王国维特别强调宋代金石学和书画学的鉴赏兴味与研究的兴味举苏东坡、沈括、黄庭坚、黄伯思诸人以为例，说明此种情形得力于宋代仁宗以后“海内无事，士大夫政事之暇，得以肆力学问”，因此“赏鉴之趣味与研究之趣味，思古之情与求新之念，互相错综”[3]，从而形成一代之学术风气和学术精神。

盖金石之学发端于宋，近世之复兴与重振不应忘其源流，而在艺术与学术的精神与兴味方面，后世反而有不逮前贤之

---

[1]　王国维：《宋代之金石学》，《王国维全集》第十四卷，浙江教育出版社、广东教育出版社 2010 年版，第 315 页。

[2]　同上，第 321 页。

[3]　同上。

处。王氏此论，正是既明其源流，又知其利弊。至于清学的演变过程及其特点，王国维另有专门论述，他写道：

> 我朝三百年间，学术三变：国初一变也，乾嘉一变也，道咸以降一变也。顺康之世，天造草昧，学者多胜国遗老，离丧乱之后，志在经世，故多为致用之学。求之经、史，得其本源，一扫明代苟且破碎之习，而实学以兴。雍乾以后，纪纲既张，天下大定，士大夫得肆意稽古，不复视为经世之具。而经、史、小学专门之业兴焉。道咸以降，途辙稍变，言经者及今文，考史者兼辽、金、元，治地理者逮四裔，务为前人所不为。虽承乾嘉专门之学，然亦逆睹世变，有国初诸老经世之志。故国初之学大，乾嘉之学精，道咸以降之学新。[1]

对清代学术流变的评价可谓公允而恰切。用一“大”字概括清初学术、用“精”字概括乾嘉汉学、用“新”字概括晚清之学，可谓一字不易。明末清初之学的开创者，王国维以顾炎武标其首，可谓至当。乾嘉之学，以戴震、钱大昕两巨擘为开创者，亦为允当。问题是他如何看待晚清新学之“新”。对龚自珍、魏源今文学之“新”，王国维采取理解同情的态度，认为是“时势使之然”，但具体评价则不无轩轾：“道咸以降，学

[1] 王国维：《沈乙庵先生七十寿序》，《王国维全集》第八卷，浙江教育出版社、广东教育出版社2010年版，第618页。

者尚承乾嘉之风，然其时政治风俗已渐变于昔，国势亦稍稍不振，士大夫有忧之而不知所出，乃或托于先秦、两汉之学，以图变革一切。然颇不循国初及乾嘉诸老为学之成法，其所陈夫古者，不必尽如古人之真，而其所以切今者，亦未必适中当世之弊。其言可以情感，而不能尽以理究。”[1]这段话中，“颇不循国初及乾嘉诸老为学之成法”一语，站在学术史的角度，应视作含蓄而正式的一种批评。至认为“所陈夫古者，不必尽如古人之真，而其所以切今者，亦未必适中当世之弊”，则措辞更为严厉了。但对龚（自珍）、魏（源）之学，静安先生亦未全然抹杀，指出其学术创获也有清初学术和乾嘉学术所不能范围者，而且其弊端不必尽归学者本人，“亦时势使之然也”。

然则晚清之新学果如王国维所说，并没有承继清初及乾嘉的学术传统，那么这一传统又由谁承继了呢？王氏提到的第一个人是沈曾植沈乙庵先生。理由是他认为沈氏一生为学，既通晓国初及乾嘉诸家之说，又广涉道咸以降的边疆史地之学，而且“一秉先正成法，无或逾越”。为此他申论说：“其于人心世道之污隆，政事之利病，必穷其原委，似国初诸老。其视经史为独立之学，而益探其奥窔，拓其区宇，不让乾嘉诸先生。至于综览百家，旁及二氏，一以治经史之法治之，则又为自来学

[1] 王国维：《沈乙庵先生七十寿序》，《王国维全集》第八卷，浙江教育出版社、广东教育出版社 2010 年版，第 619 页。

者所未及。”[1]就是说，王国维认为沈曾植的为学方法实体现了治中国学问的通则。所以他说：“学问之品类不同，而其方法则一，国初诸老用此以治经世之学，乾嘉诸老用之以治经史之学。”而沈乙庵则用此种方法“治一切诸学”[2]。此种“为学之成法”无他，就是视学问为独立物，而又探其原委，务求有益于世道人心；亦即“趣博而旨约，识高而议平”，忧世深而择术精。这种治学方法，既是传统的，又是现代的。从表面上看，沈氏之学极古奥不时，但学心却不失现代性。静安先生之学绝似沈氏，陈寅恪先生更继而光大之。

正是在这篇《沈乙庵先生七十寿序》中，王国维提出了学术、学人的命运与国家命运攸关与共的绝大课题。他说：

> 天而未厌中国也，必不亡其学术。天不欲亡中国之学术，则于学术所寄之人，必因而笃之。世变愈亟，则所以笃之者愈甚。[3]

兹可知静安先生对中国学术之寄望也大矣，其对中国学人的命运之关切也深矣。作为中国现代学术最具典范意义的学

[1] 王国维：《沈乙庵先生七十寿序》，浙江教育出版社、广东教育出版社2010年版，第619页。

[2] 同上。

[3] 同上，第620页。

人，其学术思想之“忧世之深”以及其为学的“择术之慎”，亦可谓至矣。古圣孔子岂不云乎：“作《易》者其有忧患乎。”王国维的一生毋宁说是充满忧患的一生，包括他的震撼于世的最后之终局。忧患者的学术思想，不仅深与慎，而且能得其正，王国维的为学可以证明，陈寅恪的为学亦可以证明。

晚清新学是中国传统学术向现代学术转变的过渡期，驳杂不纯是晚清新学的特点。自身体现着这驳杂，而又能从驳杂中脱离出来的，是梁启超。梁的为学，基本上采取的是史学的立场，其学术出路亦在史学。中国现代史学的开山祖的角色，就是由梁启超来扮演的，表明他进入角色的是1902年发表的《新史学》一书。史学中学术史一目，也是由梁启超继往开来的。而胡适的史学，在梁的基础上又有所跨越，《白话文学史》《中国哲学史大纲》，在专史方面已是开新建设的史学。但胡适实验的多完成的少。梁启超是提出的多系统建设少。直承清学传统而不染博杂的是王国维与陈寅恪。王、陈的特点，是承继的多开辟的也多。而静安之学，尤得力于清末的学术新发现。

中国传统学术向现代学术转变，有两大意外的契机，这就是甲骨文字的发现和甲骨学的建立，以及敦煌遗书的发现和敦煌学的建立。甲骨文字的发现并开始引起人们的重视，是在1899年，即戊戌政变的第二年。戊戌政变给由今文学发展而来的政治化的新学画上了一个悲惨的句号。恰好甲骨文字的发现，为一部分学者提供了致力于更纯粹更独立的学术研究的新资料和新领域。甲骨文字发现的第二年，即1900年，敦煌石室的宝藏重见天日，其中有两万多件卷子，包括佛经、公私文件，以及诸子、韵书、诗赋、小说等。经卷上的文字，除了汉文，还有梵文、藏文、龟兹文、突厥文等。孔子叹为不足征的殷礼，有了着落。宋儒看不到的古本，如今看到了。学者们认为这是可以与埃及金字塔相媲美的重大发现。又不仅此，还有汉晋木简和内阁大库档案，在当时也是极为重要的发现。因此王国维称清末是学术发现之时代。他在《最近二三十年中中国新发见之学问》一文中写道："古来新学问起，大都由于新发见。有孔子壁中书出，而后有汉以来古文家之学；有赵宋古器物出，而后有宋以来古器物古文字之学。"[1]清末的上述四大发现中，任何一种都可以与孔子壁中书、汲冢竹简相抵挡。这些发现，大大拓展了学术研究的学科领域，为学术的新机启运做了必要的材料准备，同时也创造了与世界学术对话的新契机。

王国维的"二重证据法"就是在此种背景下提出来的。《古史新证》里有一段经常为研究者征引的话，原文如下：

> 吾辈生于今日，幸于纸上之材料外，更得地下之新材料。由此种材料，吾辈固得据以补正纸上之材料，亦得证明古书之某部分全为实录，即百家不雅驯之言，亦不无表示一面之事实。此二重证据法，唯在今日始得为之。虽古书之未

[1] 王国维：《最近二三十年中中国新发见之学问》，《王国维全集》第十四卷，浙江教育出版社、广东教育出版社2010年版，第239页。

得证明者，不能加以否定，而其已得证明者，不能不加以肯定，可断言也。[1]

历史文化遗产的研究一方面须靠文献资料，另一方面也需要借鉴实物，这在今天已成为常识范围内的事情，但在中国古代，人们的认识却不如此简单。可以说相当长的历史时期之内，研究者依据的都是文献资料，而不曾意识到实物的重要性。宋代金石学兴起，刻在金石上的铭文引起人们的注意，并逐渐与考订史实结合起来。赵明诚在《金石录原序》中说："诗书以后，君臣行事之迹悉载于史，虽是非褒贬出于秉笔者私意，或失其实，然至其善恶大节，有不可诬，而又传诸既久，理当依据。若夫岁月、地理、官爵、世次，以金石刻考之，其抵牾十常三四。盖史牒出于后人之手，不能无失，而刻词当时所立，可信不疑。"[2]赵说已开实物证史之先河矣。至清中叶，钱晓徵等史家的许多金石题跋，用历史遗物来证史，成为比较常见的方法了。因此王氏的"二重证据法"，自有其渊源，只是他运用得比任何前贤都更加自觉，且有理念上的提升。换句话说，王国维古史研究的成绩确得力于他的具有实证

[1] 王国维：《古史新证》，《王国维全集》第十一卷，浙江教育出版社、广东教育出版社2010年版，第241—242页。

[2]（宋）赵明诚：《金石录原序》，《文渊阁四库全书》第681册，台湾商务印书馆1986年版，第149页。

意味的方法论。同时，这种方法也影响到了人文社会科学其他学科领域，使得中国现代学术思想在其始建期就呈现出各学科交错影响的现象。

直承今文学而来的疑古学派的出现，本来是传统学术走向现代的重要一步，但在甲骨学、敦煌学新发现面前，它遇到了巨大的挑战，简直足以在事实上拆毁其赖以建立的理念根基。王国维说："疑古之过，乃并尧舜禹之人物而亦疑之。"[1]王氏以甲骨文字、敦煌遗书等新发现为基地，走上了释古的道路，对疑古之偏颇有所是正。而中国现代学术中考古一门的建立，也是与清末的学术新发现相联系的。古代并非没有考古，北宋吕大临曾作过《考古图》，但当时之考古不出金石之范围。现代考古则增加了田野研究的内容，由金石考古扩展到了田野考古。二十世纪初，以发掘工作为基础的现代考古学的建立，李济、董作宾、郭沫若诸人，与有功焉。因此之故，郭对王的评价甚高，称王留下的知识产品"好像一座璀璨的楼阁，在几千年来的旧学的城垒上，灿然放出一段异样的光辉"[2]。对罗振玉的评价也不低，认为罗的功劳在于"为我们提供出了无数的真实的史料"，称赞"他的殷代甲骨的收集、保藏、流传、考

[1] 王国维：《古史新证》，《王国维全集》第十一卷，浙江教育出版社、广东教育出版社2010年版，第241页。

[2] 郭沫若：《中国古代社会研究》自序，《郭沫若全集》历史编第一册，人民出版社1992年版，第8页。

释，实是中国近三十年来文化史上所应该大书特书的一项事件”[1]。郭的甲骨文、金文研究，是以罗、王为起点，他自己并不讳言。

陈寅恪在《王静安先生遗书序》里所总结的王国维为学的特点：一曰取地下之实物与纸上之异文互相释证，二曰取异族之故书与吾国之旧籍互相补正，三曰取外来之观念与固有之材料互相参证，固不是王氏一人的特点，而是当时学术中坚力量的共同特点，也即是中国现代学术的最基本的观念和方法。所以陈寅恪肯定地说：“吾国他日文史考据之学，范围纵广，途径纵多，恐亦无以远出三类之外。”[2]由此我们可以看出，王氏为学的基本观念和方法，在现代学术史上实具有轨则和典范的意义。

四

王国维学术思想的现代内涵，尤其表现在他对学术独立的诉求上。在这方面他可以说是身体力行，不遗余力。在《论近年之学术界》一文中他写道：“学术之发达，存于其独立而

[1] 郭沫若：《中国古代社会研究》自序，《郭沫若全集》历史编第一册，人民出版社 1992 年版，第 8 页。

[2] 陈寅恪：《王静安先生遗书序》，《陈寅恪集 · 金明馆丛稿二编》，三联书店 2001 年版，第 248 页。

已。”[1]而要实现学术独立，必须做到以学术本身为目的，而不以学术作为达致某种目的之一种手段。但中国历来的传统，都是视学术为政治的附属物，学者缺少为学术而学术的精神。特别是清中叶以来兴起的今文学派，毫不掩饰问学的现时政治目的。王国维对此颇致不满，认为即使是影响巨大的严复的翻译，亦不能完全脱此窠臼。而当时通过日本对法国十八世纪自然主义的介绍，则不过是“聊借其枝叶之语，以图遂其政治上之目的耳”[2]。对康有为、谭嗣同等变法维新派人物，静安先生也颇有微词。他说：

> 其有蒙西洋学说之影响，而改造古代之学说，于吾国思想界上占一时之势力者，则有南海□□□（康有为）之《孔子改制考》《春秋董氏学》，浏阳□□□（谭嗣同）之《仁学》。□（康）氏以元统天之说，大有泛神论之臭味。其崇拜孔子也，颇模仿基督教。其以预言者自居，又居然抱穆罕默德之野心者也。其震人耳目之处，在脱数千年思想之束缚，而易之以西洋已失势力之迷信。此其学问上之事业不得不与其政治上之企图同归于失败者也。然□（康）氏之于学

[1] 王国维：《论近年之学术界》，《王国维全集》第一卷，浙江教育出版社、广东教育出版社2010年版，第125页。

[2] 王国维：《论近年之学术界》，《王国维全集》第一卷，浙江教育出版社、广东教育出版社2010年版，第122页。

> 术，非有固有之兴味，不过以之为政治上之手段，荀子所谓今之学者以为“禽犊”者也。□（谭）氏之说，则出于上海教会中所译之《治心免病法》。其形而上学之以太说，半唯物论、半神秘论也。人之读此书者，其兴味不在此等幼稚之形而上学，而在其政治上之意见。□（谭）氏此书之目的亦在此而不在彼，固与南海□氏同也。庚辛以还，各种杂志接踵而起，其执笔者，非喜事之学生，则亡命之逋臣也。此等杂志，本不知学问为何物，而但有政治上之目的。[1]

对于晚清以来的文学，王国维同样认为没有体现出文学本身的价值，而是把文学当作了进行政治教育的手段。他说：“欲学术之发达，必视学术为目的，而不视为手段而后可。”[2]并且引康德关于“当视人人为一目的，不可视为手段”的名言，引申说：“岂特人之对人当如是而已乎？对学术亦何独不然？”[3]总之，政治的归政治，艺术的归艺术，文学的归文学，学术的归学术，不要把艺文与政治混为一谈。王国维也不是完全无视政治的影响，他知道那是社会的最重要的势力，只是他告诫人们，哲学家和艺术家也是社会的最重要的“势力”，

[1] 王国维：《论近年之学术界》，《王国维全集》第一卷，浙江教育出版社、广东教育出版社 2010 年版，第 122—123 页。

[2] 同上，第 123 页。

[3] 同上。

而且比之政治有久暂之别。

在《论哲学家与美术家之天职》一文中，王国维通过对我国传统哲学和古典文学的特性的分析，得出了我国没有“纯粹的哲学”，以及也少有“纯文学”的结论。他说：“披我中国之哲学史，凡哲学家无不欲兼为政治家者，斯可异已。”[1]先秦之孔、墨、孟、荀，西汉之贾、董，宋朝的张、程、朱、陆，明朝的罗、王，都不仅仅是哲学家，同时还是政治家。文学家中，杜甫、韩愈、陆游等，也无一例外地希望在政治上一显身手，曲折点或如杜甫所说“致君尧舜上，再使风俗淳”。所以王国维慨叹“美术之无独立之价值也久矣”。他写《红楼梦评论》以及研究宋元戏曲，与他追求学术独立的思想有直接关系。因为他注意到传统小说戏曲发展中有一个问题，即“有纯粹美术上之目的者，世非为不知贵，且加贬焉”。出现这种情况，文学家和艺术家自身也不是毫无责任，至少是“自忘其神圣之位置”。为了解除艺术家自身这层障壁，王国维又从人的欲望的角度做了详尽的说明。他写道：“夫势力之欲，人之所生而即具者，圣贤豪杰之所不能免也。而知力愈优者，其势力之欲亦愈盛。人之对哲学及美术而有兴味者，必其知力之优者也，故其势力之欲亦准之。今纯粹之哲学与纯粹之美术，既不能得势力于我国之思想界矣，则彼等势力之欲，不于政治，将于何求其满足之地乎？且政治上之势力，有形的也，及身的也。而哲学、美术上之势力，无形

[1] 王国维：《论哲学家与美术家之天职》，《王国维全集》第一卷，浙江教育出版社、广东教育出版社 2010 年版，第 132 页。

的也，身后的也。故非旷世之豪杰，鲜有不为一时之势力所诱惑者矣。”[1]尽管如此，当一个哲学学者经过长期的研究，一旦领悟了宇宙人生的真理，或一个艺术家把胸中惝恍不可捉摸的意境，表诸文字、绘画、雕刻之上，就是一个人的天赋能力得到了实现。王国维认为：“此时之快乐，决非南面王之所能易者也。”[2]在文章结尾处，他进一步寄望于哲学家和艺术家的自悟和自觉：“若夫忘哲学、美术之神圣，而以为道德政治之手段者，正使其著作无价值者也。愿今后之哲学、美术家，毋忘其天职而失其独立之位置，则幸矣。”[3]由此我们可以看出，静安先生对学术独立的诉求有多么强烈。

王国维的由哲学、美学而宋元戏曲而古史研究的学术转向，和他的极力主张学术独立的思想有一定关系。他当然明了文学和美学的学术根性比较脆弱的特点。古史研究则可以与现实的浅层政治保持一定的距离。1904年他写的一首《偶成》诗，似乎流露出了这方面的感慨。诗中写道：

文章千古事，亦与时荣枯。
并世盛作者，人握灵蛇珠。
朝菌媚朝日，容色非不腴。

[1] 王国维：《论哲学家与美术家之天职》，《王国维全集》第一卷，浙江教育出版社、广东教育出版社2010年版，第133页。

[2] 同上。

[3] 同上。

飘风夕以至，零落委泥涂。
且复舍之去，周流观石渠。
蔽亏东观籍，繁会南郭竽。
譬如贰负尸，桎梏南山隅。
恒干块犹存，精气荡无余。
小子瞢无状，亦复事操斛。
自忘宿瘤质，揽镜学施朱。
东家与西舍，假得紫罗襦。
主者虽不索，跬步终趑趄。
且当养毛羽，勿作南溟图。[1]

这是他自道学术心境的一首诗，叙述自己早年“东家与西舍”地采集新思潮，结果只是借得别人的衣裳，己身独立之学术并没有建立起来。庄子说的“朝菌不知晦朔”，正可以用来比喻那些不以学问本身为目的的新学家们。他自己则决心积学储宝，不断提升自己的学问修养，让学术体现出永久的价值，而不使之“与时荣枯”。因此他最终转向了从经史小学入手研究古史的艰难道路，这是王国维实现自己学术独立主张的至关重要的一步。

中国现代学术传统的建立，是从自觉地追求学术独立开始的。晚年的梁启超对此体会尤深，他在《清代学术概论》里慨

[1] 陈永正：《王国维诗词笺注》，上海古籍出版社2011年版，第85—86页。

乎言之曰："而一切所谓新学家者，其所以失败，更有一种根源，曰不以学问为目的而以为手段。"[1]《清代学术概论》写于1920年。王国维对同一题意的慨乎言之，比任公先生早出十五年以上，说明他是从理念上推动学术独立的最早觉醒者。

五

中国传统学术向现代学术转变，有一学术理念上的分别，即传统学术重通人之学，现代学术重专家之学。钱穆在《现代中国学术论衡》一书的序言中写道："文化异，斯学术亦异。中国重和合，西方重分别。民国以来，中国学术界分门别类，务为专家，与中国传统通人通儒之学大相违异。循至通读古籍，格不相入。此其影响将来学术之发展实大，不可不加以讨论。"[2]钱穆先生所揭示的民国以来学术界之重分类，追求专家之学，是吸收了西方学术观念和方法的中国现代学术的特征，与传统学术的重会通，通人通儒有至高的地位，两者不尽相同。这里通人之学与专家之学的分野，实际上有古今的问题，也有中西的问题。

中国传统学术的分类，大类项是经、史、子、集四部之

[1] 梁启超：《清代学术概论》，《梁启超论清学史二种》（朱维铮校注），复旦大学出版社1985年版，第80页。

[2] 钱穆：《现代中国学术论衡》，岳麓书社1986年版，第1页。

学。史部为史学，集部为文学，其义较为明显，历来学者也大都这样界定。唯子部的内涵，通常人们认为属于哲学的范畴，似尚待分解。诸子百家之说，与其说是哲学莫若称为思想学说更加恰当。所以中国历史学科中有思想史一门，而中国学术史实即为学术思想史也。至于经部，分歧更大。近人张舜徽尝云："盖经者纲领之谓，凡言一事一物之纲领者，古人皆名之为经，经字本非专用之尊称也。故诸子百家书中有纲领性之记载，皆以经称之。"[1]后来儒家地位升高，孔门之"六艺"，即《诗》《书》《礼》《易》《乐》《春秋》，遂成为有至尊地位的经典。如果用现代的眼光来看，经学毫无疑问是需要分解的。《诗经》是文学，不成问题；《尚书》和《春秋》应属于历史的范围；《易经》是哲学。因此传统学术向现代转化，有一个学科整合的问题。我这样说丝毫不含有轻视经学的深层文化意蕴的意思，相反，在一定意义上，却可以认为经学原典是中国一切学术的源头，是中国文化的最高形态[2]，甚至就人文学科而言，亦可以在现代文史哲的学术分类之外，另设经学一科。现代学术分类的方法，淹没了经学的地位。但对于传统学术的四部分类法如何向现代学术分类转变，晚清之时的学子在理念上并不是都很明确。严复、康有为、梁启超、章太炎、王国维

[1] 张舜徽：《爱晚庐随笔》"学林脞录"卷三，湖南教育出版社 1991 年版，第 48 页。

[2] 马一浮"六艺统摄一切学术"的思想殊堪注意。这方面的论述请参见马著《泰和会语》。亦可参阅拙著《国学与红学》上编，上海辞书出版社 2011 年版，第 5—120 页。

等现代学术大家，走的还是通人之学的路，在他们身上，学科的界分并不那么明显，或至少不那样严格。

王国维是首先意识到现代学术需要重新分类的现代学者。这里涉及他写的一篇极重要而又鲜为人注意的文章，即作于1902年的《奏定经学科大学文学科大学章程书后》。这是他写给张之洞的一封信，在这封信里他明确提出反对把经学置于各分科大学之首，强调必须设置哲学一科。他直言不讳地指出，由张南皮制定的分科大学的章程没有设哲学一科是个重大的错误。他说：

> 其根本之误何在？曰在缺哲学一科而已。夫欧洲各国大学无不以神、哲、医、法四学为分科之基本。日本大学虽易哲学科以文科之名，然其文科之九科中，则哲学科裒然居首，而余八科无不以哲学概论、哲学史为其基本学科者。今经学科大学中虽附设理学一门，然其范围限于宋以后之哲学，又其宗旨在贵实践而忌空谈，则夫《太极图说》《正蒙》等必在摈斥之列，则就宋人哲学中言之，又不过一部分而已。吾人且不论哲学之不可不特置一科，又不论经学、哲学二科中之必不可不讲哲学，且质南皮尚书之所以必废此科之理由如何？[1]

这涉及的可不是一个细小的分歧，而是与现代学术的分类

[1] 王国维：《奏定经学科大学文学科大学章程书后》，《王国维全集》第十四卷，浙江教育出版社、广东教育出版社 2010 年版，第 33 页。

直接相关的大学分科问题。王国维强调了哲学的重要性，这一观念是现代的。用以取譬的例证，是欧洲各国和日本的例证。可见他的强调现代学术分类方法的思想，是相当自觉的。而在另外一个地方他还说过："今之世界，分业之世界也。一切学问，一切职事，无往而不需特别之技能，特别之教育。一习其事，终身以之。治一学者之不能使治他学，任一职者之不能使任他职，犹金工之不能使为木工，矢人之不能使为函人也。"[1]在《欧罗巴通史序》一文中又说："凡学问之事其可称科学以上者，必不可无系统。系统者何？立一系以分类是已。分类之法，以系统而异。有人种学上之分类，有地理学上之分类，有历史上之分类。三者画然不相谋已。"[2]王氏对学术分类问题一论再论，说明他对此一问题是何等重视。而在这方面，恰好反映出他的学术观念已进入现代学术的范畴，并为现代学术的发展奠定了学理的基础。

1995年7月初稿

2014年6月修订

2014年8月改定

[1] 王国维：《教育小言十三则》，《王国维全集》第十四卷，浙江教育出版社、广东教育出版社2010年版，第102页。

[2] 王国维：《欧罗巴通史序》，《王国维全集》第十四卷，浙江教育出版社、广东教育出版社2010年版，第3—4页。

第四章

王国维与中国现代学术的四重疑案

中国现代学者对学术独立的追求，实际上是在为自己寻找和建立文化托命的安立之基。不幸得很，这样一块理想的基地他们并没有找到。原因是多方面的，既有学者主观方面的原因，也有客观环境的原因。单就学术本身而言，我认为有四重疑案在妨碍着学者的主观认知。这些疑案在现代学术开辟人物比如王国维那里，本来已获得解决，但就学术思想的总体来看一直是论而未断、议而不决的大课题，尤其没有成为学界公认的学术思想潮流。而这些疑案能否破除有解，不仅关系到中国学术的独立问题，也关系到如何从理念层面完成传统学术向现代学术的转变。

一　学术是手段抑或目的

为了学术而研究学术，为研究而研究，才能保持学术的独立性。

在中国传统学术里，学术从来只是一种手段，没有人把学术当作目的来看待。所以，中国传统社会没有学术独立的传统。其实对从事学术研究的学者来说，学术本身就应该成为目的。也就是，要为了学术而研究学术，为研究而研究，这样才能保持学术的独立性。

王国维对此看得很清楚，他在《论近年之学术界》一文中写道："欲学术之发达，必视学术为目的，而不视为手段而后可。"[1]又说："学术之所争，只有是非真伪之别耳。于是非真伪之别外，而以国家、人种、宗教之见杂之，则以学术为一手段，而非以为一目的也。未有不视学术为一目的而能发达者。学术之发达，存于其独立而已。"[2]他竭力反对把哲学、文学当作政治附庸的做法，认为哲学也好，文学也好，自有其独立价值。他说"彼等言政治则言政治已耳，而必欲渎哲学文学之神圣，此则大不可解者也"[3]。王氏此文写于1905年，正是他从叔本华转向康德时期。上述对哲学与美术独立价值的看法，不无康德审美超功利理论的影响。但强调学术不是手段而是目的，则是一种现代学术意识，对促进学术的发展甚具助力。

[1] 王国维:《静安文集·论近年之学术界》,《王国维遗书》第五册，第95—97页。

[2] 同上。

[3] 同上。

梁启超一生颠簸多变，但对于学问不曾一刻稍忽，越到晚年越能反躬自省，故尤多明通深识之论。1920年撰写《清代学术概论》，走笔至晚清一节，他不觉痛乎言之："而一切所谓新学家者，其所以失败，更有一总根源，曰不以学问为目的而以为手段。时主方以利禄饵诱天下，学校一变名之科举，而新学亦一变质之八股。学子之求学者，其什中八九，动机已不纯洁。用为敲门砖，过时则抛之而已。"[1]谁都知道任公先生是晚清新学家的文化班头，他这样批评新学家，无疑把自己也包括在内了。

可见他对学术是目的而非手段这一真理性认知，持论多么坚决。

二　"有用之学"和"无用之学"

中国传统上是强调学术的实用性的，所以才认为学术是手段。

学者为学，究竟是否一定要求其有用，也是历来争论不休的问题。中国传统上是强调学术的实用性的，所以才认为学术是手段。其实学术的有用与无用，不是可以简单回答的问题。

[1] 梁启超：《清代学术概论》，参见刘梦溪主编：《中国现代学术经典·梁启超卷》（夏晓虹编校），河北教育出版社1996年版，第206页。

王国维看得最辩证，他认为“凡学皆无用也，皆有用也”，理由是：“天下之事物，非由全不足以知曲，非致曲不足以知全。虽一物之解释，一事之决断，非深知宇宙人生之真相者，不能为也。而欲知宇宙人生者，虽宇宙中之一现象，历史上之一事实，亦未始无所贡献。故深湛幽渺之思，学者有所不避焉，迂远繁琐之讥，学者有所不辞焉。事物无大小，无远近，苟思之得其真，纪之得其实，极其会归，皆有裨于人类之生存福祉。己不竟其绪，他人当能竟之；今不获其用，后世当能用之。”[1]如果一定要求学问有今天的用处、直接的用处、现实的用处，不用说人文学科，即使自然科学，也不能满足此项要求。王国维慨叹道：“世之君子，可谓知有用之用，而不知无用之用者矣。”[2]

梁启超在《清代学术概论》里，也曾探讨过这个问题，他写道：

> 正统派所治之学，为有用耶？为无用耶？此甚难言。试持以与现代世界诸学科比较，则其大部分属于无用，此无可讳言也。虽然，有用无用云者，不过相对的名词。老子曰：“三十辐共一毂，当其无，有车之用。”此言乎以无用为有用也。循斯义也，则凡真学者之态度，皆当为学问而治学

[1] 王国维：《国学丛刊序》，《王国维遗书》第四册，《观堂别集》卷四，第8—9页。

[2] 同上。

> 问。夫用之云者，以所用为目的，学问则为达此目的之一手段也。为学问而治学问者，学问即目的，故更无有用无用之可言。庄子称："不龟手之药，或以霸，或不免于洴澼纩。"此言乎为用不为用，存乎其人也。循斯义也，则同是一学，在某时某地某人治之为极无用者，易时易地易人治之，可变为极有用，是故难言也。其实就纯粹的学者之见地论之，只当问成为学不成为学，不必问有用与无用，非如此则学问不能独立，不能发达。[1]

任公先生所论非常明通达辨，与王国维的看法相得益彰，可以说已经把学术的有用无用问题析论得至为透辟。但理论上获致解决，不等于实践中不发生纷扰。何况传统学术中的"经世致用"思想根深蒂固，早已影响了中国学术的整体面貌。

"经世致用"之说最早为清初学者顾炎武所力主，在矫正明代读书人空谈心性、以理学为禅学的学风方面，有切实作用。这本来是学术思想的嬗变之常：一则以虚，一则以实，风气消长，流转圆圜。问题是宋明理学以及心学，未尝不讲究"致用"，只不过它强调的"用"是在内敛方面，先"正"其"心"，"诚"其"意"，尔后才能"治国平天下"。在为学和"治平"中间，添加了一个"正心""诚意"的中间环节，不

[1] 梁启超：《清代学术概论》，参见刘梦溪主编：《中国现代学术经典·梁启超卷》（夏晓虹编校），河北教育出版社 1996 年版，第 165 页。

过稍事整顿，人们便认为宋明学者不重视“致用”，实乃大错。“经世致用”的思想在中国学术史上是一以贯之的，影响所及，直到今天仍在起作用。这本来没有什么不好，应该看作是华夏民族的一种思想文化传统。只是到了二十一世纪，这一思想传统需要有所分解，有所转化，方能有利于现代学术的发展。盖“学”和“用”并非同时发生，有的时候常常是“积学不用”或者“近学”而“远用”。如果时时处处强调“学”必“致用”，“用”必“经世”，就是为学的实用主义态度，结果必将弱化学问本身。

梁启超说得好：“殊不知凡学问之为物，实应离‘致用’之意味而独立生存，真所谓‘正其谊不谋其利，明其道不计其功’。质言之，则有书呆子，然后有学问也。”[1]可谓知学知用之论。

三　中学西学之争

王国维否认中西在学问上有什么不可调和的矛盾，他认为“学无中西”。

中国现代学术是在西方学术思潮的冲击与刺激之下，传统

[1] 梁启超：《清代学术概论》，参见刘梦溪主编：《中国现代学术经典·梁启超卷》（夏晓虹编校），第206页。

学术发生蜕变而新生的产物，在流向上包含着对传统的省察和对西学的回应两个方面。省察传统，不能不有世界的眼光；回应西学，亦不能不重新反思传统。因而一开始就有一个如何处置中国学术与西方学术的关系问题。

本来在传统学术发展过程中，涉及不同国度和民族之间的文化交流，也碰到过这类关系问题，但并不成为必然的障碍，因为华夏文化的特点，向以强大的融化力著称于世，对外来思想初不以如何迎拒为意。显例是对印度佛教的吸收，一方面化作认知上的幽渺之思，另一方面易地嫁接，开出艺术与文学的灿烂花朵，直到后来演变为禅宗，完全变成本民族的宗教思想体系。可以毫不夸张地说，这是中外思想接触史上的奇观。

但到了晚清，情况迥然不同。西方思想是伴随着“坚船利炮”狂风暴雨般袭来，中国作为受动的一方，对阵仓促，迎拒乏策，进退维谷，于是发生了激烈的文化冲突。南皮太保张之洞提出的“中学为体，西学为用”，就是因应西方文化冲击的一种主张。仅就学术层面而言，这是一种文化防守主义，殊不利于学术本身的发展。可是谁曾想到，张氏提出的所谓中学西学问题，却成了近百年来中国思想文化界论说不尽的话题，每到东西方文化涨消互动之时，就有人出来重新议论一番。

其实在这个问题上，人为的疑案比实际分歧要大得多。王国维就说这是个不成问题的问题，根本否认中西在学问上会有什么不可调和的矛盾，他得出的是“学无中西”的结论。

请注意，王国维讲的是“学”“学问”，不是泛指东西方文化。文化联系着人种和民族，不同民族具有不同的文化系统。但学术上的广狭、深浅、密疏与文化的异同不能等量齐观。由于文化背景殊异，所处社会历史的发展阶段有别，中西学术思想的表现形态和思维惯性纵使参差互见，学理的正误和心理的规律，应该是殊途同归，化百为一。王国维力主中西学术“互相推助”说，反对把两者人为地对立起来，自属深具卓识。钱锺书先生在《谈艺录》序言里亦曾说过：“东海西海，心理攸同；南学北学，道术未裂。”[1]此联可为中国现代学术史上的中学西学之争下最后断语。

实际上，现代学术思想必然是一个并纳兼容的具有开放性格的体系。所谓学术上的中西之争，无异于强分畛域，自结牢笼。人类进入二十一世纪，为学而不能与世界文化对话，算不得现代学者；而不以本民族的学术传统立基，也难有切实的学术创获。王、钱两位现代学术大家在这个问题上异口同音，殊堪玩味。

四　新旧古今之辨

只有洞明世事、空诸依傍的大家，能够越纷沓而执一，不为新旧之说所惑。

[1] 钱锺书:《谈艺录》序，中华书局1984年版，第1页。

如果说中西之争是中国传统学术向现代学术转型必然遇到的问题，那么新旧古今之辨比中西之争要古老得多，只不过发展到清末民初表现得更为激烈而已。当时社会变动加剧，思想波涛汹涌，新党旧党、新学旧学，人人说得口滑。而时尚趋新，人情恋旧，中外古今歧见旁出，学问之大道遂为此无尽的争论所遮蔽。只有洞明世事、空诸依傍的大家，能够越纷沓而执一，不为新旧之说所惑。散原老人在谈到父尊陈宝箴时说过："府君独知时变所当为而已，不复较孰为新旧，尤无所谓新党、旧党之见。"[1]陈寅恪为学为文，也是有宗无派，"惟偏蔽之务去，真理之是从"[2]，殊不以新旧为然。义宁学风，祖孙三代一以贯之。

王国维在驳难学术的中西之争和有用无用的同时，对新旧古今之辨也有极透辟的说明。他把学问分为三大类，即科学、史学和文学。他认为三者之间互相有待，不必自设畛域，是丹非素。斤斤于古今新旧的畛域难通，是学者的自蔽，大不利于学术的发展。况且学术上的新与旧、今与古，彼此之间总会有联结贯穿的思想脉络，今由古时来，新自旧中生，主要看是否

[1] 陈三立：《湖南巡抚先府君行状》，《散元精舍诗文集》下册，中华书局 2003 年版，第 855 页。

[2] 陈寅恪：《三论李唐氏族问题》，《金明馆丛稿二编》，上海古籍出版社 1980 年版，第 304 页。

合乎科学，接近真理。1961年，当年清华国学研究院的主任、诗人吴宓，赴广州中山大学探望清华国学研究院四导师之一的陈寅恪先生，长时间交谈后得一结论："在我辈个人如寅恪者，则仍确信中国孔子儒道之正大，有裨于全世界，而佛教亦纯正。我辈本此信仰，故虽危行言殆，但屹立不动，决不从时俗为转移。"[1]此一结论代表着中国现代学术传统的真精神。而吴、陈两位，就是王国维遗嘱托为处理书籍实即文化所托命之人。

王国维写道："学之义不明于天下久矣。今之言学者，有新旧之争，有中西之争，有有用之学与无用之学之争。余正告天下曰：学无新旧也，无中西也，无有用无用也。凡立此名者，均不学之徒，即学焉，而未尝知学者也。"[2]说得激切而不留余地，可见其体认之深。但这个问题当时后世是否已获致解决？应该说还没有。几十年后提出的"厚今薄古""古为今用""洋为中用"，毋庸说也是因应此一问题的一种对策罢了。

单是在学理的认知上就蒙上这许多疑案，而且左扯右拐，不得廓清，宜乎中国现代学者难于以学术为宗基求立命安身也。

2013年8月8日竣稿

[1] 《吴宓日记续编》（1961—1962），1961年8月30日，三联书店2006年版，第160页。

[2] 王国维：《国学丛刊序》，《王国维遗书》第四册，《观堂别集》卷四，第6页。

第五章

王国维的诸种矛盾和最后归宿

我所说的最后归宿，是指1927年的6月2日，王国维在颐和园的鱼藻轩前面投水自杀，死的时候才五十一岁，正值他的学术盛年。中国最了不起的学者，现代学术的开山，清华国学研究院的导师，逊帝溥仪的老师，全世界闻名的大学问家，突然自溺而亡。这个事件当时震惊了全国，也可以说震动了世界。近百年以来，对于王国维的死因，远不能说已经研究清楚，至今仍是学术界一个大家饶有兴趣探讨的学术之谜。

我这里并非专门研究王国维的死因，不想在这个问题上试图得出一个最后的结论。只是想说明，王国维一生，始终是一个矛盾交织的人物，他的精神世界和人生际遇充满了矛盾。下面，我把他一生的矛盾概括为十个问题层面，逐一加以探讨，敬请关心静安其人其事其学的朋友不吝指正。

一 个人和家庭的矛盾

王家的先世最早是河南人，在宋代的时候官做得很大，曾经封过郡王。后来赐第浙江海宁盐官镇，便成为海宁人。但宋以后他的家世逐渐萧条，变成一个很普通的农商人家。到他父亲的时候，家境已经很不好了。他的父亲叫王乃誉，有点文化修养，做生意之余，喜欢篆刻书画。还曾到江苏溧阳县（今溧阳市）给一个县官做过幕僚。喜欢游历，走过很多地方，收藏了许多金石书画。王国维出生那一年，王乃誉已经三十岁了。浙江海宁盐官镇是王国维出生的地方。这块土地人才辈出，明代史学家谈迁是海宁人，武侠小说家金庸也是海宁人。王国维对自己的家乡很自豪，写诗说："我本江南人，能说江南美。"

但王国维四岁的时候，母亲就去世了，由祖姑母抚养他。从小失去母爱的孩子，其心理情境可以想见。有记载说，王国维从小就性格忧郁，经常郁郁寡欢。不久父亲续娶，而后母又是一个比较严厉的人，王国维的处境更加可怜。他十几岁的时候，有时跟一些少年朋友聚会，到吃中饭时一定离去，不敢在外面耽搁，怕继母不高兴。这种家庭环境对一个孩子、一个少年儿童，影响是很大的，可以影响到他的一生。所以我说这是一重矛盾，即个人和家庭的矛盾。

二　拓展学问新天地和经济不资的矛盾

晚清的风气，特别1895年中日甲午战争中国战败以后，中国掀起了变革现状的热潮，所有富家子弟，只要有条件的都想出去留学。王国维家境贫寒，没有这个条件。他因此自己非常焦急，父亲也替他着急，但没有办法，只好“居恒怏怏”。十七岁的时候，他也曾应过乡试，但不终场而归。二十岁结婚，夫人是海宁同乡春富庵镇莫家的女儿，莫家是商人家庭。他的婚姻，依我看未必幸福。想提升学问，没有机会。想出国留学，却得不到经济支持。这是影响王国维人生经历的一个很大的矛盾。

三　精神和肉体的矛盾

王国维小的时候，身体很羸弱，精神非常忧郁，这跟继母有很大关系，也和父亲的不理解有关系。父亲王乃誉对他的要求是严格的，日记里对儿子的成长作了很好的设计，但不理解儿子的心理和学问志向。而王国维的思想非常敏感，从小就是一个智慧超常发达的人。一个很瘦弱的身体，你看王国维的照片，就可以看出来，智慧却超常。所以他在《静安文集》的第二篇序言里讲：“体素羸弱，性复忧郁，人生之问题，日往复于吾前。”已经说得再明白不过，这就是他年轻时候性格的特点，这特点延续到他的一生。这就是我所说的一个人的精神和肉体的矛盾。

四　追求学术独立和经济上不得不依附于他人的矛盾

这也是伴随他一生的矛盾。王国维一生中有一个大的际遇，也是伴随他一生的问题，甚至他的最后归宿都与之有关，这就是他和罗振玉的恩怨一生。王国维自己家里贫穷，不能到国外游学；应试，屡考不中；当过塾师，但很快就辞职了。直到二十二岁的时候，才有一个机会，到上海《时务报》做一份临时工作。《时务报》是汪康年所办，主笔是梁启超，章太炎也在《时务报》工作过。这是当时维新人士的一份报纸，在全国有很大影响。不过王国维参加《时务报》工作的时候，梁启超已经到了湖南，应陈宝箴、陈三立父子之约，主讲时务学堂。

王国维在《时务报》只是做一名书记员，一些抄抄写写的秘书之类的工作。他海宁的一位同乡在《时务报》工作，因为家里有变故，回海宁处理家事，让他临时代理。一个大学者的料子做如此简单的工作，未免屈才。但他很勤奋，做了一段时间之后，恰好当时上海有一个专门学习日文的东文学社，是罗振玉办的，他就利用业余时间去那里学习日文。在那里认识了罗振玉。认识的机缘，是罗振玉看到王国维给一个同学写的扇面，上面有咏史诗一首："西域纵横尽百城，张陈远略逊甘英。千秋壮观君知否？黑海东头望大秦。"王国维的《咏史诗》共20首，罗振玉看到的是第12首，写汉代盛时和西域的关系，气象很大。罗振玉看后大为赞赏，非常欣赏作者的才华。尽管王国维因为经济困难和其他诸多事情所累，学得并不是太好，罗振玉仍给予经济上的支持，使其无后顾之忧。后来又把王国维送到日本去学习，从日本回来后，罗振玉凡是要举办什么事业，都邀请王国维一起参与。罗、王的友谊，特殊关系，就这样结成了。再后来他们还结成了儿女亲家，罗振玉的女儿嫁给了王国维的儿子。王国维一生始终都没有钱，罗振玉不断给予资助。得到别人金钱的资助，究竟是好事还是坏事？一次我在北大讲这个题目，一个学生提问题时说：他觉得是好事，并说如果他遇到这种情况，一定非常高兴，只是可惜自己没有遇到。这当然也是一种看法。但王国维不这样看，他一方面心存感激，另一方面，也是一种压力。因为王国维是追求学术独立的学者。这不能不是一个绝大的矛盾，即追求学术独立和经济上不得不依附于他人的矛盾。

五　“知力”与“情感”的矛盾

王国维是一个非常特别的人，他的理性的能力特别发达，情感也非常深挚。

所以他擅长写诗，能写很好的词，同时在理论上、在学术上有那么多的贡献。一个人的知力、理性思维不发达，不可能有那么多的学术成就，既研究西方哲人的著作，又考证殷周古史。而没有深挚的情感，他也不能写出那么多优美的诗词。本来这两者应该是统一的，但从另一个侧面看，它们也是一对矛盾。他自己说："余之性质，欲为哲学家则感情苦多，而知力苦寡；欲为诗人，则又苦感情寡而理性多。"那么到底是从事诗歌创作呢，还是研究哲学？还是在二者之间？他感到了矛盾。当然从我们后人的眼光看，也许觉得正是因为他感情多，知力也多，所以才成就了一代大学人、大诗人。但在王国维自己，却觉得是一个矛盾，矛盾得彷徨而无法摆脱。

六　学问上的可信和可爱的矛盾

这个怎么讲呢？因为他喜欢哲学，喜欢康德，喜欢叔本华，喜欢他们的哲学。但他在研究多了以后，发现一个问题，就是哲学学说大都可爱者不一定可信，可信者不一定可爱。这是什么意思呢？哲学上其实有两种理论范型，一种是纯粹形而上的理论系统，或者如美学上的纯美学，这样的理论是非常可爱的，为王国维所苦嗜。但这种纯理论、纯美学，太悠远、太玄虚，不一定可信。而另一种范型，如哲学上的实证论，美学的经验论等，则是可信的，可是王国维又感到不够可爱。于是构成了学者体验学术的心理矛盾。这种情况，在常人是不可能有的，但一个深邃敏锐的哲人、思想家，会产生这种内心体验和学理选择上的矛盾。

七　新学与旧学的矛盾

王国维一开始是完全接受新学的，学习日文、英文、德文，研究西方哲学，研究西方美学，翻译西方哲学家、美学家的著作。他做了大量把西方的思想介绍到中国的学术工作。但是后来，在1912年移居日本以后，他的学问的路向发生了很大的变化。大家知道，1911年辛亥革命成功，皇帝没有了，而罗振玉是不赞成辛亥革命后的新政局的，他比较赞成在原来的体制下维新变法，不赞同革命。所以辛亥革命发生的当年冬月，罗振玉就带着家属，和王国维一起，移居到日本去了。他们住在日本京都郊外的一个地方，后来罗振玉自己还修建了新居，把所藏图书搬到新居里，取名为“大云书库”。罗藏书多，收藏富，特别是甲骨文、古器物的拓片和敦煌文书的收藏，相当丰富，据称有50万卷。他们在那里住了近十年的时间。王国维1916年先期回国，住在上海，但有时候还要去日本，往返于中日之间。

就是在日本这六七年左右的时间里，王国维的学术路向发生了极大的变化。罗的丰富的收藏，成了王国维学问资料的源泉。他在“大云书库”读了大量的书，就进入到中国古代的学问中去了。罗振玉也跟他讲，说现在的世界异说纷呈，文化传统已经快没有了，做不了什么事情，只有返回到中国的古代经典，才是出路。在时代大变迁时期，知识分子如果不想趋新，只好在学问上往深里走，很容易进入到中国古典的学问当中去，这在个人也是一种精神寄托的方式。我想王国维内心就是这样，所以听了罗振玉的话，学问上发生了大的变化。他后来成为非常了不起的大学者，跟这六七年的钻研有极大关系。他早期介绍西方哲学、美学思想的那些文章，都收在《静安文集》和《静安文集续编》两本书中。有一个说法，说王国维去日本时，带去了一百多册《静安文集》，听了罗振玉的话后，全部烧掉了。研究王国维的人，有的认为他不大可能烧书，认为是罗振玉造的谣，其实是误会王国维也误会罗振玉了。

据我看来，烧掉《静安文集》是完全可能的。一个人的学问总是在不断变化。到日本之前，王国维的学问已经变化了一次，由研究西方美学、哲学，变为研究中国的戏曲文学，写了有名的《宋元戏曲史》。我个人是念文学出身，但后来喜欢思想学术和历史文化，长期抛离了文学。我就有这样的体会：觉得过去写的文学方面的书和文章一无可取，有时甚至从内心里产生一种厌恶，烧虽然没有烧，但早已放到谁也看不见的去处了。这也不是对文学的偏见，也包括随着年龄学问的增长，喜欢探求历史的本真，而不再喜欢文学的“浅斟慢饮”，觉得不能满足自己的寄托。当然年龄再大些，学问体验再深一步，又觉得文学可以补充历史的空缺了。总之我相信王国维到了京都以后烧过书，这个事应该是真实的。所以不妨看作他的学问道路上，发生的新学和旧学的矛盾。前期是新学，后期又归于旧学，主要是古史、古器物的研究。这个学术思想前后变迁的矛盾是很大的，这是王国维的又一重矛盾。

八　学术和政治的矛盾

本来他是一个纯学者，不参与政治的。但他有过一段特殊的经历，是这段经历把他与现实政治搅到了一起。辛亥革命以后，他对新的世局采取了不合作的态度，虽是一种政治选择，但对他个人没有太大影响。主要是后来他又当了溥仪的老师，就进到敏感的政治旋涡里面去了。

辛亥革命后，1912年清帝逊位，但民国签了条约，采取优待清室的条件，仍准许溥仪住在紫禁城内，相关的礼仪也不变。用今天的话说，叫待遇不变，在紫禁城里照样过着皇帝的生活。我们看溥仪的《我的前半生》，就会知道他在紫禁城里生活得很好。可以骑自行车，觉得紫禁城的大门槛不方便，就把皇宫里的门槛锯断了。为了好玩，就打一个电话给胡适之博士，胡适也称他为“皇上”。这样的悠闲时间不短，一直持续到1924年，冯玉祥突然把他赶出宫。

王国维当溥仪的老师，是1923年4月（农历三月）下的“诏旨”。年初（农历十二月）皇帝大婚，然后就“遴选海内硕学入值南书房”。王国维做事很认真，事情虽然不多，他愿意尽到自己的职责。1924年1月溥仪发谕旨，赐王国维在紫禁城骑马，王国维受宠若惊，认为是“异遇”。因此当溥仪被赶出宫时，王国维极为痛苦，对当时的政治状况充满不满。而且在宫中遇到诸多的人事纠葛，以致和罗振玉也有了矛盾。

此时，王国维所心爱的学术和现实政治便产生了矛盾。虽然他是一个纯学者，但还是跟政治有了无法摆脱的关系。这就构成了他思想世界的另一重矛盾——学术和政治的矛盾。他后来自杀，与这一重矛盾有直接的关系。

九　道德准则和社会变迁的矛盾

这一点很重要，任何一个人都不可避免。当社会发生变迁的时候，你跟社会的变化是采取相一致的态度，顺时而行，还是拒绝新的东西，想守住以往的道德规范，这是一个蜕变的过程。

有人比较顺利，社会往前走，他跟着往前走。但是也有一些人，他不愿意立即改变自己的准则，想看一看新东西是不是真好，或者压根儿就认为所谓的新东西其实并不好，也许并不是新东西，而是旧东西的新的装扮。这一点，陈寅恪在《元白诗笺证稿》里，讲到元稹的时候，有专门论述。他说当社会变迁的时候，总是有两种不同的人，一种是趋时的幸运儿，一种是不合时宜的痛苦者。他的原话是这样说的："值此道德标准、社会风习纷乱变易之时，此转移升降之士大夫阶级之人，有贤不肖、拙巧之分别，而其贤者拙者，常感受苦痛，终于消灭而后已。其不肖者巧者，则多享受欢乐，往往富贵荣显，身泰名遂。"

王国维显然是那种"贤者拙者"。这一重矛盾在王国维身上非常突出，所以当溥仪被赶出宫以后，他非常痛苦，痛苦得当时就想自杀。这在中国传统道德里面，叫不忘“故国旧君”，是文化知识人士在特殊境遇下的一种节操。

十　个体生命的矛盾

也就是生与死的矛盾。这在一般人身上不突出。一个普通人，年纪大了，最后生病了，死了。死了就死了。虽然每个人都难免留恋人生，但生老病死，自然规律，人所难免。但王国维采取了一个行动，在五十一岁的盛年，在他的学问的成熟期，居然自己来结束自己的生命。这是很了不起的哲人之举。我说“了不起”，大家不要误会，以为我认为所有的自杀都是好的。过去在传统社会，有的弱女子，受不了公婆的气，投井自杀了，这类例子不少。但这是一种被迫的一念之下的情感发泄，不是理性的自觉选择。但对于一个有理性的人，一个大的知识分子，一个思想家，一个大的学者，他在生命的最后，能采取一种自觉的方式来结束自己的生命，这是一般人所做不到的。这是一个哲学的问题，很复杂，讲起来需要很多笔墨。我把王国维最后的自我选择，称作一个人的个体生命的矛盾。

人们常说一个人的死，说他走得很从容。其实，王国维才真正是走得很从容呢。在1927年6月2日，早八点，王国维从自己家中出来，到国学研究院教授室写好遗嘱，藏在衣袋里。然后到研究院办公室，与一位事务员谈了好一会话，并向事务员借了五块钱。步行到校门外，雇了一辆人力车去颐和园。十时到十一时之间，购票入园。走到排云殿西侧的鱼藻轩，跳入水中而死。这个过程，可以知道他是自觉的理性选择。1924年溥仪被冯玉祥逼宫，罗振玉、柯劭忞与王国维有同死之约，结果没有实行。陈寅恪《挽王静安先生》诗“越甲未应公独耻”句，就指这件事说的。最后，到1927年，他终于死了。所以他的遗书里说“义无再辱”。

对于王国维的死因，说法很多，可以说至今仍是二十世纪的一个学术之谜。但是我觉得，对于王国维之死给予最正确解释的是陈寅恪。在王国维死后，陈寅恪写了一首非常著名的长诗，叫《王观堂先生挽词》，回顾了王国维一生的际遇和学术成就，当然也写到他和王引为“气类”的特殊关系。在这个挽词的前面，有一个不长但是也不算短的序。我认为《王观堂先生挽词》的这篇序，是陈寅恪的一个文化宣言。他在序里边讲，当一种文化值衰落的时候，为这种文化所化之人，会感到非常痛苦。当这种痛苦达到无法解脱的时候，他只有以一死来解脱自己的苦痛。他认为这就是王国维的死因，是殉我国固有文化，不是殉清。陈寅恪在这篇序言里讲了一个非常重要的观点，就是认为中国传统文化的精神统系，它的文化理想，在《白虎通义》的“三纲六纪”一节，有系统的表述。“三纲”就是君臣、父子、夫妇。“六纪”包括诸父、兄弟、族人、诸舅、师长、朋友。王国维觉得“三纲六纪”这一传统文化的精神价值，在晚清不能继续了，崩溃了，他完全失望了，所以去自杀了。

我有一篇专门探讨这个问题的文章，提出了一个新的看法。所谓纲纪之说本来是抽象理想，为什么这些会跟王国维的死有关系？陈寅恪在《挽词序》里举了两个例证，说就君臣这一纲而言，君为李煜，也期之以刘秀；就朋友一纪而言，友为郦寄，还要待之以鲍叔。李煜是皇帝，南唐的李后主，亡国之君。但是李煜的词写得很好，李煜和李清照的词是缠绵委婉的一类词，是婉约派最有代表性的人物。但是这个皇帝很软弱，能文不能武，整天哭泣而已。刘秀是光武帝，他使汉朝得到了中兴。按传统纲纪之说，皇帝虽然无能，也要尽臣子之礼，希望皇帝能使自己的国家重新振作，得到中兴。所以皇帝即使是李煜，也应该期待他成为光武中兴的刘秀，这是一个臣子应该尽到的礼数。而朋友是郦寄——郦寄在历史上是出卖朋友的人，是一个“卖交者”，但作为朋友，仍然应该用鲍叔的态度来待他。历史上的管仲和鲍叔的友情，是做朋友的楷模。《挽词序》讲到“三纲六纪”，讲了这两个例子，我认为大有文章。陈寅恪谈历史，讲学问，有“古典”和“今典”之说。讲这两个例证，他不可能是虚设的。他讲的君，我以为不是别人，应该指溥仪。而且《挽词》里面可以找到这句话的证据，就是“君期云汉中兴主”那一句，不是指溥仪指谁？但溥仪不是刘秀，他没法使清朝中兴，王国维很失望，但这是没有办法的事情。还有朋友的例子，他讲的是谁呢？我认为讲的是罗振玉。

王、罗一生交谊，但后来有了矛盾。在王国维死的前半年，1926年9月，王国维的长子王潜明在上海去世了，年仅27

岁；儿媳罗曼华是罗振玉的女儿，也才24岁。这当然是个悲剧。葬礼之后，罗女回到了天津罗家。这个媳妇跟王国维的太太关系不是太好，与夫君的感情也未必佳。王潜明留下两千四百二十三块钱，王国维把这笔钱寄给了罗家，结果罗振玉把钱退了回来。王国维很不高兴，说这钱是给儿媳的，怎么退回来，并说这是蔑视别人的人格，而蔑视别人的人格就是蔑视自己的人格。罗振玉可能也说了些什么，两个人的矛盾于是表面化了。

当然远因很多，一生恩恩怨怨。所以，也有人说王国维的死是罗振玉逼债逼死的。所谓"逼债"，和这两千四百二十三块钱没有关系，而是指另外的事情。王国维在宫里的时候，溥仪经常会拿出一些宫中的古董书画，请身边的人帮助变卖。是不是也让王国维做过这类事情，没有直接证据。如果有此事，王国维一定转请罗振玉来处理。那么有无可能，罗振玉变卖之后，钱没有及时交回王国维，因此王向罗提出此事。如果罗振玉表现出不悦，甚至再说一句：我这一生资助了你多少钱？你还催我此事！但王国维觉得是受皇帝之托，事关君臣一纪，他就会大不以为然了。而就朋友一纪而言，按"六纪"之说，朋友之间是可以通财货的。但是，朋友之间发生财货的计较，足以彻底破坏友情。王国维在君臣一纪上，不能收回卖书画的钱，感到是负于君，在朋友一纪上，感到受到了屈辱，他的文化精神理想最后破灭了。这有点像推理小说，但确实有这个可能。

王国维既然没有在溥仪被赶出宫的时候去死，却在三年后，他成为清华国学院导师的时候去死，应该已经与溥仪无关。倒是他和罗振玉的矛盾最终爆发，朋友一纪的理想彻底破灭，可能成为一个直接的导火索。但根本原因，应该从王国维一生的诸种矛盾中去寻找。他是一位哲人，他最后的结局，是一生当中诸种矛盾的总爆发，早已种下了宿因。所以陈寅恪先生的解释，说王国维最后殉了中国文化的理想，而不是殉了清朝，是明通正解。本来么，要殉清朝，1911年或者1912年就殉了，1924年冯玉祥逼宫也有适当的机会，为什么要等到溥仪被赶出宫三年之后？我个人还是赞同陈寅恪对王国维死因的解读。

2003年初稿

2014年改定稿

第六章

陈寅恪的家学渊源与晚清胜流

一代大史学家的成就需要有诸多条件。时代环境方面的条件，决定出现这样的而不是那样的史学家，学者的研治方向也和时代风气有关。个人学养的累积，决定对所选择的方向达致的精深的程度暨总体学术成就的蕴涵。而家世和家学，则决定学者的个性风貌及学术品格。陈寅恪的学术品格最为世人所称道。实际上，他学术品格的形成，与义宁陈氏一族在晚清的特殊地位及其家学渊源，有直接的关系。

一　同光胜流与陈氏家族

如果就个人情感的好恶而言，我对清代二百六十几年的统治实在没有太多的好感。包括史家所艳称的“康乾盛世”，总觉得需要打折扣的地方很多。康熙算是有胆识有气魄的皇帝了，可是觉得他开阔得还不够，和西人的关系后来处理得比较僵。

乾隆则过分聪明，聪明得让人感到他经常卖弄聪明；而且整治知识分子整治得太厉害，可他又以重视文化的传承著称。至于他们两位中间的雍正皇帝，干练固然干练，但峻刻寡恩，用智术玩大臣士子于股掌之中，根本不把自己以外的其他人放在眼里。领袖人物太聪明，其实并不是臣民的福分。所以嘉、道以后走下坡路，早在那“盛世”就埋下了种子。特别到了咸丰、同治年间，国家状况坏到不可收拾的地步。自己家里天灾人祸不说，西方列强又打上门来。纵使玄烨、弘历临朝，恐怕也会因应失据。

不过令我们感到惊异的是，当时的状况虽然越来越坏，却出现了一大批个性色彩鲜明、敢于担当、学养深厚、可称作箭垛式的人物。这些人物尽管党有新旧、流分清浊、物论匪一，而且都犯过这样那样的错误，最终也没有因为他们的努力而挽救清朝的颓运，但均为一时之选，同为当时胜流，作为历史人物各有其可圈点可记录之处，应无问题。陈寅恪的家族，他的祖父陈宝箴、父亲陈三立，就是这一人物谱系中的佼佼者。研究陈寅恪的家学渊源，不能不翻阅清季胜流的人物档案。

清季胜流人物的第一把交椅，非曾国藩莫属。实际上，当时的人物谱系，都是以这位曾湘乡为网络中心的。胡林翼、李鸿章、左宗棠、郭嵩焘、俞樾、王闿运、薛福成、吴汝纶、刘蓉，哪一个与湘军幕府分得开。朝廷因循腐败，无力阻遏太平天国运动的兴起，各地豪杰之士起而组织团练即地方军，参与平抑太平军的战斗，结果无意中开辟了招纳并造就人才的新途径[1]。值得注意的是，聚拢在曾国藩周围的并不是地方豪强，大部分是满腹经纶的饱学之士。陈宝箴的崭露头角，也是由于和曾国藩的交往。

陈宝箴，一名观善，字右铭，清道光十一年（公历1831年），生于江西修水县之竹塅乡。咸丰元年（1851年）恩科乡试及第，成为举人。咸丰十年（1860年），入京会试，没有考中，留京师，有了结交各方面才俊方雅之士的机会，而尤与奉新易佩绅、武宁罗亨奎相契合，因而有“三君子”之目[2]。后来易、罗南下带领湘军与太平军作战，陈宝箴先回江西看望母亲，然后抵湖南，参与在凤龙山一带与石达开部的作战，守城累月，军粮将尽。这时右铭到澧洲、永顺为之筹饷。虽遇风雪，仍穿很单薄的衣服，永顺守张公修府见此情景，慌忙拿来狐皮大衣给宝箴披上，宝箴不受，说：“军士已经冻饿很久了，我怎能忍心自己取暖？”张公感动得涕泗横流，立即征召民众，拿出银米交付，使易、罗率领的果健营及时得到后勤保

[1] 参见李鼎芳编著《曾国藩及其幕府人物》一书，岳麓书社 1985 年重刊。又陈三立《畸人传》记李士棻曰：“未几，寇大起，国藩督师东南，遂为江南总督，士棻至为客。当是时，海内硕儒奇士，辐凑幕府，言兵言经世大略有李鸿章、彭玉麟、李元度，言性理政事有涂宗瀛、杨德乾、方宗诚、汪翰，言黄老九流文学著述则有张文虎、汪铎、刘毓崧、戴望、莫友芝、张裕钊、李鸿裔、曹耀湘之属，士棻遨游其间，无所不狎侮。”见《散原精舍诗文集》（李开军校点）下册，上海古籍出版社 2003 年版，第 814 页。

[2] 陈三立：《湖南巡抚先府君行状》，《散原精舍诗文集》（李开军校点）下册，上海古籍出版社 2003 年版，第 846 页。

障，屡建战功，名声大振于东南之地。[1]

就是在这个时候，也就是1863年（同治二年），32岁的陈宝箴拜访了驻扎在安庆的曾国藩。在陈宝箴心目中，曾国藩不啻命世伟人；而曾国藩一见宝箴，便叹为“海内奇士”[2]，当即尊为上宾。而在宝箴生日之时，国藩为之撰联：“万户春风为子寿，半瓶浊酒待君温。”[3]极亲切有味。曾的幕僚则争相交欢引重，李鸿裔甚至提出由陈宝箴接替其幕僚主管的职务。但陈宝箴喜欢直接的军事运作，没有留在曾幕任职，而是到席宝田主持的江西军道参与谋划。

当时江西闹饥荒，灾民遍野，虽有赈灾之举，不过虚应故事。宝箴见此情景非常难过，于是写信给江西巡抚沈葆桢，将灾民困于死亡边缘的凄惨情况真实写出——

> 某自皖城归，过洋塘，道经彭泽、鄱阳县境，目击田庐榛莽，墟落萧条，雀无罗之可张，草掘根而亦尽。颓墙败屋之中，无非鸠形瘠骨垂死待尽之人，奄奄愁叹；又或病妇零丁，而数岁孤儿绕床哀号，嗷嗷索哺。流离家口，卖妇呼天；野田僵死，握草盈掬。睹之酸鼻，言之痛心。计

[1] 陈三立：《湖南巡抚先府君行状》，《散原精舍诗文集》（李开军校点）下册，上海古籍出版社2003年版，第846页。

[2] 同上。

[3] 原载《修水县志》，转引自张求会：《陈寅恪的家族史》，广东教育出版社2007年版，第52页注一。

至明年，耕获无期，则噍类尽矣！悠悠苍天，能不悲哉！呜呼！[1]

从中见出陈宝箴对社会民生的关切和对下层被灾民众的深切同情。他因此向巡抚沈公建言："赈而不能活，犹弗赈；活而不能久，犹弗活。"[2]沈公感悟其道理明通，于是从府库中拿出钱米，大举进行赈灾活动，百姓因而得救。沈葆桢是福建人，比陈宝箴大十一岁，道光丁未（1847年）进士，林则徐的外甥兼女婿，为人颇具性格，受林则徐的影响，为中国的自强奋斗了一生，也是晚清胜流中的重要人物。沈欣赏右铭的才干，遇到问题愿意与之商量，右铭也佩服沈的立身行事。而席宝田，纯是一个军事天才，看上去就有勇武之气，陈三立的印象是，席公"沉毅持重，不苟言笑"，"器干精实，目沉沉下视，猛鸷有威"。[3]席宝田在江西的军事行动，因为有陈宝箴的奇谋远虑，每每克敌制胜。

席、沈之间一度互不服气，矛盾闹得很大，至有往来公文信函被席宝田扔到地上的时候。陈宝箴为之调停，对席说道："沈公是个贤者，主要是他不了解你。"于是前往见沈公，说

[1] 陈宝箴：《上江西沈中丞书》，汪叔子、张求会编：《陈宝箴集》下册，中华书局2005年版，第1789页。

[2] 同上，第1790页。

[3] 陈三立：《席公行状》，《散原精舍诗文集》下册，上海古籍出版社2003年版，第796页、804页。

明席的为人特点和军事上的优胜之处，认为两个人应该推心置腹地相处，否则席的军队败绩，危及大局，你沈文肃也无以立足。一言提醒了沈，写了一封披诚相见的信，慰勉席的劳绩，两人从此和好，彼此配合，共同成就功业[1]。而在此之前，曾国藩和沈葆桢之间的嫌隙，也是因为陈宝箴的妙喻与沟通得以解决。

黄秋岳《花随人圣庵摭忆》引朱克敬《瞑庵杂识》叙此事翔实而有意趣，兹转引以飨读者：

> 曾国藩移军安庆时，与江西巡抚沈葆桢约厘捐均归大营，有事则分兵回救。既而江西寇四起，曾军益东，葆桢惧救不时至，上书请留厘金养兵，诏许之。藩疑葆桢卖己，绝不与通，葆桢以书谢，亦不答。会陈右铭游江南，闻之往见国藩，从容言曰："舟行遇风，舵者篙者桨者顿足叫骂，父子兄弟若不相容；须臾风定舟泊，置酒慰劳，欢若平时。甚矣小人之喜怒无常也。"国藩曰："向之诟惧舟之覆，非有私也。舟泊而好，又何疑焉？"右铭曰："然曩者公与沈公之争，亦惧两江之覆耳。今两江已定，而两公之意不释，岂所见不及船人哉？"国藩大笑，即日手书付沈，为朋友如

[1] 陈三立：《湖南巡抚先府君行状》，李开军校点：《散原精舍诗文集》下册，上海古籍出版社 2003 年版，第 847 页。

初。[1]

黄秋岳说《瞑庵杂识》的作者朱克敬是个盲人，久居湘省，与曾国藩、左宗棠、郭嵩焘等都非常稔熟，因而所记应该可信。这个充满意趣的故事，反映出陈宝箴的妙喻达变以及善于解决复杂人际关系的惊人能力。

晚清胜流中陈宝箴最服膺的人物是曾国藩，虽然终其一生受曾的赞赏却没有得到曾的保荐，但他对曾国藩有知己之感，敬仰信服至死不变，曾给予他的教益，变成了他深藏于自己心底的取之不竭的精神财富。右铭在席宝田的江西军道滞留一段时间之后，又回到了曾国藩的幕府，直到曾改督直隶方离开。论辈分陈当然在曾之后，但陈的立身行事多有曾的影子。只是右铭除了担任湖南巡抚的短时期，一生大部分时间没有曾公那样的可供调动的资源，时势局限了右铭的用武天地，才能并没有得到全方位的发挥。胡思敬《国闻备乘》“陈右铭服膺曾文正”条的记载，颇耐人寻味：

> 陈宝箴初以举人谒曾国藩，国藩曰：“江西人素尚节义，今顾颓丧至此，陈子鹤不得辞其责。转移风气将在公等，其勉图之。”子鹤者，新城陈孚恩也，附肃党，官至尚

[1] 黄睿：《花随人圣庵摭忆》，上海古籍书店 1983 年版，第 222 页。又新印之《瞑庵杂识、瞑庵二识》，岳麓书社 1983 年版，第 62 页。

书，日营求入阁，故国藩及之。宝箴以资浅位卑，愕然莫知所对。国藩字而徐解之曰："右铭疑吾言乎？人亦贵自立耳。转移之任，不必达而在上也，但汝数君子，若罗惺四、许仙屏者，沉潜味道，各存一不求富贵利达之心，一人唱之，百人和之，则风气转矣。"宝箴谨佩不忘，对江西人辄传述其言，且喜且惧。自谓平生未受文正荐达，知己之感，倍深于他人。[1]

曾国藩期待右铭"转移风气"，其所托之责任也大矣。而承担起此责的方法，则是"沉潜味道""存一不求富贵利达之心"。就人才培植、风气转变而言，曾公之言不啻洞天雷音。但曾的话，只能是知者知之，不知者不知。所幸右铭正是文正所期待之人，这次面授之语，实际上成为陈宝箴一生的座右铭。后来陈宝箴居官之时，曾在自己的衙署贴一对联："执法在持平，只权衡轻重低昂，无所谓用宽用猛；问心期自慊，不计较毁誉得失，乃能求公是公非。"[2]显然已经把文正公的"存一不求富贵利达之心"的嘱托，化作了为官律己的公开戒律。同治十一年（1872年）曾国藩逝世，陈宝箴在写给曾的幕僚程恒生的信里，深情致慨："湘乡溘逝，海宇苍茫，有四顾萧

[1] 胡思敬：《国闻备乘》，上海书店出版社1997年版，第32页。

[2] 《郭嵩焘日记》第四册，光绪十五年八月初三条，湖南人民出版社1982年版，第870—871页。

然之感。嘉、道以来，疆臣饬吏整军，皆任法而不任人，以驯至大乱莫之救。湘乡起而持之，简擢贤俊，阔疏节目，天下之气为之一振。山摧梁萎，故辙易循，岂但生存华屋，洒邱山泪也！”[1]陈之于曾，真可以说是生而有夙缘。

此时之右铭，虽然没有正式官职，但他已有极佳的声闻，其人品、胆识、魄力、谋略、治才，不仅为曾国藩也为当时其他各路名公巨卿所深赏。江西的军事行动获得胜利后，席宝田曾多次保荐右铭出任知府，右铭辞而未就。直到同治末年，陈宝箴才希望有一个正式官职，一方面想通过仕途做一番事业，一方面为了奉养老母，因此在江西的邻省湖南以知府的身份候补，时间在同治九年（1870年）八月。嗣后由于平苗民之乱有功，一度被安排在平苗善后局任事。不久王文韶代理湖南巡抚，赏识右铭的才能，复擢为道员。光绪元年（1875年）开始署理辰、永、沅、靖四县事。今天非常有名的沈从文的故乡湘西凤凰县，当年就在陈宝箴的治下。

光绪六年（1880年），改授河北道，治所在河南武陟。陈宝箴每到一地，每任一职，都有突出治绩。湘土民风刁悍，他恩威并施，惩办恶霸，打击豪族；对贫困的湘西苗民，则传授栽茶、种竹技术，学会如何以薯代粮，使百姓的生活得以维持。河北道治下的子民，性格质直、讲义气，但文教不够发

[1] 陈宝箴:《致程恒生》,《陈宝箴集》下册，中华书局2005年版，第1628页。

达，他便创办学校，招募人才，推广教育。至于治河、兴修水利，更是他惠及一方人民的经常措施。河南、湖南等他所到之地，均深受其益。右铭母李太夫人也极力支持儿子为民造福，一次因治理沱江资金不足，右铭拿出自己的俸禄捐献给治河工程，得到母亲的体认，致使疏浚湘西沱江的计划得以顺利完成。[1]

郭嵩焘在《陈右铭观察赠别诗序》中，对陈宝箴治河治水的专长与功绩曾大书特书，其中写道：

> 观察所治河，实当济派东流入河处。济水湍悍，既入而河势益横，遂为兖、冀诸州受河患之始。其北漳、卫二水皆大川，泛滥于渤海，岁潦则流溢，浩瀚弥迤；旱，又无所资以宣泄。自魏时从荥阳下引河为鸿沟，通曹、卫，而渠引漳水溉邺以富河内，多在今观察所治地。水性迁移，而陵谷高下之势随以变，循故道求之，不可得也。善治民者防其害，以有董劝之方；善治水者收其利，以有蓄泄之术。望古以证今，因利而善道。观察往历辰、沅，通民情，兴水利，为有儒者之效。吾见其所治益大而功益盛，由河北诸州以溉之天下无穷也。[2]

[1] 郭嵩焘:《陈母李太夫人墓志铭》,《郭嵩焘诗文集》，岳麓书社 1984 年版，第 492 页。

[2] 同上，第 72 页。

陈宝箴的既善治盗又善治水，为知者所叹服。但他的仕途并不顺利。河北道治下是个经济文化很不发达的地区，道员的官职权力亦有限，对右铭的才干而言，自非用武之地。

两年以后，即光绪八年（1882年），右铭擢升为浙江按察使。不过仅几个月，就因坐“王树汶案”，蒙冤罢职而归。此后过起了长期赋闲的生活。所以郭嵩焘发为感慨地说：“亦有志节声名，人望所归，几显用矣，而邅回郁塞，若或沮之，施焉而未闳，耀焉而未光，若吾右铭廉访，天下想望其为人，而又重惜其遇也。”[1]为陈宝箴的不遇而深自惋惜，并分析所以然之故：“廉访诚自远于荣利，而人亦因其自远而远之。”[2]可谓一语道破了右铭的性格特点以及何以升迁缓慢的原因。

光绪十一年（1885年），署理广东边防的彭刚直奏调陈宝箴去广东，右铭谢病未赴。次年两广总督张之洞又奏调，适值中法战争，右铭于是前往，先总理营务处，后任职缉务总局。又次年（1887年），黄河决口，河南巡抚倪文蔚奏请让陈宝箴襄助堵合缺口的工作。不久，朝廷简派军机大臣李鸿藻督办郑州河工，陈宝箴的才干得到李的赏识。但此次堵合之役，久拖不决，致使主事大吏，多名受到降调的处分，李鸿藻、倪文蔚也革职留任。右铭的专长洞见未被采纳，等于无功而返了。陈三立说：“府君性开敏，洞晓情伪，应机立断。而渊衷雅度，

[1] 郭嵩焘:《送陈右铭廉访序》,《郭嵩焘诗文集》，岳麓书社1984年版，第278页。

[2] 同上，第279页。

务持大体，不为操切苛细。少负大略，恢疏倜傥豁如也；及更事久，而所学益密，持躬制行，敦笃宏大，本末粲然。”[1]以散原的严谨和遣词法度，所述自然无半丝溢美之情渗透其间。

右铭先生此时已是众望所归，许多可称为晚清胜流的封疆大吏都注意到了这个人物并给以推荐。光绪十五年（1889年），复起为湖南巡抚的王文韶奏请陈宝箴“可大用”。明年（1890年），授右铭湖北按察使，视事三天后改为布政使，一年后又回任按察使。光绪十九年（1893年），因为韩日关系紧张，直隶总督李鸿章下令兴兵防海，京师戒严，朝廷任命右铭为直隶布政使，受到光绪皇帝的召见。鉴于东北亚态势严峻，中日已处于战争边缘，他提出了“固畿辅”“择军将”“严津防”“简军实”“筹急款”等《兵事十六条》。看到皇帝“宵旰焦劳、颜悴甚”，建议光绪帝读《御纂周易》，可以“得变而不失其常之道”[2]。不久中日甲午战争爆发，宝箴被任命为东征湘军的粮台，驻守天津，督师刘坤一赞其为历来“军兴粮台所仅见”[3]。

这时，右铭已准专折奏事。历经千难百曲、长期罢黜赋闲，在国家危难的时刻，光绪二十一年（1895年）秋天，未来

[1] 陈三立：《湖南巡抚先府君行状》，《散原精舍诗文集》下册，上海古籍出版社2003年版，第849页。

[2] 同上，第851页。

[3] 同上，第852页。

大史学家的祖父陈宝箴，终于被任命为湖南巡抚，成为封疆大吏，在晚清政治舞台上扮演重要角色，已成为顺理成章之事。

二　陈氏父子和郭嵩焘的知遇与交谊

不过写到这里，我想补叙一下陈宝箴、陈三立父子和郭嵩焘的特殊知遇与特殊情谊。

郭嵩焘在晚清胜流中是极重要的人物，其角色、地位、遭遇、影响，不是同侪流辈所可比并。他字筠仙，出生于嘉庆二十三年即公历1818年，小曾国藩八岁，小胡林翼、左宗棠七岁，比陈宝箴大十三岁。湖南湘阴人，二十岁举于乡，中式。三十岁会试京师，赐进士第，与李鸿章、沈葆桢同科。也是从曾湘乡幕府中走出来的人物。他一生的最高官职，是1863年10月至1866年6月，当了两年又十个月的广东巡抚。他的最风光也是最遭人诟病的事情，是去英国出任第一任公使并撰写《使西纪程》。他和左宗棠同为湘阴人，又是儿女亲家，但彼此关系如同冰炭。他最佩服曾国藩，但曾公却认为他“过于任事”“不可使权位兼隆”。惹是生非的王闿运得到他的眷顾最多，也给他增添许多麻烦。倒是李鸿章始终举荐他。虽有高才，却因为书生气和“性情笃挚”的特点，使他不适宜虚伪的官场生活。但他是晚清真正精通夷务并懂得如何处理与欧西诸国关系的第一人。只有陈宝箴深谙他的“孤忠闳识”及其思想与实践的重要价值。

陈寅恪晚年写的《寒柳堂记梦未定稿》，特别引述乃父《先府君行状》里的话："与郭公嵩焘尤契厚，郭公方言洋务负海内重谤，独府君推为孤忠闳识，殆无其比。"[1]可见陈宝箴、陈三立父子是郭嵩焘的真正知音。1895年陈宝箴出任湖南巡抚以后，每遇到矛盾纠葛，经常说，如果郭公在就好了。但这时郭公已经弃世四五年。郭嵩焘对右铭父子的人品才干真正是赏识有加。光绪五年（1879年）闰三月，郭嵩焘奉命离开驻英公使的职务回到故乡湖南长沙，到光绪十七年（1891年）病故，前后十二年多的时间，与右铭父子的交往极其频密，少有中断。陈宝箴、陈三立的名字经常出现在这一时期的《郭嵩焘日记》之中。

笔者粗略统计，从光绪五年（1879年）十月至光绪十七年（1891年）六月，共十一年零八个月的时间里，郭的日记中提

[1] 陈寅恪:《寒柳堂记梦未定稿》(六)"戊戌政变与先祖先君之关系",《寒柳堂集》，三联书店2001年版，第199页。又《散原精舍诗文集》下册，上海古籍出版社2003年版，第855页。

到陈宝箴、陈三立之处，有196次之多[1]。内容则有的为过谈，有的为书信往还，有的是诗酒之会，有的是记事造名。直到逝世的前五天，即光绪十七年六月初八日，郭嵩焘还在日记中写道：

陈右铭、陈伯严二信，本交易铁樵带鄂，铁樵竟已回

---

[1]《郭嵩焘日记》中提到陈宝箴、陈三立父子之处，计有光绪五年十月初六、初九、十二、二十一，十二月初四；光绪六年正月二十、二十一、二十六、二十八，三月十四、十六，四月十五、三十，五月初二、初五、初八、十五、二十三，六月初一、十一、十九、二十八，七月初十、十五、十九、二十、二十一、二十三；光绪八年正月十五，四月二十一，四月二十二，五月十九；光绪九年十二月初二、初四、初八、初十、十一、十五；光绪十年正月初五、初十、十一、十六，二月初六、十二、二十一、二十三，三月初一、初二、初三、十四、十八、二十一，闰五月初五、初九、十一、十八、二十一，六月十五、十六，九月初四、十二、十三、二十四，十月十一、十五，十一月初二；光绪十一年正月初三、十六，二月初十，三月十二、二十四，四月二十，五月初八，八月初一，九月初八，十月初四、初十、十三、十五、二十、二十八；光绪十二年五月二十七、二十八，六月二十二、二十五，七月初三、初四、二十四，八月初三、初五、二十二、二十七，九月十五，十月二十八，十一月初十、十一，十二月初八、初九、十四；光绪十三年正月二十三，三月初二、初三，四月初七、二十七，闰四月初七、二十五，八月十六，九月二十九，十月初三、初六，十一月十二、十五、十六、十七；光绪十四年正月初六、二十一，三月初九、十四、二十五，七月初七、初八、十四、二十四，十二月初十、十二、十八、二十七；光绪十五年正月二十，二月初二、初三、十三、二十五、二十七、二十八，三月二十、二十一、二十二、二十三、二十四、二十五、二十六、三十，四月初一、初二、初三、初四、初五、初八、十四、十六，七月初二、初七、十九，八月初三、初四、二十六，九月二十八，十月初三、初十，十一月二十八；光绪十六年正月十八、二十五，二月十七、十八、二十三、二十四、二十五、二十九，闰二月初二、二十七，三月初二、初三、初六、十四、十九、二十八，四月初九、十七、十九，五月二十、二十四，六月十八、二十六，七月二十八，八月初一，十月初十，十一月十四、二十五、二十七，十二月初八、初十、十四；光绪十七年正月初五、初九、十六，三月十九，五月十六，六月初八。参见《郭嵩焘日记》第三册，第947—973页，第四册，第6—1010页，湖南人民出版社1982年版。

家。自二月铁樵索信赴湖北，吾病不能书，磨受四月之久，彼日口授顺孙书之。铁樵又恝然归去，诚所谓不遇时者也。是日凉，吾以病躯，着重绵矣。[1]

对义宁父子充满了眷念之情，虽只是因为没有及时让右铭与伯严收到自己的信函，但焦急与怅惘流露于笔墨之间。右铭此时任湖北按察使的职务，起用不到一年，与郭公分别并不太久。郭的日记中，凡提到陈氏父子，经常赞誉有加。如光绪六年正月二十八日：

陈右铭谈近事甚悉，并及往年奉檄办理宁远案，途次拦舆呈具者相环也，因传谕：收呈太多，余候抵公馆接收。于是环集大噪，舆后后［数?］百人紧追。停舆谕之，则相顾而笑。行则追呼。怒执一人，传令缚杀之，则有父老数十人跪而乞恩。乃令亲兵十人，各杖之四十。于是皆股栗而退。至县城，观者数千人，无敢哗者。天下之乱，成于姑容。闻右铭此举，使入神王。[2]

同年四月十五日：

[1]《郭嵩焘日记》第四册，湖南人民出版社 1982 年版，第 1010 页。

[2] 同上，第 12 页。

陈右铭过谈。适以赴乡受寒，症近寒厥。右铭为主理中汤，加桂枝、苏梗。谈次，稍觉阳气上升。[1]

同年五月初二日：

陈右铭过谈，极论疏陈俄事六条，举重若轻，其理确不可易。[2]

同年六月初一日：

陈右铭过谈，论及湖南吏治，以候补府李芗垣（有棻）为最，兼提调厘金、发审两局事，所见甚卓，不止为良吏而已。[3]

同年六月十九日：

陈右铭、周兰生枉过。右铭语及近今盗贼之烦，刑罚之失，无能窥其大体，而各挟其趋避之私，规己自大之见，而一行之以悻忌，皆导乱之征也。至今不知悔祸，酿乱将不可

[1] 《郭嵩焘日记》第四册，湖南人民出版社 1982 年版，第 44 页。

[2] 同上，第 49 页。

[3] 同上，第 59—60 页。

支。吾谓万事原本皆在吏治。[1]

同年七月二十四日：

右铭追述初从易笏山带勇三营，由酉阳入蜀，解龙山之围，扼贼茨岩塘。于时意气方盛。其言多可听者。[2]

光绪十年二月二十一日：

右铭述及潘琴轩就商折稿，乃条陈京师海防事宜，曹咏生为之道意。其请京师添兵万人，并以辽河为第一重海防，于事绝远，于职事又并非所宜言。所见如此，何足与深言。初以右铭为从所约，自附不入幕之宾，未敢一语询及。至是具道其旨，益服所见之胜人也。[3]

光绪十五年四月十四日：

陈右铭、李冶凡枉视，因留陈右铭，所莅办事情形，多

[1] 《郭嵩焘日记》第四册，湖南人民出版社 1982 年版，第 64 页。

[2] 同上，第 74 页。

[3] 同上，第 459 页。

可听者。[1]

光绪六年四月三十日日记，提及陈三立：

批注阎季蓉、朱次江文十余篇，颇持直论，自度非宜。季蓉云即回石门，顷询知尚留省城。其志趣甚高远，文笔亦俊，与陈伯严、朱次江皆年少能文，并为后来之秀。而根柢之深厚，终以陈伯严为最。[2]

光绪八年正月十五日记，称赞陈三立的学问：

接陈伯严寄示所著《杂记》及《七竹居诗存》《耦思室文存》，并所刻《老子注》《龙壁山房文集》五种……伯严年甫及冠，而所诣如此，真可畏。[3]

郭嵩焘与义宁父子可以说是互为知音了。只是郭公日记中叙及的陈三立的各种著作，特别是《杂记》《七竹居诗存》《耦思室文存》三种，那是散原中年以前的文字，其重要性可以想见，遗憾的是我们已经无法看到了。

---

[1] 《郭嵩焘日记》第四册，湖南人民出版社 1982 年版，第 851 页。

[2] 同上，第 49 页。

[3] 同上，第 254 页。

郭公与右铭、伯严父子往来诗歌赠答唱和也很多。光绪六年正月十八日，是右铭的五十岁生日，郭公的友人黄子寿等，于正月二十一日邀集长沙的同人在絜园举行诗会，为其祝寿。与会者均有诗，黄子寿的诗是七律："大夫伟略足经邦，眉寿人人祝骏厖。小队初回麓山寺，幽怀同醉絜园釭。西边铜柱铭新勒，东序金钟响待撞。共说鼓鼙思将帅，未容傲兀倚南窗。"[1]七月十五日，右铭将赴河北道的新职，郭公邀右铭及张东墅、吴云谷、邹少松四观察，还有友人黄子寿、张力臣等小酌，为其饯行，黄子寿席间朗诵同饮絜园釭的祝寿诗，右铭也有答诗。郭嵩焘日记记载："是日右铭避游麓山，至晚方赴席，诗笔亦极工雅。"[2]"避游"是为了躲开无谓的应酬，此可见右铭的一贯性格。值得注意的是，这里郭公直接称赞陈宝箴的诗笔"极工雅"。

光绪十年正月初十，郭公日记又写道："接陈右铭、朱香荪信，右铭见示《喜雪》诗，香荪见示《杂感》诗，均各和韵为报。"[3]可惜右铭的《喜雪》原诗我们无法读到了，郭嵩焘的和诗载其诗文集中，题为《喜雪和陈右铭》，为方便查找，抄录如下：

[1]《郭嵩焘日记》第四册，湖南人民出版社 1982 年版，第 10 页。

[2] 同上，第 71 页。

[3] 同上，第 449 页。

夜窗作寒响，穿瓮发晨光。
起见溟蒙中，夭矫万龙翔。
野性喜放浪，对景恣欢狂。
举头望沧海，转顾成凄凉。
冬阳骄玄冥，天行亦改常。
水边芦苇丛，残根抱枯螿。
鹜鸧啄虾腹，宿草犹争芳。
遗孕于其中，或恐成蝻蝗。
小儒利喉舌，谬意稽灾祥。
凋残念民瘼，举目成羸尪。
日落黄赤气，吐焰霾重阊。
彗星复西见，屋角腾精铓。
颉颃作气势，言官口飞霜。
堂廉孰云尊，击射满鸳凰。
杯水覆堂坳，驾海有浮糠。
逼仄乾坤内，千官集微茫。
昊苍鼓狂雪，飞洒填池隍。
康衢戛寒玉，石滑虞颠僵。
扪天力排斡，万怪森我肠。
禹汤去已远，举步皆榛荒。
旦暮春水生，欲济川无梁。

公诗屑琼瑶，洗耳听鸣筤。[1]

郭的和诗竟是长达四十四句的五古，那么陈宝箴的《喜雪》原诗，可以想见，肯定也是五言古诗，而且至少也应在四十句以上，甚至更长。内容则相应地可以推知，大约涉及右铭在河南武陟任所的居住环境，以及由自然之景观想到人生际遇，并牵及对官场、吏治、社会腐相的批评态度。郭诗结句"公诗屑琼瑶"，典出白居易《西楼喜雪命宴》"四郊铺缟素，万室甃琼瑶"句[2]，用以称赞陈宝箴的《喜雪》诗，如同纷落的美玉一样美好。

郭嵩焘与陈宝箴的赠答唱和之作，今存《郭嵩焘诗文集》中，除《喜雪和陈右铭》，另还有四首，分别是《喜陈右铭来湘瞑庵有诗次韵》《次韵酬陈右铭》《再次前韵酬陈右铭见赠》《陈右铭次瞑庵"非"字韵诗见示和答》。[3]此外还有《陈右铭于长安市中得高碧湄为李眉生书册属题》《奉送陈右铭之官河北》《易铁樵为陈右铭廉访作丛竹扇面属题句》三题[4]，也都直接与右铭有关。这些诗作反映出郭、陈交谊之深。诗题中的瞑庵，就是黄秋岳所引《瞑庵杂识》的作者朱克敬，与郭嵩

[1] 郭嵩焘:《喜雪和陈右铭》,《郭嵩焘诗文集》，岳麓书社 1984 年版，第 759—760 页。

[2] 白居易:《西楼喜雪命宴》,《全唐诗》卷四百四十七、白居易二十四。

[3] 《郭嵩焘诗文集》，岳麓书社 1984 年版，第 757—759 页。

[4] 同上，第 746、747、788 页。

焘、陈宝箴往来唱和甚多，《杂识》所记右铭与曾国藩事，自是可靠。右铭与郭嵩焘往来最多时间，是光绪九年（1883年）右铭离去浙江按察使的职务之后，所以郭嵩焘诗中每对右铭仕途的挫折和不得重用而作不平之鸣。《喜陈右铭来湘暝庵有诗次韵》："坐深茵几尽回温，一室盘旋为道存。急徹皋比明圣学，同归田里是天恩。寒窗风雨围炉乐，深巷蓬蒿闭户尊。好事朱云真健者，抗心孤诣莫轻论。"[1]明显是写陈宝箴出任浙江按察使不久，因"王树汶案"蒙冤而抗疏自辩、愤而离官回长沙家中之事。郭公赞扬右铭的抗争，是如同汉代的"朱云折槛"一样，这在今天莫可轻看。当然"同归田里是天恩"句，既指右铭，同时也是自指，含反讽之意。因为郭公后半生仕途也大不得意，很早就回籍终养了。

《次韵酬陈右铭》尾句："黄粱梦醒酒初热，毁誉纷纷何足论。"[2]更是对右铭的慰勉。而《陈右铭次暝庵"非"字韵诗见示和答》，寄意尤殷切深挚明显：

> 宣圣犹云吾道非，琦怀孤赏似公稀。
> 平时言论忧虞惯，少日心情老大违。
> 万国桀匜留隐患，百年仕宦有深机。

[1] 《郭嵩焘诗文集》，岳麓书社1984年版，第757页。

[2] 同上。

从知此意陶潜识，一笑相逢各拂衣。[1]

诗中郭公赞扬陈宝箴为世间少有的“琦怀孤赏”，试想这是多么深在切中的评价，由不得令人想起右铭对郭嵩焘的“孤忠闳识”的四字考语。“万国槃匜留隐患，百年仕宦有深机”，是说国家面临列强觊觎的危机，但长期形成的官场陋习，最优秀的人物还是不能得到重用，致使也包括右铭自己的抱负无法实现。有什么办法呢？只好学陶渊明，拂衣而去，一笑了之吧。

郭嵩焘对陈三立的夸赞赏识已如前引。诗歌唱和方面，《郭嵩焘诗文集》中今存有三题与陈三立直接有关，分别为《鹤村又见示和陈伯严诗再次一首》《熊鹤村偕陈伯严曾重伯诸君为重九之会，各枉新诗，再叠前韵》《陈伯严涂次蘅邀陪碧浪湖修禊分韵得“条”字》。[2]最后一题所涉碧浪湖修禊集会事，郭日记里有记载。光绪十三年三月初三日记：“陈伯严、涂次蘅为碧湖修禊之会，会者三十余人。所识王雁峰、王壬秋、龚云浦、陈程初二三老宿外，胡子威、易瓒舟、熊叔雅、陈玉山、王吉来、罗顺循、曾履初、曾慕陶数人与相识，余皆不能举其名。分韵赋诗，予分得条字韵。”[3]显然这是效法王羲之兰亭之会的一次规模很大的风雅文化活动，陈三立是

[1] 《郭嵩焘诗文集》，岳麓书社 1984 年版，第 759 页。

[2] 同上，第 769、780、781 页。

[3] 《郭嵩焘日记》第四册，岳麓书社 1983 年版，第 694 页。

主要发起者，郭嵩焘得到邀请，并热心参加。此外还有光绪十六年（1890年）正月初六的一次诗会，请客单上有王壬秋题写的七律，熊鹤村和陈三立互相叠韵，俞确士紧随其后。正月二十六日熊鹤村拿诗册给郭嵩焘看，郭嵩焘也叠韵书七律一首："良辰盛会不同欢，最怕吟诗胜怕官。老去胸无半点墨，诗成人尽九还丹。群喧时亦怜孤寂，四美中还见二难。笑我寻春牛背稳，只驼蓑笠不驼鞍。"第五句下有注："伯严诗有'和成却忆玉池叟'之句。"第六句后更注明："鹤老与王壬秋、陈伯严、俞确士四人相与叠韵，而伯严与鹤老并叠至二十首。"[1]因此郭嵩焘称陈三立和熊鹤村为"四美"中的"二难"。此可见陈三立诗思的旺盛与快捷。第二句"最怕吟诗胜怕官"的注，尤令人忍俊不禁，写的是："生平有二怕：一怕做官，一怕作诗。"此注不用说后来的我们，即陈宝箴当时看到，也会与己心有戚戚然吧。那么在场的陈三立，诗虽然作到二十首，内心感受恐亦无二致。

郭嵩焘逝世前患病期间，陈宝箴以家传之医学多次为之诊脉看病。光绪十五年（1889年）三月二十日的郭日记写道："陈右铭闻予病，枉蒙就视。所有脉息，言人人殊，而右铭为最近理。所拟一方，丁次谷亦力主之，然大抵皆凉品也。"[2]隔日晚上，右铭又来看视郭公，且带来李姓亲戚（名李治凡者）

[1] 《郭嵩焘日记》第四册，岳麓书社1983年版，第910页。

[2] 同上，第847页。

共同为之诊脉。此后三月二十四日、二十六日、二十八日、二十九日，接连四天，陈宝箴都前往探视郭嵩焘的病况。未能前来探视的三月二十一日、二十三日、二十五日、三十日，两人都有书信往来。[1]而三月三十日这天，郭致陈一信、陈致郭一信、陈复往郭宅看望。[2]一天而三致意焉。这种友谊和友谊的亲密程度，求诸载记，也不多见。

另外，陈宝箴的父亲陈琢如的墓碑铭是郭嵩焘所写。[3]而《陈母李太夫人墓志铭》[4]，也出自郭公的手笔。光绪六年正月十一日郭嵩焘日记曾详细记载此事经过，其中写道："陈右铭属撰其母李太夫人墓铭。载权辰沅道时，疏凿沱江，而镇筸河实所谓乌巢江也。沱江、白江二水合流，东经镇筸城北，名西门江，折而北流，经由泸溪县入沅水，似未宜专属之沱江。右铭于此功为大，于志叙中加详。"[5]不过撰写的时间用的可不算短，直到光绪十年，过了四年以后，才竣稿寄给陈宝箴。[6]这是因为晚年的郭嵩焘，事繁而身体又不甚好所致。

陈宝箴官迁河北道，郭嵩焘写了一篇热情洋溢的《送陈

[1] 参见《郭嵩焘日记》第四册，第847—849页。

[2] 《郭嵩焘日记》第四册，第849页。

[3] 《陈府君墓碑铭》，《郭嵩焘诗文集》，岳麓书社1984年版，第437—439页。

[4] 《陈母李太夫人墓志铭》，《郭嵩焘诗文集》，岳麓书社1984年版，第491—492页。

[5] 《郭嵩焘日记》第四册，第6页。

[6] 光绪十年闰五月十一日，郭嵩焘在日记中写道："瞿子玖见示陈右铭信，并寄其太夫人墓铭。"见《郭嵩焘日记》第四册，第482页。

右铭赴任河北道序》，以彰显其嘉德懿行。全文不长，兹抄录如下：

> 闻之《记》曰：知仁勇三者，天下之达德。夫此三者各有执以成名，而谓之达德。何哉？德者，载道以行者也。其必皆有足于己，而后沛然行乎道而不疑。故夫执一端以为应事之准，诚若异于流俗，而其轻重缓急得失之间，有过不及之差，则亦无由推而放之，以应乎时措之宜。三代以上人才所以盛，学素修而行素豫故也。
>
> 吾始闻陈君右铭之贤，就而与之言，则所知多他人所不知。及历之事，又见其渊然悱恻之发，求当于物而后已。其行之也，甚果以决。久之，而君所治事，群湖南之人信而服之。又久之，承望君之名，则亦莫不顺而从之。所谓知仁勇三者，学素修而行素豫也。聆其言，侃侃然以达。察其行，熙熙然以和。坦乎其心而不怍也，充乎其气而不慑也。
>
> 光绪庚辰之春，诏求人才，大臣多以其名应。于是特命分巡河北，行治河堤数百里，任重而位尊，名高而眷深。而君习湖南久，其行也，心若有不自释。湖南之人亦茫然于君之将去此也。天下之需人急矣，非独湖南之人为然，由河北以至天下皆然。而观于今之人，知者几何？仁且勇者几何？苟得其人，必良吏也，而能至者鲜。能至而未备，要之于道，必未有闻焉耳。学之不修，德之不足达于天下，民将安赖？而君之去人远矣，则宜湖南之人流连咏慕，旁皇太息于

君之行也。然天子方知君，且知君之德于湖南也，堪大臣之任，以拯斯民之厄。湖南之人将终受庇焉。于其行，为之序以期之。[1]

此序极赞陈宝箴具有集知仁勇为一体的“天下之达德”，而且这种德范是平素为学积累而成，是如同震雷一样的久酿而当发而发。因右铭此次获任北上，特别为湘省人士所惋惜，故郭公对右铭与湖南的关系作了较多阐述，相信已为天子所知的陈宝箴“堪大臣之任”，湖南人终将受其庇荫，“以拯斯民之厄”。

除了这篇《送陈右铭赴任河北道序》之外，郭嵩焘还写了《奉送陈右铭之官河北》五言古风三首，其第一首有句：“朝野艰虞际，真嗟学术疏。深望才数出，事急愿非虚。磊落廷臣荐，飞腾使者车。”第三首写道：“君才勘国计，我老谢朝簪。敛迹悠悠世，伤时寸寸心。云山梁苑古，风雨楚江深。更有依迟意，高原鹤在阴。”[2]可看出情意深切，而非泛泛之作。第三首末句并且有注：“兼谓公子伯严。”说明对陈三立的才识，郭嵩焘也很早就欣赏且视之为忘年之友了。不仅如此，当陈宝箴就任湖北按察使时，郭嵩焘还写过另外一篇《送陈右铭廉访序》，历数陈宝箴的经历和业绩，为国家惜才，期以大用。郭公说，像陈宝箴这样的“志节声名，人望所归”的高才志士，

[1] 郭嵩焘：《送陈右铭赴任河北道序》，《郭嵩焘诗文集》，第257—258页。

[2] 郭嵩焘：《奉送陈右铭之官河北》，《郭嵩焘诗文集》，第747页。

其用与不用、遇与不遇，足以牵动天下之人。“艰难盘错，应机立断，独喜自负”，是郭公对右铭的十二字评。篇末则云：“今天子亲政，稍用疆臣之言，征求有名绩者，将加以简畀，而廉访首膺是选，庶冀朝廷遂及时用之，俾其蕴蓄得一发摅，必有以济时之艰危而使生人受其福。夫豪杰伟人，乘国家危急之日，以功业著，此必待其功之成而始见也。”[1]这种以家国天下为己任的心胸和彼此之间的互相期许的情谊，求诸晚清胜流，应属有见而不多之例。“天子亲政”指光绪十四年，为光绪帝亲政之年。次年王文韶复官湖南巡抚，保荐陈宝箴，得以补授湖北按察使，故郭嵩焘以廉访称右铭从而送之。

陈寅恪非常重视乃祖乃父与郭嵩焘的知遇和交谊，他在1945年写的《读吴其昌撰梁启超传书后》中，曾郑重提起这段往事，写道：“咸丰之世，先祖亦应进士第。亲见圆明园干霄之火，痛哭南归。其后治军治民，益知中国旧法之不可不变。后交湘阴郭筠仙侍郎嵩焘，极相倾服，许为孤忠闳识。先君亦从郭公论文论学，而郭公者，亦颂美西法，当时士大夫目为汉奸国贼，群欲得杀之而甘心者也。至南海康先生治今文公羊之学，附会孔子改制以言变法。其与历验世务欲借镜西国以变神州旧法者，本自不同。故先祖先君见义乌朱鼎甫先生一新《无邪堂答问》驳斥南海公羊春秋之说，深以为然。据是可知余家

[1] 郭嵩焘：《送陈右铭廉访序》，《郭嵩焘诗文集》，第278—279页。

之主变法，其思想源流之所在矣。”[1]这是说，陈宝箴和陈三立的变法思想和郭嵩焘同属一脉，其渊源为曾国藩等“历验世务欲借镜西国以变神州旧法者”，而与康有为的激进变革判然有别。因此在寅恪先生的记忆中，郭嵩焘实是自己先人与之交谊的极重要的人物，如前所引，其晚年在《寒柳堂记梦未定稿》里对此事续有辨析，限于题旨此不赘。

三　义宁之学的渊源与宗主

陈宝箴以举人而非进士出身，且并非高门，能够跻身于晚清胜流之列，在仕途上最终取得成功，主要靠的是他个人的流品与才干。而流品与才干得之于学养和素修，同时也得之于义宁陈氏的家学传统。

陈宝箴的先世为福建人，曾祖鲲池始迁入江西义宁州。父亲陈琢如，六七岁时已能知晓儒学基本经典的大旨，端庄寡言，有成人之风。长大之后，接触到王阳明的著作，一见而如有夙契，感慨说道：“为学当如是矣。奔驰夫富贵，泛滥夫词章，今人之学者，皆贼其心者也。惟阳明氏有发聋振聩之功。”[2]从此知行尽去功名利达之见，决心与古贤为伍，“抗心

[1] 陈寅恪：《读吴其昌撰梁启超传书后》，《寒柳堂集》，上海古籍出版社 1980 年版，第 148—149 页。

[2] 郭嵩焘：《陈府君墓碑铭》，《郭嵩焘诗文集》，岳麓书社 1984 年版，第 437 页。

古贤者，追而蹑之”，不走为官为宦的道路，只以孝友尊亲、德化乡里为事。可见王学对陈寅恪的曾祖父的影响有多大。陈琢如的母亲体弱多病，他因此遍读医书，究心医术，成为远近知名的能医之人。尝说：“无功于乡里，而推吾母之施以及人，亦吾所以自尽也。”[1]

在琢如公的影响下，陈宝箴、陈三立后来也都通中医之学。前面笔者已略及陈宝箴给郭嵩焘瞧病诊脉的事例，郭嵩焘甚至认为右铭的脉理比其他专业医生还要高明。尽管陈寅恪所受西方教育多，也许包括自己的某些经验，不相信中医，但对自己家族的中医学传统，仍非常重视。晚年撰写《寒柳堂记梦未定稿》，第一章就是“吾家先世中医之学”，遍举曾祖陈琢如、祖父陈宝箴精通医术的证据，而有“中医之学乃吾家学”的结论[2]。因此探究义宁之学的渊源与传统，一是要注意其导源于王学的尽去功名利达之见的学术精神，二是不能忽略陈氏一族所擅长的中医之学。中医的目的是疗救民间的病痛，在传

[1] 郭嵩焘：《陈府君墓碑铭》，《郭嵩焘诗文集》，岳麓书社 1984 年版，第 437 页。

[2] 陈寅恪《寒柳堂记梦未定稿》第二节“吾家先世中医之学”云：“先曾祖以医术知名于乡村间，先祖先君遂亦通医学，为人疗病。寅恪少时亦尝浏览吾国医学古籍，知中医之理论方药，颇有由外域传入者。然不信中医，以为中医有见效之药，无可通之理。若格于时代及地区，不得已而用之，则可。若矜夸以为国粹，架于外国医学之上，则昧于吾国医学之历史，殆可谓数典忘祖欤？曾撰《三国志》中印度故事，《崔浩与寇谦之》及《元白诗笺证稿》第五章法曲篇等文，略申鄙见，兹不赘论。《小戴记·曲礼》曰：‘医不出三世，不服其药。’先曾祖至先君，实为三世，然则寅恪不敢以中医治人病，岂不异哉？孟子曰：‘君子之泽，五世而斩。’长女流求，虽业医，但所学者为西医。是孟子之言信矣。”见《寒柳堂集》，上海古籍出版社 1980 年版，第 168 页。

统社会属于下行之学，与王学有精神脉理上的一致性。这样我们便可以理解，曾国藩说的“沉潜味道，各存一不求富贵利达之心”的诲导，何以对右铭能够终生发用。

义宁之学的另一传统是重才兴教，即尽可能利用一切机缘兴办教育、造就人才。陈琢如为了见识“天下奇士”，走遍淮、徐、齐、豫等地，最后还去了京师，结果非常失望。他慨叹说：“士失教久矣，自天下莫不然，独义宁也与哉。诚欲兴起人才，必自学始。”[1]当时曾、左、胡诸胜流尚未命世，仕宦猥委，人才凋落，陈公之叹，实发时代之音。只可惜琢如先生还没有意识到自己的亲子宝箴就是未来的“天下奇士”。当然他自己也够得上“奇士”之目，因为只有“奇士”才具有辨识世而无士、有士而不奇的“奇士”的眼光。他的经世之志与经世之学，促使他率先办起了地方教育，创办“义宁书院”，授子弟以实学，以期明体达用。

说来绝非巧合，陈宝箴对兴教办学的重视，也是毕生一以贯之。同治三年（1864年）右铭三十三岁，所作《上沈中丞书》，有一节专论“明学术”和“育人才”的问题。他说：“某历观古大儒筮仕之邦，莫不以明教化、兴学校为己任。”针对长期以来八股取士的“科制之弊”，陈宝箴提出：“其可以就成法之中，富化裁之意者，莫如书院一事。”而书院之兴，首在

[1] 郭嵩焘:《陈府君墓碑铭》,《郭嵩焘诗文集》，岳麓书社1984年版，第437—438页。

慎择合格的山长。右铭认为，书院山长应该敦聘“乡先达之品学德望可为多士楷模者”，可以成为“士子趋向之的”。如果反是，尽以科目、官爵为重，而不管是不是能“造士”，就和官场习惯没有区别了。[1]沈中丞即沈葆桢，当时的江西巡抚。

后来右铭进入仕途，任河北道，很快就创办了“致用精舍”（也称河北精舍或治经书院），聘通儒担任教职，使河北道治下的社会文教风气为之一变。他更加系统地完善了自己的“造士”学说，所撰写的《致用精舍记》写道：“世之治乱视人才，人才之盛衰，存乎造士。”至于如何造士？他说无非“上之人有以教，下之人有以学”。学之原始，在于致知，致知在致用。故“学之为用，实为世运人才升降之原”。圣人“修六经”，可“为万世师”。“由训诂以求义理，而尊其所闻，行其所知”，“圣人复兴”，无逾此途。亦即“渊乎其识，足以烛理，沛乎其气，足以干事”。但也不是“汲汲于求用”，只是致用的工具知识和条件准备，“不可一日不讲”。[2]《致用精舍学规》之初拟或另有其人[3]，但最后必经右铭删订改润定稿，应无疑问。故《学规》明确提出“义理为体，经济为用，词章考据为文采”的主张，认为即使号称学问兴盛的乾嘉之际，“数

[1] 陈宝箴：《上沈中丞书》，《皇朝经世文编续编》卷十，台北文海书局1979年印行。又《陈宝箴集》（汪叔子、张求会编）下册，中华书局2005年版，第1791、1792页。

[2] 陈宝箴：《致用精舍记》，《陈宝箴集》下册，中华书局2005年版，第1870—1872页。

[3] 《郭嵩焘日记》光绪八年正月十五日条记载：“又杜云秋《杂著》，《河北精舍学规》亦云秋所撰也。”见《郭嵩焘日记》第四册，岳麓书社1983年版，第254页。

十百年间，考据词章之士多出其中，而能以道德经纶世变者，缈焉寡闻”。而在谈到“晚近之人才”的时候，至有“词章考据，虚美无用，姑无论已”[1]的说法。此可见右铭是完全承继了乃父陈琢如的学问精神，对已流为士风习气的学弊的批评异常严厉，毋宁说这也是他汲汲于兴学易俗的动力源泉。

陈宝箴的人不可及的长项，一是缉盗、二是治河、三是办学。他每设计一所学校，都是唾手可成。抚湘时设立著名的时务学堂，并非偶然。陈三立当时人在湖南，直接参与时务学堂的创办，同时关切江西书院的情况。河北致用精舍的创办，陈三立肯定也身与其事。陈宝箴办学，始终不忘添置图籍，这让我想起1925年陈寅恪应清华大学国学研究院导师之聘，头一个条件就是要研究院购买充足的图书。义宁一族之办学兴教的传统，真可谓渊源有自了。

陈宝箴的父亲陈琢如所提倡的，就是这种重致用的学问精神。太平天国起来后，他在义宁操办团练，右铭也参与其事。陈宝箴中举，琢如仍谆谆告诫不要忘了学问。病危之时，还在抄录李二曲的《答人问学书》，并将写好的“成德起自困穷，败身多因得志”两句话交给宝箴。[2]我们不妨把这看作是义宁之学的十二字教。郭嵩焘在《陈府君墓碑铭》中写道：“生世而为贤，必有先焉。惟其运量周天下而学术之披其身，足以有

[1] 《致用精舍学规》，《陈宝箴集》下册，中华书局2005年版，第1872—1873页。

[2] 郭嵩焘：《陈府君墓碑铭》，《郭嵩焘诗文集》，岳麓书社1984年版，第438页。

传。闳其光以嬗之其子，施世而长延。”[1]已注意到义宁陈氏的家学渊源及陈宝箴和陈三立对此一家族为学传统的承继。

这里需要辨明，义宁之学的思想指归系来自王学，这有陈琢如对王学的共鸣心折可证。王学之于义宁，可以说是家传夙契之学，不止陈琢如一代，其于宝箴，其于三立，王学的影响，均昭然可睹。早在咸丰十年（1860年）会试京师，陈宝箴与易佩绅、罗亨奎交游之时，右铭就在《答易笏山书》里阐述了他对阳明学的态度。他说：

> 窃谓朱子教人为学，次第节目，至精至详，何有支离之病？但宗朱子者，务以攻陆、王为事，往往矫枉过甚，反专求之于言，不求诸心，故末流之失，稍涉支离者，亦有之矣。即阳明之学，亦何尝以空寂为宗？以其攻朱学末流之失，语意不免偏重。而为阳明之学者，又不深究其本末，而徒以附会宗旨为事，且并阳明之意而失之，何有于朱子也？[2]

朱子之学是否“支离”和阳明之学是否“空寂”，历来是学者争议的问题，而争议的因由，并不只是缘于朱子和阳明的学问本体，有时还有时代环境和思想潮流影响其间。有清一代

[1] 郭嵩焘：《陈府君墓碑铭》，《郭嵩焘诗文集》，岳麓书社1984年版，第438页。

[2] 陈宝箴：《答易笏山书》，《陈宝箴集》下册，中华书局2005年版，第1818页。

大力提倡程朱理学，朱子的地位如日中天，阳明学不时成为攻讦的对象。故陈宝箴虽将朱子和阳明并列，辨其“支离”不是朱子学问本身的问题，而是“宗朱子者”不遗余力地攻阳明，“矫枉过甚”，以致“专求之于言，不求诸心”，结果自身陷入了“支离”。同样，阳明学并非“空寂”，而是由于学阳明学的人“攻朱学末流之失”，致使阳明的本意一并“失之”。叙论的态度似乎不偏不倚，但置诸清代的扬朱抑王的背景，可以肯定，陈宝箴在此信中主要是替王阳明说话，应无问题。

陈宝箴在信中并进而为王阳明的致良知说施辩，认为阳明之为教，意在避免“学者支离琐碎，反蹈务外遗内、舍本求末之病”，而“非教人耽空守寂，如佛氏之为也”。此又将阳明学与佛氏混同的俗见予以澄清。接着又阐明，朱子的“穷理”和阳明的“致良知”，都是“成正修齐之实功”，阳明所论说的“宗旨”，完全是为了“务正”。如果发生“偏重”，那是理解者的问题，而不是王阳明本身的问题。毋庸说，其为阳明学的辩护是准确而有力量的。通过这篇早期的《答易笏山书》，我们大体能够看出，陈宝箴的学术主张明显倾向于王学。当然还不止于此，下面再看另外的例证。

陈宝箴创办河北致用精舍留下的文献，除《精舍记》《学规》，还有一篇《说学》，纯是右铭手写而成。文前小序说得明白：“二月己巳，诣致用精舍，少坐诸生斋中，与为讲论，归而拉杂书之。"[1]由于有"二月己巳"字样，我们知道右铭此篇著作之撰写，应在光绪八年二月十三，即公历1882年3月31日。此篇《说学》，是陈宝箴一生的重要著作之一，阐述"造士"思想最为系统详尽。

右铭猛烈批评"末俗"的学风和后来书院之弊："不求其本而骛其末，只习八股、试律、小楷，以为取爵禄之具。"结果流于自私自利，患得患失，甚至无所不至。而"所读圣经贤传，不过聊供举业词藻之资"而已。志行、操守、才具之士，当然是有的，但都是由于"资秉过人而又有阅历以陶镕之"，使得有别于"庸众"，因为阅历和经验也是学问。然而毕竟没有经过"学问思辨之功、践履之实"，致使根底未厚，"辨晰未精，持守未定，其所成就，终属有限"，无法"与古昔名贤并驾"。即使"天生美质"，也未免"为俗学所困"，"不克大成"。所以"末俗之士，大抵失学者多"。右铭面对河北精舍的学子，提出国家需要造就什么样的士的问题："当以君子自待乎，抑小人乎？当以忠臣孝子自待乎，抑罪臣悖子乎？当碌碌以苟富贵乎，抑兢兢以励名节乎？当稍求自别于庸众乎，抑蕲至于古之名儒名臣以无忝所生乎？"他说，只有"如此细细推勘、刻刻提撕"，才能"志气奋发，一切流俗龌龊富贵利达之见，自然渐渐消沮"。这些话，让我们看到了乃父陈琢如的影子。

[1] 陈宝箴：《说学》，《陈宝箴集》下册，中华书局2005年版，第1878页。

怎样改变这种“末俗”学风而“不为俗学所误”呢？陈宝箴提出了自己积半生经验的痛切疗方：“吃紧在一‘耻’字”，“耻则奋，奋则忧，有终身之忧，即有终身之耻”，“凡人稍异流俗，遽自骄矜，皆可谓之无耻”。故曰：“知耻近乎勇。”陈宝箴说：“好学力行，皆赖此始，为入德之门。先辈有言：‘不让今人，便是无量；甘让古人，便是无志。’量之不宏，志之不卓也，舍耻其奚以乎？堂堂七尺之躯，其孰甘自居无耻矣！古今来，往往有才气卓荦之人，少年失学，或不免跌荡自喜、放荡不羁，一旦获亲有道，幡然悔悟，折节向学，卒能卓然自立，超出铮铮佼佼之上。盖由秉气充强，故愧悔之萌，若不可复立人世，其为耻者大，故其致力者猛也。”相信河北精舍的学子们，听了当地最受尊崇的大吏这番掷地有声、慷慨有味的激励勖勉之言，一定内心怦怦然，慷慨奋发之情油然而生罢。

更重要的是，陈宝箴接下去阐述了他对阳明学的看法，就像陈琢如读阳明书而感到振聋发聩一样，陈宝箴论王阳明学说，也足以让人振聋发聩。且看陈宝箴是如何讲的——

任生廷瑚言：“曾读《理学宗传》《阳明全集》诸书。”任生受业王先生少白之门，故读书知所向往。虽儒者于陆、王不无异议，然论今日救时之敝，当熏心势利、本体汩没之时，苟有绝利一源，真能为佛老之学者，犹当三熏三沐而进之，况陆、王乎！士生正学大明之后，但期读书明理、身体力行，至于毫厘之差，久之自能辨白，而知所归往。[1]

显然是一位叫任廷瑚的学子，说他读了王阳明的书，陈宝箴当即给予肯定。他当然知道时儒对陆、王之学不无异议，但他说，当“熏心势利、本体汩没”的末俗学风充溢之时，为“救时之敝”，对佛老之学尚且应该“三熏三沐而进之，况陆、王乎”。接着，他对阳明之学的特点和形成过程及朱、陆异同问题，从学理上作了阐述。他说——

究而论之，阳明之学，亦尝从朱子格物入手，故谓：“朱子于我，亦有罔极之恩。”其用心之勤苦深至，殊绝于人，如初昏之夕就铁树宫道士讲论达旦，及格庭前竹子七日致疾之类，皆朱子所谓“一棒一条痕，一掴一掌血”者。用力之久，散漫支离，而此心无自得之趣。迨谪龙场驿，万山寥寂之中，屏去简编，块然独坐，默证所学，清光大来，遂如子贡然，疑于多学，而识之间倏，闻一贯之旨。此正朱子所云：“真积力久，豁然贯通之一旦尔。”而阳明固尝出入佛老，念前此以即物穷理而致疾，今以体认本心而贯通，得鱼忘筌，遂又揭孟子良知之言，以为宗旨，遽与程、朱格致之训分道殊趋。[2]

[1] 陈宝箴:《说学》,《陈宝箴集》下册，中华书局2005年版，第1880页。

[2] 同上，第1881页。

至于阳明后学之流于“猖狂自恣”，陈宝箴认为，阳明为学之宗旨虽有启端肇始之责，但终归是“不善学阳明之过”。而“阳明之故背朱子，亦因朱子论‘即物穷理’，有‘人物之所以成，草木之所以蕃，江河之所以流’等语”，无异“泥于句下”，所以阳明“别立宗义，以告来学，以为可免支离之病”。我们不能不佩服陈宝箴对王学的宗旨意趣阐发得如此透彻，即置诸宋明专学领域，亦难以多赞一词。

通篇《说学》，强调的是为学的“明体达用”，即使是读《四书》《六经》，最重要的是“精义入神”，而非“字栉句比，考其所不必考，知其所不必知，矜奇炫博以为名，愚耳疲目以为惠”，使圣学落入无用之地。这就是陈宝箴的为学思想和“造士”主张，承继的纯是陈琢如所开启的义宁家学的传统，因而对阳明学大力肯定，也可以说兹篇《说学》不啻为阳明学的辩护书。阳明学还需要辩护吗？不妨看看陈三立因阳明学而发生的一段故事，就思过半了。

陈三立在《湖南巡抚先府君行状》里说：“府君学宗张朱，兼治永嘉叶氏、姚江王氏说。”[1]这一提示至为重要，可以说是帮助我们打开义宁之学秘奥的一把钥匙。“学宗张朱”，即张横渠和朱元晦之学。叙论学术思想，习惯上总是程朱并提，很

[1] 陈三立：《湖南巡抚先府君行状》，《散原精舍诗文集》下册，上海古籍出版社 2003 年版，第 855 页。

少有把张载和朱熹放在一起的。散原之《行状》写于陈宝箴冤死后不久，当时朝野噤声，散原不能不有所顾虑。因为有清一代，极崇程朱，可是散原又不愿意把乃父为学之宗主，直接与程朱联系起来，遂以“学宗张朱，兼治永嘉叶氏、姚江王氏”来加以概括，让人感到陈宝箴的学问路向，“治姚江”（王学）而不失其正。试想，哪有一个有学养的后人，在叙述自己尊人的为学渊源时，会说他父亲在学问上既宗张，又宗朱，又兼治永嘉叶，又兼治姚江王，玩笑也不是这样的开法。以散原之严谨，当然不会如此不伦。明显是出于顾忌，而弱化了右铭为学的真正宗主。右铭为学的宗主，和乃父陈琢如一样，自是意近王学。其实郭嵩焘给陈琢如写墓碑铭，叙及右铭先生之尊人陈琢如特别服膺姚江，还不是陈宝箴提供的材料？提供这种材料，当然反映他本人的学术主张，这也就无怪乎河北任上写《说学》为阳明辩护了。

我在这里想揭出另一个有趣的谜底，即陈三立在学术思想上是否也有一定的指归？换句话说，他是不是也秉承家风倾向于王学？万没有想到，这个谜底是散原自己为我们揭开的，他在《清故护理陕甘总督甘肃布政使毛公墓志铭》中写道：

> 光绪初，公方壮年，过谒先公长沙。得间，三立偕公寻衡岳，及登祝融峰，遇暴风雨，衣襦沾湿。达僧寺，张灯就饮，倚几纵论，涉学派，三立意向阳明王氏，微不满朱子。公怫然变色，责其谬误，径去而强卧。夜半闻公展转太息

> 声，乃披衣就榻谢之曰："犹未熟寐耶？顷者语言诚不检，然自揣当不至为叛道之人，何过虑至此耶？"公不语，微昂首颔之，晨起一笑而解。公虽少戆，然迫切厚我之肫诚逸事类此者，有不能忘。其后获师龙川李先生，遂不复坚持夙昔所见矣。[1]

这应该是铁证了。散原自己说他在学术问题上"意向阳明王氏"，而且"微不满朱子"，惹得笃守程朱之学的毛庆蕃强卧而不能入睡。但散原并未因此而改变自己的学术主张，倒是毛庆蕃后来改变了自己的为学意向，转而也重视王学。毛氏字君实，是散原的江西同乡，又是"相摩以道义，相输以肝胆""终始数十年如一日"[2]的好友，对散原的学术宗主，虽然毛庆蕃今天无法来做证人，但散原这篇纪念毛公的墓志铭，却可以证实陈三立学术思想的真实取向。郭嵩焘日记中，载有陈宝箴向郭公介绍毛庆藩的身世："三世任四川知县，皆祀名宦。曾祖觉斋先生，习程朱性理之学。"[3]则又知程朱是毛氏的家学，无怪对陈三立的不满程朱、意向王学做出如此强烈的反应。因此我可以肯定地说，散原与乃父乃祖父一样，也倾向于

[1] 陈三立：《清故护理陕甘总督甘肃布政使毛公墓志铭》，《散原精舍诗文集》下册，上海古籍出版社2003年版，第1077页。

[2] 同上，第1075页。

[3] 《郭嵩焘日记》第四册，光绪六年五月初八日条，岳麓书社1983年版，第51页。

王学。

这个故事足以证明，陈宝箴为王学辩护的事出有因而又难能可贵。因为王学在中国传统思想的框架里面，不仅有独立性的内涵，而且有反叛性的品格。这一点，陈三立当年向怒不与语的毛公所作解释（“自揣当不至为叛道之人”），可得到反证。其实，陈琢如、陈宝箴、陈三立所代表的义宁之学的特点，所以具有独立不依和截断众流的精神意向，其原因就在这里。至于陈宝箴、陈三立一生的思想行动，是否有过“叛道”或“叛道”的嫌疑，不妨以陈宝箴和陈三立的阅历陶镕和对志行名节的守持来检验一番。

四　陈宝箴的阅历陶镕和志行名节

陈宝箴在《说学》中说：“其有志行可称有守、才具可称有为者，皆其资秉过人而又有阅历以陶镕之，是以能稍异于庸众。”此实为右铭所自道也。义宁之学的要义，即在于此点。陈宝箴一生立身行事，一是顾全大局，一是保全自身的人格尊严，始终以气节志行相砥砺。

光绪九年（1883年），正在浙江按察使任上的陈宝箴，因王树汶一案的反复曲折而降调去职。王案发生在光绪五年，河南镇平县胡姓胥吏率众抢劫，案发后以家僮王树汶顶罪。王临刑时喊冤，朝廷于是命河南巡抚李鹤年重审此案，东河总督梅启照会同审理。当时任河北道的陈宝箴参加了复审。中间涉及河南官场弊端，此案后由刑部直接审理，王树汶无罪释放，前此参与审理的官员，包括李鹤年、梅启照，很多受到惩处，时在光绪九年。陈宝箴在此案审理中本非重要角色，故未予处分。但光绪九年六月十五日，左副都御使张佩纶奏请陈宝箴不应放过，诬称右铭“日营营于承审官之门”，企图“弥缝掩饰”，致使宝箴蒙冤，受到降调三级的追加处分。陈宝箴愤而上疏抗辩——

> 惟恭阅邸抄，署左副都御史张佩纶奏会审臬司豫山及臣应与初次勘转之麟椿议处折，内多臆度，不切事情，其他尚皆不足置辨，至所称臣“浙臬到京之日，正此案提审之时，该升道日营营于承审官之门，弥缝掩饰，不知远嫌，其时即干物议。而陈宝箴果与豫山逍遥法外，同罪异罚”等语，以无为有，信口诋哄。其有关于臣一人之名节，为事甚微，关系于朝廷之是非，流弊甚大，有不忍隐怙恤已不据实沥陈于君父之前以资兼听者。[1]

右铭在此抗疏中又说：“况臣具有天良，粗知忠孝立身之义，纵涓埃无补，亦惟力矢勿欺，有耻之愚，自盟衾影，而祸福听之在人”，“若张佩纶所奏‘营营于承审官之门，弥缝掩

[1] 陈宝箴:《交卸浙臬篆并沥陈愚悃折》，汪叔子、张求会编:《陈宝箴集》上册，中华书局 2005 年版，第 2—3 页。

饰'，臣纵改行易辙、判若两人，亦不应寡廉鲜耻，行同市侩至此"[1]。最后要求：

为此仰恳天恩简派亲信大臣查传承审此案各员，询明曾否与臣识面，并密先调各该员门簿，核查臣有无到门投刺。如果曾至承审各员之门弥缝掩饰，或各投过一刺，则张佩纶语不虚诬，专为整饬纪纲起见，理合请旨将臣严加治罪，以为昧良巧诈者戒，臣亦当清夜怀惭，无颜独立于天地间矣。否则，法司者天下之平也，是非者朝廷之公也，苟不考事实，凭势恣意变乱，黑白惟其所指，独立之士孰不寒心？伏惟圣鉴，遇言必察两用中，无可淆之是非，亦无不达之幽隐，于以上维国是、下系人心，匹夫匹妇之愚，罔不悉蒙矜鉴。用敢不避斧钺，披沥上陈，无任惶悚感激之至。[2]

陈宝箴所以敢于如此冒死陈词自辩，既是为了澄清黑白真相，更是为了自身的名节不受玷污。盖右铭视名节为生命，为此倘遭意外亦在所不辞。这和他在《说学》所讲是完全一致的。《说学》是名言和实理，此抗疏是躬行与实践。可惜负责复查审核右铭此案诉的阎敬铭首鼠两端，经过复查，"日营营于

[1] 陈宝箴：《交卸浙臬篆并沥陈愚悃折》，汪叔子、张求会编：《陈宝箴集》上册，中华书局2005年版，第3页。

[2] 同上，第3—4页。

承审官之门，弥缝掩饰”的诬词，证明并无此事，“张佩纶所奏自系得自风闻”[1]。但如何结案，阎敬铭不予建言，以不加可否塞责。致右铭天大冤案未得昭雪，只好蒙冤去官，自我放浪于山水之间。但他的抗疏刊于邸抄，士大夫辗转相传，右铭的志行名节已昭然于天地间。

当时范伯子尚没有与义宁结为儿女亲家，但后来回忆起陈宝箴抗疏一事，曾说：“犹记光绪九年得公与学士张君佩纶互讦之稿，壹皆不识，而心袒公也。”[2]陈宝箴当然心存遗憾，浙江按察使到任不及百日，便遭此人生劫难，素志长才未得一展。他在写给欧阳霖的信中写道：“此来到官三月，治事不过百日，有两谳局为之研究，宜可卧治，而硁硁褊衷，缪欲躬劳怨以先僚属，凛藏身不恕之戒，所自谳决四十余狱，日皇皇如不暇给，他率皆是，虽僚友、士民浮誉日起，澹远如祁子和学使，亦谬谓‘天下从未见此臬司’。”[3]可见右铭在浙省任上是何等辛勤忙碌而又举重若轻，治绩为同僚士民所称赏，许为天下从未见过的臬司；而右铭却谦谨平易似无减无增。以右铭的才学阅历，苟得一展怀抱之机缘，他必然如此。然而他被迫离任了，尽管感受到了“无官一身轻”的“亲切有味”，但遗憾

[1] 阎敬铭：《遵旨查明陈宝箴参款折》，《陈宝箴集》上册，中华书局2005年版，第5—6页。

[2] 范伯子：《故湖南巡抚义宁陈公墓志铭》，《范伯子诗文集》，上海古籍出版社2003年版，第522页。

[3] 陈宝箴：《致欧阳润生书（稿）》，《陈宝箴集》下册，中华书局2005年版，第1648页。

只能藏在心里。幸好此次在杭，认识了“西湖佳处”的“真面目”[1]，亦不失劳形之外之一得。

这次蒙冤，恰值右铭五十一岁的盛年，七年之后复职，已经五十九岁了。其所作《长沙秋兴八首用杜韵》之五：“五里浓云九里山，难消氛祲有无间。鸿嗷鹿铤同栖莽，狗盗鸡鸣已脱关。笑我蹉跎成白发，愧人谣诼说红颜。漫嗟骐骥闲秋草，款段犹随伏马班。”[2]颇能显示右铭此时的心境。失去了官职，却保全了名节，历练了人格。但长期赋闲，眼看鸡鸣狗盗之徒都得到升迁，难免生颓唐之感。但右铭尊人琢如公临终时写给他的箴铭“成德起自困穷，败身多因得志”，他不会忘记。

1895年中日《马关条约》签订，当时在天津任粮台的右铭先生，闻讯后痛哭失声，说：“这已经不像个国家了。”听说代表清廷签署丧权辱国条约的李鸿章，回国后还要在天津留任总督，陈宝箴说：“他早晨回来，我晚上就挂冠而去！”并说：“勋旧大臣如李公，首当其难，极知不堪战，当投阙沥血自陈，争以生死去就，如是十可七八回圣听。今猥塞责望谤议，举中国之大、宗社之重，悬孤注，戏付一掷，大臣均休戚，所自处宁有是耶？其世所蔽罪李公，吾盖未暇为李公罪矣。”[3]

---

[1] 陈宝箴：《致欧阳润生书（稿）》，《陈宝箴集》下册，中华书局2005年版，第1648页。

[2] 陈宝箴：《长沙秋兴八首用杜韵》之五，《陈宝箴集》下册，中华书局2005年版，第1967页。

[3] 陈三立：《湖南巡抚先府君行状》，《散原精舍诗文集》下册，上海古籍出版社2003年版，第852页。

从而拒不与李鸿章见面。诚如识者所言，甲午之败是不该战而战之败，因此尤堪哀痛。而早在1860年会试留京师期间，英法联军火烧圆明园，右铭饮于酒肆，遥见火光，不觉捶案痛哭，举座为之震惊。[1]这些地方，都表现出义宁之学的得其大体、气节凛然而又独立不依的精神。郭嵩焘概括陈宝箴为人治事的特点："其自视经营天下，蓄之方寸而发于事业，以曲当于人心，固自其素定也。艰难盘错，应机立断，独喜自负。"[2]自是知者之评。

义宁之学的气节操守和为人为学独立精神，还表现在论学论治不掺杂党派成见。陈三立说："府君独知时变所当为而已，不复较孰为新旧，尤无所谓新党旧党之见。"[3]这些，对后来的史学家陈寅恪流品与风格的形成，有直接的影响。盖因党派之见，无非私见，而豪杰志士、学者之怀，在存乎公心。我们看右铭、散原、寅恪，何时因个体之私而与人与事？陈宝箴在湖北按察使任上，总督张之洞与湖北巡抚谭继洵不相得，但对陈宝箴都格外倚重。遇有处理事情失当之处，右铭总是

[1] 陈三立：《湖南巡抚先府君行状》,《散原精舍诗文集》下册，上海古籍出版社 2003 年版，第 846 页。

[2] 郭嵩焘：《送陈右铭廉访序》,《郭嵩焘诗文集》，岳麓书社 1984 年版，第 278 页。

[3] 陈三立：《湖南巡抚先府君行状》,《散原精舍诗文集》下册，上海古籍出版社 2003 年版，第 855 页。

据理力争，使有芥蒂的双方均感信服[1]。有一次因襄阳知县的任用，张、谭发生分歧，张提出朱某，谭主张用张某，使得职掌按察使和布政使两司的陈宝箴左右为难，于是挂出两张告示牌，出个洋相给大家看。武昌知府李有棻请人提醒这样做不好，右铭说："督抚目无两司久矣，吾欲使知两司亦未可侮也。"[2]后来撤销了张之洞的提名。按清朝的官制，藩台、臬台（两司）是省衙专管人事和司法的部门，右铭的抗争有维护责权的意思，有益于建立正常的吏治秩序。

五　义宁之学的诗学传统

研究陈寅恪的家学渊源，还必须讲到义宁之学的诗学传统。义宁陈氏一族，从陈宝箴开始，到陈三立以及三立诸子，全部能诗。陈三立是晚清诗坛"同光体"的执牛耳者，是近代的大诗人，世人所能知，本书相关章节亦时有所论，此处暂不详及，兹主要探讨陈宝箴的诗文修养和诗学风格。

陈宝箴不以诗人名，但他的诗文置诸晚清文苑，似可用高标狷峻、独树一帜来形容。今《陈宝箴集》所收之右铭诗文，各体文约八十余篇，诗三十余首，此外尚有数量更大的书信和

[1] 陈三立：《湖南巡抚先府君行状》，《散原精舍诗文集》下册，上海古籍出版社 2003 年版，第 855 页。

[2] 马叙伦：《石屋余沈》"陈宝箴能举其职"条，上海书店 1984 年版，第 173 页。

奏章。前面我们已经欣赏了《上江西沈中丞书》《说学》《交卸浙臬篆并沥陈愚悃折》和《致欧阳润生书》等篇，其论说、章奏和书信三体文字的风致特点，已有所晤识。其识见高超、学理明通、论事剀切、文气充贯自不必说，更主要是廓然大公、一意以家国天下为己任的情操气节充溢于字里行间。晚年的曾国藩读了右铭的一册文稿，评为："骏快激昂，有陈同甫、叶水心之风。"[1]可谓一语中的，不愧是文章泰斗、赏析大家之评。曾公点明右铭文宗陈、叶，亦可见其为学之渊源所自。而"骏快激昂"的四字评，陈宝箴文体风格的特点概括无遗矣。桐城方宗诚的评语是："作者不沾沾于文，而自光明俊伟，气骨铮铮。论事文尤佳，最善于立言之体，叙忠节事尤有生气，此自性分所出也。"[2]亦不失为的评。郭嵩焘看了右铭的奏、议、书、牍、序、传等各体文章三十余篇，总的评价是："右铭十余年踪迹，与其学术志行，略具于斯。其才气诚不可一世，而论事理曲折，心平气夷，虑之周而见之远，又足见其所学与养之邃也。"[3]

至其诗歌，虽流传下来的只有三十多首，然风格高古，意态从容，一派不可一世的大家气象，大有汉魏余绪。如《吴城

[1] 曾国藩：《复陈宝箴》，《曾国藩全集》第29册"书信"第九，岳麓书社1994年版，第6783页。

[2] 《陈宝箴集》下册，中华书局2005年版，第1842页。

[3] 同上，第1843页。

舟中寄酬李芋仙》第二首：

相逢冠剑走风尘，十载论交老更亲。
诗有仙心宜不死，天生风骨合长贫。
本来温饱非吾辈，未必浮沉累此身。
官职声名聊复尔，秋风容易长鱼莼。[1]

此诗的颔联“诗有仙心宜不死，天生风骨合长贫”句，不仅对仗工整，意趣亦深醇隽永，既写出了诗人的性格节操，又抒发了理想怀抱。又如也是与李芋仙有关的《入都过章门》两绝句，其一作：“妙墨重劳品藻工，涛声万壑隐穹窿。良材偃蹇天应惜，肯作寻常爨下桐。”其二为：“岁寒不改真吾友，拔地干霄傍碧空。旧雨不来庭宇静，虬龙日夜起秋风。”[2]都是抒写怀抱的大气象、大手笔之作。而歌行体的《洛阳女儿行》《易笏山出都将为从军之行作长歌以送之》《湘中送胡筱筠大令解组归义宁》，纯是唐风唐韵，太白遗风。特别《长沙秋兴八首用杜韵》，沉郁苍茫，忧肠百结，寄托遥深，斯足以长太息者矣。此题之第五首前已征引，余如第二首颔联“岳麓有情还绕廓，湘源何处可乘槎”，第三首之五至八句“只觉英才为世累，不图前席与心违。茫茫绛灌知何限，相者从来

[1] 陈宝箴：《吴城舟中寄酬李芋仙》，《陈宝箴集》下册，中华书局 2005 年版，第 1965 页。

[2] 《陈宝箴集》下册，中华书局 2005 年版，第 1964 页。

但举肥”，第八首之颈联“江山灵秀供题赏，翼轸星文看转移”[1]，等等，俱为诗眼点睛之句，见出右铭宁可困顿无着也不肯违心敷衍的志节特操。

右铭尤善五古，代表作是《侨寓湘中六十初度避客入山咏怀》，共六首，作于光绪十六年（1890年）正月，时值右铭六十初度，即将离开湖南赴湖北按察使任，故有是感。恰好我们的大史学家陈寅恪，即诞生于是年的五月十七日，也许并非巧合也。斯六首《咏怀》，可作为陈宝箴一甲子的经历、怀抱、际遇、感悟的诗史来看。其第一首，感慨四季递嬗，流光易逝，通达富贵，过眼云烟，人生短促，蹙蹙何求，是悟透人生的证道导引。其第二首，追溯自己“少壮迫寇难，穷走困饥寒”的身世，以及为了济世救世所走的艰难崎岖之路，六十年过去，屡经挫折，仍未见用。其第三首，写自己的万丈豪气，也曾在湘省在河北武陟一试牛刀，不无小小的怀抱舒展。其第四首，再写人才跋涉之难，不管手中有多少济世良方，反而可能受人讪笑，因为“豢龙人”太少了。本来浙江按察使一职应该是一试锋芒的机缘，而且开局那样成功，不料落得个连封赏的根基都失去了的下场。是非得失有何好说，还是守着妻小过在水上漂洗棉絮的日子罢。其第五首，追忆曾国藩出山与太平军作战的壮烈时刻，天下英才齐来曾幕，“湘乡驾群才，采干

[1] 陈宝箴：《长沙秋兴八首用杜韵》，《陈宝箴集》下册，中华书局 2005 年版，第 1966—1967 页。

岩林空”，“由来昆仑凤，高栖择梧桐”。如此人才鼎盛的局面，还有出现的可能吗？其最后的第六首，索性连声誉、功名、文章、载籍、是非、得失，一起掀开底蕴，写道——

穷儒强解事，借口后世名。
后世乃为谁？遽足为重轻。
古籍汗牛马，糟粕非精英。
何况挟爱憎，是非汩其情。
丰碑既多愧，薄俗尤相倾。
文字亦俳优，小技安足逞。
太元覆酱瓿，幸有侯芭生。
秦人吏为师，何者是六经。
更阅千万岁，禽鸟亦双声。
人生本自得，吾心有亏成。
幽人葆灵台，清光耿霄雯。
但看天汉上，乃识严君平。[1]

我们的右铭看来是彻底看破世情了。不是吗？所谓人要在乎身后的名声，不过是儒者的说辞而已，“后世”是谁？“后世”在哪里？谁来衡量孰轻孰重？中国的古代载籍当然很多，

[1] 陈宝箴：《侨寓湘中六十初度避客入山咏怀》，《陈宝箴集》下册，中华书局 2005 年版，第 1972 页。

汗牛充栋不足以形容，但很多都是糟粕。何况那些载籍的作者把个人的爱憎掺杂其中，是非已经被情感所汩没。因此称为丰碑的，不见得无所愧，世俗的习惯远比历史真实大。而文章一途，不过是雕虫小技，自然无所施其技。至于汉代扬雄的“玄之又玄”的《太玄经》，他的同时代大儒刘歆早就直言不讳地说了：现在利禄在前，学者们尚且不明白《易经》，阁下的《玄》，谁能懂得？你不是白受苦吗？我担心后来的人会把它当作装酱的瓦罐而已。不过右铭说，扬雄也许不无幸运，毕竟有一位河北巨鹿的后生名侯芭者，和他住在一起，喜欢听他谈玄。“六经”的重要不必说了，可是秦人“以吏为师”，“六经”还有地位吗？“禽鸟”两个字，“禽”的声母是“其”，“鸟”的声母是“尼”，不是双声，但过了千百年之后，也许会变成双声也说不定。看来人生最重要的，是在于“自得”，在于问心亏不亏。这一点只有靠天地神明来作证了。不妨看看天上的银河，那是像自己的父母对待子女一样公平的。

就要赴湖北按察使的重任了，然而陈宝箴回思一生经历，并没有感到些许欢欣，而是充满空幻。本来嘛，这个职务，早在八年前他就得到了，仅三个月，就因“王树汶案”蒙冤而“茅土裂”。这次是到湖广总督张之洞的治下，结果如何亦甚难言也。我敢说，此《侨寓湘中六十初度避客入山咏怀》五古六首，置诸晚清诗坛，也是上乘之作。

另有五言古风《蝇》，三十四句，描摹群蝇成阵、染鼎逐臭的各种形态，并提出灭蝇的方法，期望能够安枕酣眠，最后以“乃知天壤间，实繁蝇与蠢”为结，颇似一篇寓言。[1]诚如范肯堂在陈宝箴《墓志铭》中所说：“公于诗文果不多为，为则精粹有法。”[2]这从他的诗学主张中也可以看出来，其《书塾侄诗卷》写道：

诗言志，志超流俗，诗不求佳，然志高矣。又当俯仰古今，读书尚友，涵养性情，有悠然自得之致。绵渺悱恻，不能自已，然后感于物而有言，言之又足以感人也。后世饰其鞶帨，类多无本之言，故曰：“雕虫篆刻，壮夫不为”。然即以诗论，亦必浸淫坟籍，含英咀华，以相输灌。探源汉魏，涉猎唐宋人，于作者骨骼神韵具有心得，然后执笔为之，不见陋于大雅之林矣。今侄且无肆力于诗，且先肆力于学。以侄之聪明才能，摆脱一切流俗之见，高著眼孔，拓开心胸，日与古人为徒，即与古人自待，毋自菲薄，毋或怠荒，他日德业事功，皆当卓有成就。以此发为诗文，如万斛泉源，不择地而涌矣。况不必以词章小道与专门名家者争优劣耶。子夏曰：“虽小道，必有可观者焉。致远恐泥。”闻侄渐留意于书画笔墨之间，而未知向学，故书此以广所志，勉

[1] 陈宝箴：《蝇》，《陈宝箴集》下册，中华书局2005年版，第1965—1966页。

[2] 范伯子：《故湖南巡抚义宁陈公墓志铭》，《范伯子诗文集》，上海古籍出版社2003年版，第524页。

旃勉旃。[1]

这无疑是一篇完整的诗论，从中可以见出，高古尚实，脱却流俗，感而后言，而又要以学问为基底，是右铭先生的诗歌主张，同时也是他本人辞章的特点。而“日与古人为徒，即以古人自待”的规镜，与乃父陈琢如关于为学为人须“抗心古贤者，追而蹑之”的知行观，如出一辙。

明白了义宁之学的渊源与宗主，我们就不会奇怪陈氏父子何以能够成为戊戌维新的主要角色，以及为造就日后的大史学家提供了怎样合适的家族传世之学的思想土壤。

2015年2月17日全稿竟

2016年5月3日改定稿

[1] 陈宝箴:《书塾侄诗卷》,《陈宝箴集》下册，中华书局2005年版，第1841—1842页。

第七章

陈寅恪的“家国旧情”与“兴亡遗恨”

1980年上海古籍出版社出版的《陈寅恪文集》之第一种《寒柳堂集》，附有《寅恪先生诗存》，收诗197首，是为残编。受寅恪先生委托负责整理文集的蒋天枢先生在识语中说：“寅恪先生逝世前，唐晓莹师母曾手写先生诗集三册，1967年后因故遗失。现就本人手边所有丛残旧稿，按时间先后，录存若干篇，借见先生诗之梗概云尔。”[1]

关心陈寅恪先生学行志业的人，一直为不能窥见陈诗的全豹而深感遗憾。1993年清华大学出版社出版的《陈寅恪诗集》，系寅恪先生的两位女公子流求和美延所编定，共收诗329

[1] 陈寅恪《寒柳堂集》所附之《寅恪先生诗存》，上海古籍出版社1980年版，第3页。

首[1]，比《诗存》多出132首，虽仍然不一定是陈诗的全部，主要的部分应该都包括在内了。因此搜集得比较齐全，是这本诗集的第一个特点。其次，是编排顺序大体上按照寅恪先生夫妇生前编定的诗稿目录，除其中13首不能确定写作时间，其余216首都有具体署年。三是《诗集》后面附有唐晓莹先生的诗作64首，为我们从另一个侧面了解陈氏夫妇精神世界的全体，提供了极可宝贵的资料。至于流求、美延两姊妹十几年来为搜集遗失的诗稿所做的努力，则是千难百折，委曲动人，编后记中所叙只不过是波涛中的一抹微沫，实更有文字难以言传者。1961年寅恪先生《赠吴雨僧》四首之三所说的“孙盛阳秋存异本，辽东江左费搜寻”[2]，可为搜集过程之连类比照。

陈寅恪先生的诗篇和他的学术著作一样，同是他生命的一部分，展读之下有一股深渊磅礴之气和沉郁独立的精神，充溢于字里行间。《诗集》中最早一首写于1910年，结束在1966年，时间跨度为半个多世纪，牵及百年中国众多的时事、人物、事件、掌故，释证起来，殆非易事。但《诗集》中有几组再三吟咏、反复出现、贯穿终始的题旨，这就是兴亡之感、家国之思、身世之叹和乱离之悲。下面让我们依照寅恪先生倡导

[1] 陈美延、陈流求编：《陈寅恪诗集》，清华大学出版社，1993年初版。此《诗集》包括寅老所撰之联语，笔者统计时未包括在内。又同一首诗前后歧出者，以一首计算。依此《诗集》共收诗为329首。

[2] 陈寅恪：《赠吴雨僧》第三首：“围城玉貌还家恨，桴鼓金山报国心。孙盛阳秋存异本，辽东江左费搜寻。”《陈寅恪诗集》，清华大学出版社1993年版，第114页。

的“在史中求史识”[1]的方法，具列出与此四重主题有直接关联的诗句，以为验证。诗句后面的数字，即为清华版《诗集》的页码，为节省篇幅，不以全称注出。

甲、“兴亡”

兴亡今古郁孤怀，一放悲歌仰天吼。3

西山亦有兴亡恨，写入新篇更见投。5

犹有宣南温梦寐，不堪灞上共兴亡。15

欲著辨亡还搁笔，众生颠倒向谁陈。19

辨亡欲论何人会，此恨绵绵死未休。22

玉颜自古关兴废，金钿何曾足重轻。34

歌舞又移三峡地，兴亡谁酹六朝觞。40

别有宣和遗老恨，辽金兴灭意难平。44

兴亡总入连宵梦，衰废难胜饯岁觥。53

兴亡自古寻常事，如此兴亡得几回。58

审音知政关兴废，此是师涓枕上声。60

同入兴亡烦恼梦，霜红一枕已沧桑。65

古今多少兴亡恨，都付扶余短梦中。77

红杏青松画已陈，兴亡遗恨尚如新。85

白头听曲东华史，唱到兴亡便掩巾。86

[1] 俞大维：《怀念陈寅恪先生》，台北传记文学出版社出版的“传记文学丛书”之四十五，第3页。

兴亡江左自伤情，远志终惭小草名。87

如花眷属惭双鬓，似水兴亡送六朝。92

好影育长终脉脉，兴亡遗恨向谁谈。100

兴亡遗事又重陈，北里南朝恨未申。110

病余皮骨宁多日，看饱兴亡又一时。132

家国旧情迷纸上，兴亡遗恨照灯前。141

乙、“家国”

一代儒宗宜上寿，七年家国付长吟。33

故国华胥犹记梦，旧时王谢早无家。48

儿郎涑水空文藻，家国沅湘总泪流。69

频年家国损朱颜，镜里愁心锁叠山。77

衰泪已因家国尽，人亡学废更如何。97

死生家国休回首，泪与湘江一样流。104

狂愚残废病如丝，家国艰辛费护持。129

家国旧情迷纸上，兴亡遗恨照灯前。141

丙、“身世”

万里乾坤孤注尽，百年身世短炊醒。25

万里乾坤空莽荡，百年身世任蹉跎。30

山河已入宜春槛，身世真同失水船。63

身世盲翁鼓，文章浪子书。98

文章岂入龚开录，身世翻同范蠡船。116

山河来去移春槛，身世存亡下濑船。120

石火乾坤重换劫，剑炊身世更伤神。122

年来身世两茫茫，衣狗浮云变白苍。129

丁、“乱离”

莫写浣花秦妇障，广明离乱更年年。19

群心已惯经离乱，孤注方看博死休。21

残剩河山行旅倦，乱离骨肉病愁多。26

人心已渐忘离乱，天意真难见太平。33

风骚薄命呼真宰，离乱余年望太平。33

女痴妻病自堪怜，况更流离历岁年。39

临老三回值乱离，蔡威泪尽血犹垂。55

道穷文武欲何求，残废流离更自羞。61

七载流离目愈昏，当时微愿了无存。69

《诗集》中寅恪先生诗作部分只有130页，共329首诗，“兴亡”“家国”“身世”“乱离”四组词语凡四十六见，重复率如此之高，超乎想象。而且这些词语大都居于诗眼位置，反复咏叹，一往情深，实具有接通题旨的意义。就中缘由、委曲安在？兹可以断言：这四组词语背后，一定有寅恪先生内心深处幽忧牢结不得摆脱的什么“情结”，以至于昼思夜想，萦回不散，吟咏之间总要自觉不自觉地流露于笔端。

那么埋藏在寅恪先生心底的“情结”究竟是什么呢？

“乱离”之悲比较容易理解。寅恪先生于1890年农历五月十七日出生于湖南长沙，正值近代中国大故迭起，社会发生剧烈变动时期。特别是中岁以后，1937年卢沟桥事变，日人占领北平，北大、清华等高等院校南迁，寅恪先生挈妻携女，下天津、奔青岛、至济南、转郑州、经长沙、绕桂林、过梧州、抵香港，一路上颠沛流离，饱尝了逃难的苦痛。唐晓莹先生写有《避寇拾零》一文[1]，记此次逃难的前后经过甚详。不久，太平洋战争爆发，寅恪先生又从香港往内地逃。好不容易盼到1945年抗战胜利，以为可以安立讲堂了，谁知国共两党内战又起，结果1948年12月再一次离京南逃。所以寅恪先生才有“临老三回值乱离”的感叹。包括1950年6月发表于《岭南学报》上的《秦妇吟校笺旧稿补正》，虽是严格的学术考证之作，通过避难秦妇由长安逃往洛阳一路所闻所见，对自己的乱离之思亦有所寄托。寅恪先生并且援引《北梦琐言》“李氏女条”，认为该条所记的唐末“李将军女”因避乱而失身，是“当日避难妇女普遍遭遇，匪独限于李氏女一人也”[2]。因此完全可以说，寅恪先生在诗中发抒的乱离之悲，也不专属于先生一人，而是当时特定时代的共同感叹。

至于“身世”“家国”“兴亡”这三组题旨语词所包含的内

[1] 唐晓莹：《避寇拾零》，陈流求、陈小彭、陈美延著：《也同欢乐也同愁》之附录，三联书店2010年版，第287—295页。

[2] 陈寅恪：《韦庄秦妇吟校笺》，《寒柳堂集》，上海古籍出版社1980年版，第124页。

容，释证起来则需要稍多一些的笔墨。笔者因近年涉猎中国近现代学术史，颇读寅恪先生之书，因而对先生的身世微有所知。现在一提起陈寅恪的名字，国内外学术界几乎无人不晓。可是他的祖父陈宝箴和父尊陈三立，在晚清及近代中国实享有更高的知名度。陈宝箴字右铭，籍江西义宁州（民国以后改为修水），为咸丰元年辛亥恩科举人，六年后，即1856年，会试不第，留京师三年，得交四方才俊之士。当时恰值英法联军火烧圆明园，右铭先生遥见火光，在酒楼捶案痛哭，四座为之震惊[1]。其吏能、治才、识见、心胸，为曾国藩、沈葆桢、席宝田等名公巨卿所推重，曾国藩尝许其为“海内奇士”[2]。但陈宝箴负气节，秉直道，仕途并不顺畅。直到1890年，当他六十岁的时候，经湖南巡抚王文韶力荐，清廷授右铭以湖北按察使之职，不久又署理布政使。这一年，也就是寅恪先生出生那一年。甲午战败后的1895年，陈宝箴被任命为湖南巡抚，开始主持领导湖南新政，走在全国改革潮流的最前面。

而陈三立，是清末有名的“四公子”之一，另三位是湖北巡抚谭继洵之子谭嗣同、广东水师提督吴长庆之子吴保初、福建巡抚丁日昌之子丁惠康。“四公子”中，陈三立以生性淡泊、识见过人和诗学成就为世人瞩目。他于光绪八年即1882年

[1] 陈三立：《湖南巡抚先府君行状》，《散原精舍文集》卷五，《散原精舍诗文集》下册，上海古籍出版社2003年版，第846页。

[2] 同上。

考中举人，又于光绪十二年即1886年会试中式，此时他三十六岁。但未经殿试，还不能算作正式进士。至1889年（己丑）才正式成为进士，受命在吏部行走。《一士类稿》记载一则陈三立初到吏部所遭遇的故事：

> 时有吏部书吏某冠服来贺，散原误以为缙绅一流，以宾礼接见，书吏亦昂然自居于敌体。继知其为部胥，乃大怒，厉声挥之出。书吏惭沮而去，犹以“不得庶常，何必怪我”为言，盖强颜自饰之词。散原岂以未入翰林而迁怒乎？[1]

陈三立字伯严，散原是他的号。《一士类稿》的作者徐一士写道：“部吏弄权，势成积重，吏部尤甚。兹竟贸然与本部司员抗礼，实大悖体制。散原折其僭妄，弗予假借，亦颇见风骨。”[2]不知是不是与这次误会有关系，不久陈三立便引去，长期侍亲任所，从此再未接受任何官职。

1895年值中国甲午战败，士论汹涌，中国社会到处一片变革之风。有识之士都意识到，不变革，中国便没有出路。就中尤以陈宝箴、陈三立父子最能身体力行。张之洞以提倡新学闻名于世，当时督理湖广，湖北新政亦甚见成效，但最见实绩的

---

[1] 徐一士：《谈陈三立》，《一士类稿》，见《近代稗海》第2册，四川人民出版社1985年版，第141页。

[2] 同上。

还是湖南新政。为了董吏治、辟利源、开民智、变士习，湖南先有矿物局、官钱局、铸洋圆局之设，后有湘报馆、算学堂，武备学堂、南学会、保卫局和课吏馆的开办。特别是设在长沙的时务学堂，聘请梁启超为主讲，各方面人才奔竞而至，实际上成了培养改革派人才的一所学校。但义宁父子是稳健的改革者，主张渐变，反对过激行动，尤其与康有为的思想异其趣，而与郭嵩焘相契善。他们希望稳健多识的张之洞出面主持全国的改革。所以然者，由于明了能否把改革推向全国，关键在握有实权的西太后的态度，没有慈禧的首肯，什么改革也办不成。应该说，这是义宁父子的深识。

但这边筹划未定，那边康有为已经说动光绪皇帝上演颁布定国是诏的大戏，立即将慈禧与光绪母子的政争引向激化，遂有戊戌政变发生。于是通缉康、梁，杀谭嗣同、杨锐、刘光第、林旭四章京和康广仁、杨深秀，史称“戊戌六君子”。刚刚起步的改革，竟以流血惨剧告终。而陈宝箴、陈三立父子，也因推行改革获罪，被革职，永不叙用。陈宝箴的罪名是“滥保匪人”，因“六君子”中，谭嗣同来自湖南，而刘光第、杨锐都是陈宝箴所保荐。陈三立的罪名是“招引奸邪”，盖由于聘请梁启超主讲时务学堂，系散原的主张。以是，义宁父子实难辞其“咎”了。不过我真佩服慈禧的情报，她对散原所起的为改革网罗人才的作用何以掌握得如此清楚？也有的说，先时已决定赐死义宁父子，后经荣禄等保奏，方改为永不叙用。不管是哪种情况，革职后迁居江西南昌的陈氏父子，实际上处于被圈禁的状态，应无问题。而且在戊戌政变一年多以后，即1900年的6月26日，右铭先生突然逝去，享年七十整。而死因，如今有充分的材料证明，极有可能是被慈禧派专员赴南昌西山赐死[1]。当时陈三立四十八岁，寅恪十一岁，寅恪长兄陈衡恪师曾二十四岁。

1898至1900这两年，对陈寅恪的家族来说，是非常不幸的年份。1898年新正，散原先生的母亲过世。10月，陈宝箴、陈三立父子免归南昌。这之前散原的一个堂姊竟然昼夜痛哭而死。隔年即为宝箴逝。宝箴逝前一个月，陈师曾的妻子、年仅二十五岁的范孝嫦（清末名诗人范肯堂之女）亦逝。而在由湖南扶母柩赴南昌的前后过程中，散原两次卧病，第二次险些病死。可见戊戌惨剧给义宁陈氏一家带来的打击是何等沉重，真不啻浩天之劫。国家政局在戊戌政变后更是不可收拾。1900年有义和团之变和八国联军攻入北京，两宫皇太后因此仓促出逃。陈氏一家的“家国”陷入巨变奇劫之中。吴宗慈的《陈三立传略》于此写道：“先生既罢官，侍父归南昌，筑室西山下以居，益切忧时爱国之心，往往深夜孤灯，父子相对唏嘘，不能自已。越一年，先生移家江宁，右铭中承暂留西山崝庐，旋以

[1]　参阅拙著《陈宝箴和湖南新政》之“第九章　陈宝箴之死的谜团及求解”，故宫出版社2012年版，第246—322页。

微疾逝。先生于此，家国之痛益深矣！”[1]

我们不妨看看陈三立为纪念尊人所撰写的《崝庐记》，几乎是泣血陈词：

> 呜呼！孰意天重罚其孤，不使吾父得少延旦暮之乐。葬母仅岁余，又继葬吾父于是邪。而崝庐者，盖遂永永为不肖子烦冤茹憾、呼天泣血之所矣。尝登楼迹吾父坐卧凭眺处，耸而向者，山邪？演迤而逝者，陂邪？畴邪？缭而幻者，烟云邪？草树之深，以蔚邪？牛之眠者、斗者邪？犬之吠、鸡之鸣、鹊鸲群雉之噪而啄、呴而飞邪？惨然满目，凄然满听，长号而下。已而沉冥以思，今天下祸变既大矣，烈矣，海国兵犹据京师，两宫久蒙尘，九州四万万之人民皆危蹙，莫必其命，益恸彼，转幸吾父之无所睹闻于兹世者也。其在《诗》曰：谁生厉阶，至今为梗。又曰：莫肯念乱，谁无父母。曰：凡今之人，胡僭莫惩。然则不肖子即欲朝歌暮哭，憔悴枯槁，褐衣老死于兹庐，以与吾父母魂魄相依，其可得哉？其可得哉？庐后楹阶下植二稚桂，今差与檐齐。二鹤死其一，吾父埋之庐前寻丈许，亲题碣曰“鹤冢”。旁为长沙人陈玉田冢，陈盖从营吾母墓工有劳，病终崝庐云。[2]

[1] 吴宗慈：《陈三立传略》，参见李开军校点之《散原精舍诗文集》下册“附录”，上海古籍出版社 2003 年版，第 1196 页。

[2] 陈三立：《崝庐记》，《散原精舍诗文集》下册，上海古籍出版社 2003 年版，第 859 页。

既奠祭尊人，又忧伤国事，“家国”之情融合为一，令人痛心裂肺，不忍卒读。特别是他们父子的改革宏图中途夭折，更使散原有攀天无梯、斫地无声之感。他在《巡抚先府君行状》中写道：

> 盖府君虽勇于任事，义不返顾，不择毁誉祸福，然观理审而虑患深，务在救过持平，安生人之情，以消弭天下之患气。尝称曰：“非常之原，黎民惧焉。造端图大，自任怨始。要以止至善为归，自然之势也。”论者谓府君之于湖南，使得稍假岁月，势完志通，事立效著，徐当自定时，即有老学拘生、怨家仇人，且无所置喙。而今为何世也？俯仰之间，君父家国，无可复问。此尤不孝所攀天斫地、椎心䤈血者也。[1]

散原的“家国”之情、“家国”之痛如此深挚，岂能不感染正值少年时期的陈寅恪先生？如果当时的改革能够按照陈宝箴、陈三立父子的主张，缓进渐变，不发生康有为等人的过激行动，清季的历史就是另外一番景象了。

后来陈三立为陈夔龙（前直隶总督，号庸庵尚书）的奏议

[1] 陈三立：《湖南巡抚先府君行状》,《散原精舍诗文集》下册，上海古籍出版社 2003 年版，第 856 页。

写序，进一步申明他的渐变主张，写道："窃惟国家兴废存亡之数，有其渐焉，非一朝夕之故也。有其几焉，谨而持之，审慎而操纵之，犹可转危为安，消祸萌而维国是也。"[1]也就是本着"守国使不乱之旨"。这个思想来源于郭嵩焘。陈三立说："往者三立从湘阴郭筠仙侍郎游，侍郎以为中国侈行新政，尚非其人，非其时。辄引青城道人所称'为国致太平与养生求不死，皆非常人所能。且当守国使不乱，以待奇才之出，卫生使不夭，以须异人之至'，郑重低徊以寄其意。侍郎，世所目为通中外之略者也，其所守如此。"[2]可是历史没有按照郭嵩焘、陈宝箴、陈三立的预设发展，相反走了一条从激进到激进的路，致使百年中国，内忧外患，变乱无穷。

当然历史是已发生之事实，站在后来者的角度，只能总结历史经验，却无法让时光倒流，重走一遍。但事变的当事人不同，痛定思痛，愈觉自己主张正确可行，甚至有所怨尤，是可以理解的。何况渐变的主张常常两面受敌：旧势力固然视其为代表新派，激进者则目为保守，不屑与之为伍。散原老人的处境正是如此。戊戌政变后，有轻薄者写了一副对联：

徐氏父子，陈氏父子，陈陈相因

---

[1] 陈三立：《庸庵尚书奏议序》，《散原精舍诗文集》下册，上海古籍出版社 2003 年版，第 885 页。

[2] 同上。

礼部侍郎，兵部侍郎，徐徐云尔[1]

“徐氏父子”指礼部侍郎徐致靖，以及他在湖南任学政的公子徐研甫，都因参与变法遭遣。“陈氏父子”自然指的是陈宝箴和陈三立。“兵部侍郎”云云，是由于清廷规定，巡抚例加兵部侍郎衔。另外还有一副对联，系王闿运《湘绮楼日记》所载，实专攻陈三立，曰：“不自陨灭，祸延显考。”[2]意谓陈宝箴的遭遣，是陈三立遗祸的结果。事实当然不是如此，若说推动湖南新政，陈宝箴的态度比陈三立还要坚决。只不过由此可见守旧势力对持渐变主张的义宁父子嫉恨之深。而激进变革者如谭嗣同，当湖南新政行进中已流露出对陈三立的不满。[3]

戊戌以后之近代中国历史虽然没有按散原预想的路线走，却一再证明他的渐变主张不失为保存国脉的至理名言。欧阳竟无大师的《散原居士事略》，对1922年梁启超与散原的一次会面有所记载，行文甚蕴藉有趣。这是戊戌之后两位“湘事

[1] 徐一士：《谈陈三立》，《近代稗海》第2册，四川人民出版社1985年版，第142页。

[2] 王闿运：《湘绮楼日记》光绪二十八年六月十日记载：“公卿会集，严介溪不至，客问东楼：‘相国何迟？’谢曰：‘昨伤风，不能来也。’王元美举《琵琶记》曲文云：‘爹居相位，怎说出这伤风的语言。’以此陷其父死罪。忍俊不禁，唯口兴戎，不虚也。陈右铭革职，或为联云：‘不自陨灭，祸延显考。’一若明以来四百年俗套讣文，专为此用，亦绝世佳文也。”见点校本《湘绮楼日记》第四卷，岳麓书社1997年版，第2476页。

[3] 参阅拙著《陈宝箴和湖南新政》之“第八章　戊戌政变和湖南新政的失败”，故宫出版社2012年版，第215页。

同志”的第一次会面，时间已过去了二十年，因而不免“唏嘘长叹”，“触往事而凄怆伤怀”。这时的梁任公，与散原的思想已经相当靠近了。但彼此之间的话语似乎不多，只互相称赞了一番蔡松坡。任公说：“蔡松坡以整个人格相呈，今不复得矣。”散原说：“蔡松坡考时务学堂，年十四，文不通，已斥，予以稚幼取之。以任公教力，一日千里，半年大成，今不可复得矣。”欧阳建议任公“放下野心，法门龙象”。散原说：“不能。”任公则默然。[1]事隔二十年，散原仍洞察深微，知人见底，识见、境界终高人一筹。以散原的心胸，绝不是“封建遗老”四个字所能概括的。

事实上，1904年西太后下诏赦免戊戌获罪人员未久，便有疆吏荐请起用陈三立，但三立坚辞不就，宁愿“韬晦不复出，但以文章自娱，以气节自砥砺，其幽忧郁愤，与激昂磊落慷慨之情，无所发泄，则悉寄之于诗”[2]。民国以后，很快就剪去辫子，“与当世英杰有为之士亦常相往还”，未尝以遗老自居。他赞许蔡松坡，主要由于松坡反对袁世凯复辟帝制，豪侠肝胆，义动九州。今存《散原精舍诗》里，明确透漏出反对袁世凯称帝的诗就有多首，如《上赏》《使者》《双鱼》《玉玺》《旧

[1] 欧阳渐：《散原居士事略》，《欧阳竟无先生内外学》乙函“竟无诗文”，民国二十二年（1933）五月刊本。

[2] 吴宗慈：《陈三立传略》，《散原精舍诗文集》下册“附录”，上海古籍出版社 2003 年版，第 1196 页。

题》《史家》六绝句[1]，即是为嘲讽袁氏称帝的闹剧而作。紧接着写于民国五年（1916年）年初的《丙辰元旦阴雨逢日食》，至有“蚀日愁云里，儿童莫仰天”[2]之句，其反对袁氏倒行逆施的态度甚明。而《雨夜写怀》的结句则为：“只对不臣木，青青牖下松。”[3]直是以窗前的青松自譬，无论如何坚决不买袁氏的账了[4]。写到这里，不妨稍及一当时的时事掌故，即戊戌后讽刺散原“不自陨灭，祸延显考”的王闿运，虽当时已逾八十高龄，却扮演了支持“洪宪”的“耆硕”的角色。

盖散原的“家国”之情，终其一生未尝稍减。1931年日人占领东北，次年发动沪战，寓居岵岭的散原日夕不宁，一天晚上在梦中突然狂呼杀日本人，[5]全家惊醒。1937年卢沟桥事变，北平再次遭劫，散原忧愤益甚，终致病，拒不服药而死。而当生病的时候，听到有人说中国打不过日本，散原立即予以驳斥：“中国人岂狗彘不若？将终帖然任人屠割也？”[6]再不与此种人交接一言。欧阳竟无大师对散原的评价是：“改革发源

[1] 陈三立：《散原精舍诗文集》上册，上海古籍出版社 2003 年版，第 504—505 页。

[2] 陈三立：《丙辰元旦阴雨逢日食》，《散原精舍诗文集》上册，上海古籍出版社 2003 年版，第 506 页。

[3] 陈三立：《雨夜写怀》，《散原精舍诗文集》上册，上海古籍出版社 2003 年版，第 507 页。

[4] 高阳撰《清末四公子》于此节考订甚详，可参见是书第 56—68 页，台北南京出版公司 1980 年版。

[5] 吴宗慈：《陈三立传略》，《散原精舍诗文集》下册“附录”，上海古籍出版社 2003 年版，第 1197 页。

[6] 同上。

于湘，散原实主之。散原发愤不食死，倭虏实致之。得志则改革致太平，不得志则抑郁发愤，而一寄于诗，乃至丧命。彻终彻始，纯洁之质，古之性情肝胆中人。发于政，不得以政治称；寓于诗，而亦不可以诗人概也。"[1]这是我所见到的对散原老人的最准确无误的评价。可惜当时后世不理解散原的人多。这就是陈寅恪先生何以一而再，再而三地提到自己的"身世"，并要辨别清楚百年中国的"兴亡遗恨"的原因。

职是之故，陈寅恪所说的"身世"，主要指义宁陈氏一家在近代中国的遭逢际遇，这里面隐忍着他们祖孙三代的极为深挚的"家国"之情。所以寅恪的诗中，在提到"家国"的时候，常常与湖南联系起来，如"家国沅湘总泪流"，"死生家国休回首，泪与湘江一样流"，等等。散原的诗，也每每"家国"并提，如"百忧千哀在家国，激荡骚雅思荒淫"[2]，"旋出涕泪说家国，倔强世间欲何待"[3]，"合眼风涛移枕上，抚膺家国逼灯前"[4]，"满眼人才投浊流，家国算余谈舌掉"[5]，"羁孤念家

[1] 欧阳渐：《散原居士事略》，《欧阳竟无先生内外学》乙函"竟无诗文"，民国二十二年（1933）五月刊本。

[2] 陈三立：《上元夜次申招坐小艇泛秦淮观游》，《散原精舍诗文集》上册，上海古籍出版社2003年版，第5页。

[3] 陈三立：《与纯常相见之明日遂偕寻莫愁湖至则楼馆荡没巨浸中仅存败屋数椽而已怅然有作》，《散原精舍诗文集》上册，上海古籍出版社2003年版，第32页。

[4] 陈三立：《晓抵九江作》，《散原精舍诗文集》上册，上海古籍出版社2003年版，第41页。

[5] 陈三立：《黄小鲁观察游西湖归过访携虎跑泉相饷赋此报谢》，《散原精舍诗文集》上册，上海古籍出版社2003年版，第47页。

国，悲恼互奔凑”[1]，“茫茫家国梦痕存，片念已教千浪澣”[2]，“时危家国复安在，莫立斜阳留画图”[3]，“发为文章裨家国，只供穷海拾断梦”[4]，“家国忽忽同传舍，不烦残梦续南柯”[5]，“家国只余伤逝泪，乌号记堕小臣前”[6]，“收拾家国一团蒲，非忏非悟佛灯映”[7]，“十年家国伤心史，留证巫阳下视时”[8]，“泪边家国谁能问，杯底乾坤且自多”[9]，等等。甚至在文章中，如《代李知县湘乡乐舞局记》一文，因讲到歌咏舞蹈的功

[1] 陈三立：《鸡笼山舟上寄谢熊六文叔惠南丰桔》，《散原精舍诗文集》上册，上海古籍出版社 2003 年版，第 86 页。

[2] 陈三立：《九日惠中番馆五层楼登高》，《散原精舍诗文集》上册，上海古籍出版社 2003 年版，第 420 页

[3] 陈三立：《絜漪园为海观尚书故居过游感赋》，《散原精舍诗文集》上册，上海古籍出版社 2003 年版，第 440 页。

[4] 陈三立：《乙卯花朝逸社第二集蒿庵中丞邀酌酒楼用杜句分韵得纵字》，《散原精舍诗文集》上册，上海古籍出版社 2003 年版，第 449 页。

[5] 陈三立：《过籀园旧居》，《散原精舍诗文集》上册，上海古籍出版社 2003 年版，第 466 页。

[6] 陈三立：《题赵芝山同年亡室紫琼夫人梅花小影》，《散原精舍诗文集》上册，上海古籍出版社 2003 年版，第 503 页。

[7] 陈三立：《虞山纪胜三篇康更生王病山胡琴初陈仁先黄同武同游》，《散原精舍诗文集》上册，上海古籍出版社 2003 年版，第 567 页。

[8] 陈三立：《病山成亡姬兰婴小传题其后》，《散原精舍诗文集》上册，上海古籍出版社 2003 年版，第 595 页。

[9] 陈三立：《送梁节庵还焦山》，《散原精舍诗文集补编》（潘益民、李开军辑注），江西人民出版社 2007 年版，第 70—71 页。

能，也说其作用有“洁治其身心以备家国无穷之用”[1]。正如王逸塘氏所说：“散原集中，凡涉崝庐诸作，皆真挚沉痛，字字如迸血泪，苍茫家国之感，悉寓于诗，洵宇宙之至文也。”[2]

由兹可见散原老人的“家国之情”，与其子寅恪相比，不仅未遑稍让，尚且有所过之。

实则义宁父子的“家国”之思如出一辙。如果说戊戌事败之时，寅恪尚处稚龄，刚八九岁，对祖父与父亲的主张不会有深的理解，后来长大成人，四海问学，历经故国的种种变局，已身经验逼使他不能不向陈宝箴、陈三立的思想认同。1945年夏天，他在《读吴其昌撰梁启超传书后》一文的结尾部分，说出了积郁多年、“噤不得发”的思想。他写道：

> 自戊戌政变后十余年，而中国始开国会，其纷乱妄谬，为天下指笑，新会所尝目睹，亦助当政者发令而解散之矣。自新会殁，又十余年，中日战起。九县三精，飚回雾塞，而所谓民主政治之论，复甚嚣尘上。余少喜临川新法之新，而老同涑水迂叟之迂。盖验以人心之厚薄，民生之荣悴，则知五十年来，如车轮之逆转，似有合于所谓退化论之说者。是

[1] 陈三立：《代李知县湘乡乐舞局记》，《散原精舍诗文集补编》，江西人民出版社2007年版，第129页。

[2] 王逸塘：《今传是楼诗话》，《散原精舍诗文集》下册附录中，上海古籍出版社2003年版，第1228页。

以论学论治，迥异时流，而迫于时势，噤不得发。因读此传，略书数语，付稚女美延藏之。美延当知乃翁此时悲往事，思来者，甚忧伤苦痛，不仅如陆务观所云，以元祐党家话贞元朝士之感已也。[1]

南宋大诗人陆游的祖父陆佃，是北宋改革家王安石的门人，少年时期曾跟随王安石学经学，但在变革问题上与临川的意见不尽相同，后来名列反王安石的元祐党人碑。王安石死后，他又率诸生前往哭祭，而不怕当朝宰相司马光的打击。这种情况，和陈宝箴、陈三立在戊戌变法中的处境颇相类。所以寅恪经常以陆游自比。1927年撰《王观堂先生挽词并序》，已有“元祐党家惭陆子”[2]的句子。1958年写康有为《百岁生日献词》，又哀叹：“元祐党家犹有种，平泉树石已无根。”[3]1945年寅恪先生卧病英伦医院，听读熊式一的英文小说《天桥》，因书中涉及戊戌年间李提太摩传教士上书一事，所以回忆起1902年随长兄陈师曾赴日本留学，在上海遇到李提太摩，李曾用中文说过“君等世家子弟，能东游甚善”的话。依此该诗中

[1] 陈寅恪：《读吴其昌撰梁启超传书后》，《寒柳堂集》，上海古籍出版社1980年版，第149—150页。

[2] 陈寅恪：《王观堂先生挽词并序》，陈寅恪《陈寅恪集·诗集》，三联书店2001年版，第17页。

[3] 陈寅恪：《南海世丈百岁生日献词》，陈寅恪《陈寅恪集·诗集》，三联书店2001年版，第130页。按陆游《闲游》诗有句：“五世业儒书有种”（《剑南诗稿》卷六十八），寅恪先生诗句疑本此。

有句："故国华胥犹记梦，旧时王谢早无家。"盖虽为"世家子弟"，寅恪先生却很谦逊，在此诗的题序中说明不过是偶涉旧事，"非敢以乌衣故事自况也"。[1]

话虽如此，寅恪先生对自己的家族世系，以及这个家族世系在近百年以来的中国的传奇式的遭逢际遇，始终系念于怀。他担心后人由于不了解历史真相，可能会误解自己的先祖和先君，特别是他们在晚清维新变法潮流中所扮演的角色的性质，因此趁阅读吴其昌氏《梁启超传》之便，特补叙陈宝箴、陈三立在戊戌变法中的真实思想走向。寅恪先生写道："当时之言变法者，盖有不同之二源，未可混一论之也。咸丰之世，先祖亦应进士举，居京师。亲见圆明园干霄之火，痛哭南归。其后治军治民，益知中国旧法之不可不变。后交湘阴郭筠仙侍郎嵩焘，极相倾服，许为孤忠闳识。先君亦从郭公论文论学，而郭公者，亦颂美西法，当时士大夫目为汉奸国贼，群欲得杀之而甘心者也。至南海康先生治今文公羊之学，附会孔子改制以言变法。其与历验世务欲借镜西国以变神州旧法者，本自不同。故先祖先君见义乌朱鼎甫先生一新《无邪堂答问》驳斥南海公羊春秋之说，深以为然。据是可知余家之主变法，其思想源流之所在矣。"[2]他把严格区分戊戌变法中两种不同的思想源流，划清陈宝箴、陈三立与康有为的界限，当作一件隆仪无比的大

[1] 陈寅恪：《陈寅恪集·诗集》，三联书店2001年版，第55页。

[2] 陈寅恪：《读吴其昌撰梁启超传书后》，《寒柳堂集》，三联书店2001年版，第167页。

事，郑重付交稚女美延收藏，显然有传之后世之意。

这就是寅恪先生的“百年身世”，这就是寅恪先生的“家国旧情”。目睹戊戌以来变生不测的畸形世局，他已经不相信在他有生之年，还会有机缘打开近百年中国的历史真相。他感到这是一盘永远下不完的棋，而且是无法复盘的棋。“百年谁覆烂柯棋”[1]“伤心难覆烂柯棋”[2]“一局棋枰还未定，百年世事欲如何”[3]，《诗集》中不乏这类感叹。1923年6月29日，寅恪先生正在德国柏林大学求学，母亲俞淑人病逝于南京，一个月后长兄师曾又病逝，年只四十八岁。1925年，应清华国学研究院之聘（因母兄之丧请假一年，1926年7月始到校），与王国维、梁启超、赵元任并列为四大导师，在他个人应是很荣耀的事情，但他并无欢娱，写于1927年春天的《春日独游玉泉静明园》，仍然牢愁百结：“回首平生终负气，此身未死已销魂。人间不会孤游意，归去含凄自闭门。”[4]诗成不久，王国维就投昆明湖自杀了。隔年，即1929年，梁启超病死，国学研究

---

[1] 陈寅恪：《戏赋反落花诗一首次听水斋落花诗原韵》：“岭南不见落英时，四序皆春转更悲。初意绿荫多子早，岂期朱熟荐英迟。东皇西母羞相会，碧海青天悔可知。遥望长安花雾隔，百年谁覆烂柯棋。”《陈寅恪集·诗集》，三联书店 2001 年版，第 155 页。

[2] 陈寅恪：《十年诗用听水斋韵》：“天回地动此何时，不独悲今昔亦悲。与我倾谈一夕后，恨君相见十年迟。旧闻柳氏谁能次，密记冬郎世未知。海水已枯桑已死，伤心难覆烂柯棋。”《陈寅恪集·诗集》，三联书店 2001 年版，第 43 页。

[3] 陈寅恪：《甲辰五月十七日七十五岁初度感赋》：“吾生七十愧蹉跎，况复今朝五岁过。一局棋枰还未定，百年世事欲如何。炎方春尽花犹艳，瘴海云腾雨更多。越鸟南枝无限感，唾壶敲碎独悲歌。”《陈寅恪集·诗集》，三联书店 2001 年版，第 154 页。

[4] 陈寅恪：《春日独游玉泉静明园》，《陈寅恪集·诗集》，三联书店 2001 年版，第 11 页。

院难以为继，只好关门。寅恪先生的《春日独游》诗“归去含凄自闭门”句，不料竟成谶语。又过一年，“九一八”事变发生。尽管1937年之前的清华园生活，在寅老是相对平静的，是他读书治学的佳期，和唐晓莹先生结缡就在此期，但未久卢沟桥事变，前面提到的抗战时期的乱离人生就开始了。好不容易盼到抗战胜利，寅恪先生的眼睛又失明了。[1]《乙酉八月十一日晨起闻日本乞降喜赋》是寅恪多年以来少有的流露出喜悦之情的一首诗，但结尾两句“念往忧来无限感，喜心题句又成悲”[2]，本来是“喜赋”，却又转成悲歌。

尽管如此，1945年抗战胜利毕竟使寅恪先生的精神情绪为之一畅。这是他生平写诗最多的一年，共33首[3]。别人“大脯三日”[4]，他卧病不能出去共庆，但已经有兴趣“自编平话”与小女儿相戏了。对日本人在东北导演的让溥仪当皇帝的闹剧，寅恪先生予以辛辣的嘲讽：“漫夸朔漠作神京，八宝楼台

[1] 陈寅恪先生右眼失明的时间很早，左目失明是在1944年底，时在四川成都，任教燕京大学。《雨僧日记》1944年12月12日载：“访寅恪于广益学舍宅，始知寅恪左目今晨又不明”。三联书店版《雨僧日记》第九册，1999年版，第374页。同年12月18日遵医嘱手术，但效果不佳，实际上已失明。

[2] 陈寅恪：《陈寅恪集·诗集》，三联书店2001年版，第49页。

[3] 《陈寅恪诗集》所收诗，起自1910年，至1937年共有诗27首，平均每年一首不到，最多的年份也只有4首。1938年至1949年共85首，其中1945年33首，1949年10首，余者每年最多不超过7首。1950年至1966年共204首，其中1964年最多，为23首。都没有打破1945年32首的最高纪录。

[4] 陈寅恪：《连日庆贺胜利，以病目不能出，女婴美延亦病，相对成一绝》有句：“大脯三日乐无穷，独卧文盲老病翁。”《陈寅恪集·诗集》，三联书店2001年版，第50页。

一夕倾。延祚岂能同大石，附庸真是类梁明。收场傀儡牵丝戏，贻祸文殊建国名。别有宣和遗老恨，辽金兴灭意难平。”[1]首句下面有注：“海藏楼诗有句云，‘欲回朔漠作神京’。”海藏楼诗的作者是郑孝胥，因此这首诗嘲讽的主要对象，是策划溥仪投降日本，后来任伪满洲国总理大臣的郑孝胥，并揭破郑的野心在于希图借助外力，反对民国，恢复清朝。这是寅恪《诗集》中非常值得注意的一首诗。诗中直称郑孝胥为“遗老”。“辽金”自是暗指清朝。“兴灭”云云，当然说的是由后金发展而来的清朝的兴起与覆亡。在寅恪先生看来，海藏楼主人的作为不过是扮演日本人牵线的一个傀儡，他的“欲回朔漠作神京”的旧梦，像“八宝楼台”一样，“一夕”之间就倾倒了。

寅恪先生在这首诗里对郑孝胥企图恢复清朝的“遗老”旧梦，明显地持否定态度。这一点很重要，因为这涉及寅恪《诗集》里那些反复咏叹的“兴亡”之感，到底该如何解释的问题。如果不是有直接批评郑孝胥这首诗，人们很容易心存疑问：已经进入民国，寅恪先生却不断地哀叹“兴亡”，莫非是留恋前朝，甚而希图恢复旧仪？何况他还有祖父和父亲那样的家庭背景，更容易令人加深质疑的理由。可是读了写于1945年的《漫夸》诗，我看疑问可以取消了。

然则寅恪先生的“兴亡”之感究竟缘何而发？

[1] 陈寅恪：《漫夸》，《陈寅恪集·诗集》，三联书店2001年版，第49页。

首先，在寅恪先生笔下，“兴亡”二字不仅是历史和政治的概念，主要是文化的概念。1927年王国维自沉，寅恪先生的《挽王静安先生》诗，有“文化神州丧一身”句，自是从文化的角度哀挽无疑。而《王观堂先生挽词》的序文更强调中国文化具有“抽象理想之通性”[1]。特别是后来写的《清华大学王观堂先生纪念碑铭》，明确提出：“先生以一死见其独立自由之意志，非所论于一人之恩怨，一姓之兴亡。”[2]严驳所谓“殉清说”。王国维尚且如此，寅恪先生的兴亡之感当然不是为一朝一姓所发。不仅如此，对党派私见，寅恪先生也素所深恶，以此《诗集》中有“唯有义山超党见”[3]的句子。说来这也是义宁陈氏的家风。当年散原在回忆陈宝箴的治略时曾说过：“府君独知时变所当为而已，不复较孰为新旧，尤无所谓新党旧党之见。”[4]此其一。

其二，我们不要忘记寅恪先生是历史学家，他的敏锐而深沉的兴亡感，恰恰是他的史学天才的表现。因为历史就是过程，发生发展的过程，兴衰寂灭的过程。不只政权的更迭和社会制度的变迁，连人事、物态都有自己的兴衰史。看不到兴

[1] 陈寅恪：《王观堂先生挽词并序》，《陈寅恪集·诗集》，三联书店2001年版，第12页。

[2] 陈寅恪：《清华大学王观堂先生纪念碑铭》，《陈寅恪集·金明馆丛稿二编》，三联书店2001年版，第246页。

[3] 陈寅恪：《题小忽雷传奇旧刊本》，《陈寅恪集·诗集》，三联书店2001年版，第155页。

[4] 陈三立：《湖南巡抚先府君行状》，《散原精舍诗文集》下册，上海古籍出版社2003年版，第855页。

亡，不懂兴亡，不辨兴亡，不具有历史学家的资格。其三，寅恪先生叹兴亡、辨兴亡，是为了总结历史的经验教训，即“审音知政关兴废”[1]，而不是充当一家一姓的历史辩护人的角色。

散原老人涉“兴亡”的诗句亦不在少数，兹作为案例特摘录几组如次：“我阅兴亡话耆旧，竞侪稷契歌唐虞”[2]，“倚栏眺茫茫，兴亡到胸臆”[3]，“兴亡阅石马，舜跖亦何有”[4]，“此物配人豪，应痛兴亡速”[5]，“兴亡不关人，狂痴欲成德”[6]，“死生兴亡无可语，唤人空落乳鸦声”[7]，“俯阅几兴亡，有碑忍卒读”[8]，“兴亡细事耳，人气延天命”[9]，“变乱散唐宫，历

---

[1] 陈寅恪：《歌舞》：“歌舞从来庆太平，而今战鼓尚争鸣。审音知政关兴废，此是师涓枕上声。”《陈寅恪集·诗集》，三联书店 2001 年版，第 69 页。

[2] 陈三立：《黄忠端泼墨图题应余与九》，《散原精舍诗文集》上册，上海古籍出版社 2003 年版，第 343 页。

[3] 陈三立：《除夕》，《散原精舍诗文集》上册，上海古籍出版社 2003 年版，第 395 页。

[4] 陈三立：《雨霁游孝陵》，《散原精舍诗文集》上册，上海古籍出版社 2003 年版，第 403 页。

[5] 陈三立：《蓝石如同年所藏史忠正负笈砚》，《散原精舍诗文集》上册，上海古籍出版社 2003 年版，第 414 页。

[6] 陈三立：《五月二十九日子申酒集胡园分韵得德字》，《散原精舍诗文集》上册，上海古籍出版社 2003 年版，第 473 页。

[7] 陈三立：《出太平门视次申墓归途望孝陵》，《散原精舍诗文集》上册，上海古籍出版社 2003 年版，第 538 页。

[8] 陈三立：《上巳后二日携家至锺山天保城下观农会造林场憩茅亭赋纪十六韵》，《散原精舍诗文集》上册，上海古籍出版社 2003 年版，第 562 页。

[9] 陈三立：《王编修泽寰偕族人笃余明经自庐陵游江南携示文信国画像及手札墨迹谨题其后》，《散原精舍诗文集》上册，上海古籍出版社 2003 年版，第 601 页。

历兴亡史”[1]，“了却兴亡骆驰坐，好依双树养风烟”[2]，“此才颇系兴亡史，魂气留痕泣送春”[3]，“头白重来问兴废，江声绕尽九回肠”[4]，“树底茶瓯阅兴废，寄生枝又鹊巢成”。[5]散原这些诗句，可为其子的历史兴亡感作注。因此，清朝的覆亡固然引发了寅恪先生的兴亡之感，明亡清兴他也曾感慨万端，以至于在晚年双目失明的情况下，以十年艰辛卓绝的努力，写出了专门探讨明清兴亡历史教训的巨著《柳如是别传》。这样也就可以理解，为什么1948至1949年国民党政权的垮台，也引起了寅恪先生的兴亡感。写于1948年2月的《丁亥除夕作》有句：“兴亡总入连宵梦，衰废难胜饯岁觥。”[6]1949年的《青鸟》诗则说：“兴亡自古寻常事，如此兴亡得几回。”[7]如果不了解寅恪先生笔下的“兴亡”一词是一个文化—历史的概念，很容易把诗中的感叹误会为一种政治态度。但《诗集》中紧接《青

[1] 陈三立：《题刘聚卿枕雷图》，《散原精舍诗文集》上册，上海古籍出版社2003年版，第625页。

[2] 陈三立：《为狄平子题药地大师乔木孤亭图》，《散原精舍诗文集》上册，上海古籍出版社2003年版，第679页。

[3] 陈三立：《拔可寄示晚翠轩遗墨展诵黯然缀一绝归之》，《散原精舍诗文集》上册，上海古籍出版社2003年版，第717页。

[4] 陈三立：《过黄州因忆癸巳岁与杨叔乔屠敬山汪穰卿社耆同游》，《散原精舍诗文集》上册，上海古籍出版社2003年版，第162页。

[5] 陈三立：《携家游孝陵》，《散原精舍诗文集》上册，上海古籍出版社2003年版，第541页。

[6] 陈寅恪：《丁亥除夕作》，《陈寅恪集·诗集》，三联书店2001年版，第61页。

[7] 陈寅恪：《青鸟》，《陈寅恪集·诗集》，三联书店2001年版，第67页。

鸟》一诗，是写于1949年夏天的《哀金元》，诗中对国民党政权垮台的原因作了富有说服力的阐述：“党家专政二十载，大厦一旦梁栋摧。乱源虽多主因一，民怨所致非兵灾。”[1]力申天下兴亡，系乎民意指归。似乎并不认为这个政权的败亡是值得诧异之事，只不过觉得如此“亡”法儿（几百万大军如覆巢之卵）颇为少见，所以才有“如此兴亡得几回”之叹。

中国历史的特点，是王朝更迭频繁，而且每次王朝更迭都伴以社会动乱，经济遭受破坏，人民流离失所，统治集团的权力攘夺成为社会与文化的劫难。知识分子、文化人首当其冲，寅恪先生于此感受尤深。1950年5月，他在写给吴宓的信里说：“吾辈之困苦，精神肉体两方面有加无已，自不待言矣。”[2]光是抗战时期书籍的损失，在寅恪先生个人已属浩劫。晚年当他回忆起这段往事时，曾写道：

> 抗日战争开始时清华大学迁往长沙。我携家也迁往长沙。当时曾将应用书籍包好托人寄往长沙。当时交通不便，我到长沙书尚未到。不久我又随校迁云南，书籍慢慢寄到长沙堆在亲戚家中。后来亲戚也逃难去了，长沙大火时，亲戚的房子和我很多书一起烧光。书的册数，比现在广州的书还多。未寄出的书存在北京朋友家中。来岭大时，我自己先

[1] 陈寅恪：《哀金元》，《陈寅恪集·诗集》，三联书店 2001 年版，第 68 页。

[2] 陈寅恪：《致吴宓》，《陈寅恪集·书信集》，三联书店 2001 年版，第 268 页。

来，将书籍寄存北京寡嫂及亲戚家中。后某亲戚家所存之书被人偷光。不得已将所余书籍暂运上海托蒋天枢代管。卖书的钱陆续寄来贴补家用。[1]

对于以学术为托命根基的知识分子来说，书籍不啻自己生命的一部分。王国维1927年自沉前留下的只有一百一十六字的遗嘱，特标出："书籍可托陈、吴二先生处理。"吴是吴宓，陈即寅恪先生，这是王国维最信任的两位国学研究院同事。可以想见书籍的损失对寅恪先生的精神打击有多么沉重。《诗集》中一咏三叹的"劫灰遗恨话当时"[2]"劫终残帙幸余灰"[3]"灰烬文章暗自伤"[4]"劫灰满眼堪愁绝，坐守寒灰更可哀"[5]，就中一定包含有丢失书籍的精神创痛。他向吴宓说的知识分子经历的精神与肉体的双重困苦，在他个人，精神苦痛是最主要的亦最不堪忍受。

职是之故，寅恪先生诗作中流露出来的"兴亡"之感，实

[1] 转引自蒋天枢：《陈寅恪先生编年事辑》（增订本），上海古籍出版社1997年版，第116页。

[2] 陈寅恪：《己丑夏日》，《陈寅恪集·诗集》，三联书店2001年版，第66页。

[3] 陈寅恪：《丁亥春日阅〈花随人圣庵笔记〉深赏其游旸台山看杏花诗因题一律》，《陈寅恪集·诗集》，三联书店2001年版，第59页。

[4] 陈寅恪：《己丑除夕题吴辛旨诗》，《陈寅恪集·诗集》，三联书店2001年版，第71页。

[5] 陈寅恪：《香港壬午元旦对盆花感赋》，《陈寅恪集·诗集》，三联书店2001年版，第32页。

具有非常丰富的精神历史的内容。而他使用的“家国”概念，亦超越了单一的政治内涵。传统社会的一家一姓的王朝体系既不能与家国画等号，那么政权的更迭也并不意味着国家的灭亡。说到这里，不妨用“以陈解陈”的方法，提供一条旁证。《柳如是别传》第五章释证钱牧斋《西湖杂咏》诗，因诗序中有“今此下民，甘忘桑葚。侮食相矜，左言若性”之语，寅恪先生考证出，牧斋此处是用《文选》王元长《三月三日曲水诗序》之典，目的是“用此典以骂当日降清之老汉奸辈，虽己身亦不免在其中，然尚肯明白言之，是天良犹存，殊可哀矣”[1]。这里表现出寅恪先生对历史人物一贯所持的“了解之同情”的态度。而《四库全书总目提要》，却借《愚庵小集》作者朱鹤龄赞扬元裕之对于元朝，“既足践其土，口茹其毛”，就不“反詈”，以之为例证，指摘钱牧斋降清以后仍“讪辞诋语，曾不少避，若欲掩其失身之事”。[2]对此，寅恪先生写道：

> 牧斋之降清，乃其一生污点。但亦由其素性怯懦，迫于事势所使然。若谓其必须始终心悦诚服，则甚不近情理。夫牧斋所践之土，乃禹贡九州相承之土，所茹之毛，非女真八部所种之毛。馆臣阿媚世祖之言，抑何可笑。回忆五六十年前，清廷公文，往往有“食毛践土，具有天良”之语。今读

[1] 陈寅恪:《柳如是别传》下册，三联书店 2001 年版，第 1044—1045 页。

[2] 同上，第 1045 页。

提要，又不胜桑海之感也。[1]

寅恪先生对四库“馆臣”的反驳非常有力量。意思是说，中国这块土地是自古以来就有的，并非为清朝统治者所专有；所种之稼穑，亦为全体人民所共享，而不应为清廷所独据。即使对清朝统治者有所微词，甚或“讪辞诋语”，也不牵及故国的“毛”和“土”的问题，因此与“天良”无涉。这一条旁证，足可帮助我们理解寅恪先生关于“家国”和国家概念的深层内涵。

那么以此我们可以说，陈寅恪先生写于1965年的《乙巳冬日读清史后妃传有感于珍妃事为赋一律》：“昔日曾传班氏贤，如今沧海已桑田。伤心太液波翻句，回首甘陵党锢年。家国旧情迷纸上，兴亡遗恨照灯前。开元鹤发凋零尽，谁补西京外戚篇。”[2]诗中以“家国旧情”和“兴亡遗恨”对举，完全可以视作《陈寅恪诗集》的主题曲。而“伤心太液波翻句”下有小注写道：“玉谿生诗悼文宗杨贤妃云：‘金舆不返城倾色，下苑犹翻太液波。’云起轩词‘闻说太液波翻’即用李句。”此注大可究诘。按历史上的太液池有三个：一是汉太液池，汉武帝建于建章宫北面；二是唐太液池，位置在长安大明宫内；三是清太液池，原来叫西华潭，也就是现在北京的北海和中南海。不管是哪一个大液池，都是用来喻指宫廷无疑。因此诗中“太液波

[1] 陈寅恪：《柳如是别传》下册，三联书店 2001 年版，第 1045 页。

[2] 陈寅恪：《陈寅恪集 · 诗集》，三联书店 2001 年版，第 172 页。

翻”四个字的确切所指，则是宫廷的政治争斗。首句“甘陵党锢年”，指东汉的党锢之祸。李商隐（玉谿生）的诗，则说的是唐文宗时期以牛李党争为背景的“甘露之变”。云起轩即珍妃的老师文廷式，晚清清流的主要代表人物之一，戊戌政变前就被慈禧赶出了宫。引证古典的目的，是为“今典”铺设背景。此诗作者寅恪先生的潜在题旨，无非是说1898年慈禧发动的戊戌政变，至今虽然已过去了一个多甲子，但想起当时那场株连不断的“党祸”，仍然感到“伤心”，因为自己家族的命运与之紧密相关，而百年中国的兴衰际遇亦由此而植下根蒂。所以这首七律的颔联“家国旧情迷纸上，兴亡遗恨照灯前”，就不仅是该诗的题眼，同时也可以视作陈寅恪全部诗作的主题曲了。

然而“谁补西京外戚篇”？“斯人已逝，国宝云亡”，寅恪先生是不能来“补”写这段历史了。但他给我们留下了众多的藏有妙语深识的学术著作，特别是撰写了专门抉发明清兴亡史事的巨著《柳如是别传》，寅恪先生和我们都可以无憾了。何况写作此诗的1965年，陈寅恪先生的《寒柳堂记梦未定稿》业已竣稿，其中特别设有“戊戌政变与先祖先君之关系”的专章，还有写于1945年的《读吴其昌撰梁启超传书后》，如果我们说关于那场“党锢之祸”已经由大史学家陈寅恪先生“补写”了，也许治义宁之学的诸君子不致存更多的异议。

1993年6月写就初稿

2014年1月增补定稿

第八章

陈寅恪学术思想的精神义谛

我不认为现在已经有了什么“陈寅恪热”。但近年学术界、文化界越来越多的人开始注意到陈寅恪其人其学，这个特指名词的报刊引用频率日见增多，则是事实。不过迄今为止我们对这位大史学家的了解还有限得很，对他的学术创获、学术贡献和学术精神尚缺乏深在的研究。下面，以平日研习所得，对义宁之学的精神义谛稍作分疏。

一　陈寅恪是最具独立精神最有现代意识的历史学者

陈寅恪的学术精神的指归，就是他一生之中一再表述的“独立之精神，自由之思想”。1929年，他在《清华大学王观堂先生纪念碑铭》中，最早提出这一思想。他在碑铭中写道：“士之读书治学，盖将以脱心志于俗谛之桎梏，真理因得以发扬。思想而不自由，毋宁死耳。斯古今仁圣所同殉之精义，夫岂庸鄙之敢望。先生以一死见其独立自由之意志，非所论于一人之恩怨，一姓之兴亡。”[1]王国维1927年6月2日自沉于颐和园之昆明湖鱼藻轩，是二十世纪学术思想史上的大事，百年以降，异说异是，不胜纷纭。岂知寅恪先生在观堂逝后的第二年，就以为追寻“独立自由之意志”而“殉之精义”，对此一课题给以正解。事过二十四年，也就是1953年寅恪先生在撰写《论再生缘》一书时，又提出：

> 撰述长篇之排律骈体，内容繁复，如弹词之体者，苟无灵活自由之思想，以运用贯通于其间，则千言万语，尽成堆砌之死句，即有真情实感，亦堕世俗之见矣。不独梁氏如是，其他如邱心如辈，亦莫不如是。《再生缘》一书，在弹词体中，所以独胜者，实由于端生之自由活泼思想，能运用其对偶韵律之词语，有以致之也。故无自由之思想，则无优美之文学，举此一例，可概其余。此易见之真理，世人竟不知之，可谓愚不可及矣。[2]

《再生缘》在弹词体小说中所以一枝独秀，寅恪先生认为原因非他，而是由于其作者陈端生具有自由活泼之思想，并

[1] 陈寅恪:《清华大学王观堂先生纪念碑铭》,《陈寅恪集·金明馆丛稿二编》，三联书店2001年版，第246页。

[2] 陈寅恪:《论再生缘》,《寒柳堂集》，三联书店2001年版，第73页。

引申为论，提出“无自由之思想，则无优美之文学”的绝大判断。

而1954年通过《柳如是别传》一书的撰写，陈寅恪把“独立之精神，自由之思想”升华到吾民族精神元质的高度。也可以说《别传》的历史写作的宗趣就在于此。所以他在《别传》的《缘起》章里郑重写道：“盖牧斋博通文史，旁涉梵夹道藏，寅恪平生才识学问固远不逮昔贤，而研治领域，则有约略近似之处。岂意匪独牧翁之高文雅什，多不得其解，即河东君之清词丽句，亦有瞠目结舌，不知所云者。始知禀鲁钝之资，挟鄙陋之学，而欲尚论女侠名姝文宗国士于三百年之前，诚太不自量矣。虽然，披寻钱柳之篇什于残缺毁禁之余，往往窥见其孤怀遗恨，有可以令人感泣不能自已者焉。夫三户亡秦之志，九章哀郢之辞，即发自当日之士大夫，犹应珍惜引申，以表彰我民族独立之精神，自由之思想。何况出于婉娈倚门之少女，绸缪鼓瑟之小妇，而又为当时迂腐者所深诋，后世轻薄者所厚诬之人哉！”[1]则《柳如是别传》一书的思想题旨，寅恪先生已秉笔直书，即欲“表彰我民族独立之精神，自由之思想”。

特别是1953年与汪篯的谈话，陈寅恪把“独立之精神，自由之思想”的义谛，表述得更为直接，更加不容置疑。这就

[1] 陈寅恪:《柳如是别传》(上)“第一章　缘起”，三联书店2001年版，第3—4页。

是有名的《对科学院的答复》。他往昔的学生汪篯受命前来广州，试图说服老师不拒绝科学院的邀请，能够北上就任历史第二所所长之职。寅恪先生未能让弟子如愿，反而出了一个天大的“难题”——如果让他屈就，他说需要有两个条件：“第一条”是“允许中古史研究所不宗奉马列主义，并不学习政治”；“第二条”是“请毛公或刘公给一允许证明书，以作挡箭牌”。而所以如此，他是觉得唯有这样做，他的学术精神才能够得以坚持。他说：

我认为研究学术，最主要的是要具有自由的意志和独立的精神。所以我说“士之读书治学，盖将以脱心志于俗谛之桎梏”。“俗谛”在当时即指三民主义而言。必须脱掉“俗谛之桎梏”，真理才能发挥，受“俗谛之桎梏”，没有自由思想，没有独立精神，即不能发扬真理，即不能研究学术。学说有无错误，这是可以商量的，我对于王国维即是如此。王国维的学说中，也有错的，如关于蒙古史上的一些问题，我认为就可以商量。我的学说也有错误，也可以商量，个人之间的争吵，不必芥蒂。我、你都应该如此。我写王国维诗，中间骂了梁任公，给梁任公看，梁任公只笑了笑，不以为芥蒂。我对胡适也骂过。但对于独立精神，自由思想，我认为是最重要的，所以我说“惟此独立之精神，自由之思想，历千万祀，与天壤而同久，共三光而永光”。我认为王国维之死，不关与罗振玉之恩怨，不关满清之灭亡，其一死乃以见

> 其独立自由之意志。独立精神和自由意志是必须争的，且须以生死力争。正如碑文所示，“思想而不自由，毋宁死耳。斯古今仁贤所同殉之精义，夫岂庸鄙之敢望”。一切都是小事，惟此是大事。碑文中所持之宗旨，至今并未改易。[1]

“没有自由思想，没有独立精神，即不能发扬真理，即不能研究学术”，“一切都是小事，惟此是大事”，他说得再清楚不过了。通观五十年代以后的中国思想学术界，在中国现代学人之中，没有第二人，能够像陈寅恪这样，把为学的这种精神义谛保持到如此的强度和纯度。

二　陈寅恪的基本文化态度是不忘记本来民族之地位

“自今日以后，即使能忠实输入北美或东欧之思想，其结局当亦等于玄奘唯识之学，在吾国思想史上，既不能居最高之地位，且亦终归于歇绝者。其真能于思想上自成系统，有所创获者，必须一方面吸收输入外来之学说，一方面不忘本来民族之地位。此二种相反而适相成之态度，乃道教之真精神，新儒家之旧途径，而二千年吾民族与他民族思想接触史之所昭示者也。”[2]这是陈寅恪在深入研究几千年中西文化交通之历史之

[1] 引自陆键东：《陈寅恪的最后20年》，三联书店1995年版，第111—112页。

[2] 陈寅恪：《陈寅恪集·金明馆丛稿二编》，三联书店2001年版，第284页。

后，得出的不容移易的结论。

外来之学说，只有与本民族的思想文化传统结合起来，才能更好地发用。佛教传入中国的过程是其显例。佛教一变而为禅宗，二变而实现宋代的思想大合流，经由本土儒学、道教的思想、佛教之禅宗三者化合而成为理学。宋之濂、洛、关、闽诸大儒，秉持的已不是先秦、两汉之儒学，而是有佛、道参与其间的新的儒学。寅老所谓“新儒家之旧途径”，即本此一义谛。而玄奘唯识之学的后不为继，其主因就是没有“经过国人吸收改造之过程”。因此寅恪先生颇怀疑输入北美的思想或者东欧的思想，如果与“本来民族之地位”相游离，而不“经过国人吸收改造之过程”，即使是“忠实”地输入，也未必获致预期的效果。他甚至将此种情形与玄奘唯识之学在中国思想史上的处境加以比较，从而对其终局做出并不乐观的估量。

1961年8月30日吴宓赴广州探望陈寅恪，两位老友相见甚欢。据当天《吴宓日记》的记载，陈寅恪明确表示中国在国际关系上不应“一边倒”。他说：“必须保有中华民族之独立与自由，而后可言政治与文化。”[1]则又与三十年前《审查报告》之所言如出一辙。寅老立此一义谛，如今距《审查报告》已过去七十余年，距陈、吴之会也有四十五年之遥，证验与否，知者知之，不知者不知。

[1] 《吴宓日记续编》第五册（1961—1962），三联书店2006年版，第160、163页。

三　陈寅恪的主要文化理念是文化高于种族

陈寅恪是史学家，也是文化学者。种族与文化问题，是他向来所关注的学术大课题。1940年撰写的《隋唐制度渊源略论稿》和1942年撰写的《唐代政治史述论稿》两书，于此一义谛发挥最为详尽。

隋唐直承魏晋南北朝，寅恪先生认为其制度之渊源有三：一为北魏、北齐，二为梁、陈，三为西魏和周。而北魏、北齐一源，直接涉及胡化和汉化问题。北魏是鲜卑族建立的政权，孝文帝拓跋宏锐意改革，语言、服饰、典制，一例以汉化为尚，虽遭鲜卑旧部反对，亦无退缩。其中尤以将首都自平城迁往洛阳一举，最为关键。此一过程，种族之矛盾固有，文化之冲突更为激烈。曾参与孝文律令改革的源怀，本来是鲜卑秃发人，但当其孙源师以看见龙星为理由，请为祭祀，当时的宠臣高阿那肱却斥责他说："汉儿多事，强知星宿，祭事不行。"对此一事件，《通鉴胡注》写道："诸源本出于鲜卑秃发，高氏生长于鲜卑，自命为鲜卑，未尝以为讳，鲜卑遂自谓贵种，率谓华人为汉儿，率侮诟之。诸源世仕魏朝贵显，习知典礼，遂有雩祭之请，冀以取重，乃以取诟。"寅恪先生详引上述史料，得出结论说：

> 源氏虽出河西戎类，然其家族深染汉化，源怀之参议律令尤可注意，观高阿那肱之斥源师为汉儿一事，可证北朝胡

> 汉之分，不在种族，而在文化，其事彰彰甚明，实为论史之关要。[1]

此义经论述北魏洛阳新都的建筑风格，及东魏邺都南城和隋代的大兴（即唐之长安）所受之文化影响，然后寅老复申前此关于种族与文化的义谛："故修建邺都南城之高隆之为汉种，计划大兴新都之宇文恺为胡族，种族纵殊，性质或别，但同为北魏洛都文化系统之继承人及摹拟者，则无少异。总而言之，全部北朝史中凡关于胡汉之问题，实一胡化汉化之问题，而非胡种汉种之问题，当时之所谓胡人汉人，大抵以胡化汉化而不以胡种汉种为分别，即文化之关系较重而种族之关系较轻，所谓有教无类者是也。"[2]而随后在证论高隆之对营建邺都所起的作用时，又续为申说；"观于主持营构者高隆之一传，即知东魏及高齐之邺都之新构，乃全袭北魏太和洛阳之旧规，无复种族性质之问题，直是文化系统之关系，事实显著，不待详论也。"[3]

至于《唐代政治史述论稿》一书，开篇就援引朱子的言论："唐源流出于夷狄，故闺门失礼之事不以为异。"据此则提出："朱子之语颇为简略，其意未能详知。然即此简略之语句亦

---

[1] 陈寅恪:《隋唐制度渊源略论稿》，三联书店 2001 年版，第 46 页。

[2] 同上，第 79 页。

[3] 同上，第 80 页。

含有种族及文化二问题。”[1]而在论述唐中叶的安史之乱时，寅恪先生旋又以种族与文化的观点来诠释相关的人物，指出“唐代安史乱后之世局，凡河朔及其他藩镇与中央政府之问题，其核心实属种族文化之关系也”[2]。他颇怀疑神州东北一隅的河朔地区是“一混杂之胡化区域”，里面汉化之胡人和胡化之汉人，同时并存。所以必祏羯与突厥合种之安禄山，始得为“此复杂胡族方隅之主将”。直到晚年撰写《柳如是别传》，寅恪先生还念念不忘他探究隋唐制度渊源得出的这一关乎种族与文化的结论。因探寻钱牧斋陷入黄毓祺逆案而得免其死的因由，涉及辽东佟氏一族之家世及所受满汉文化的熏习影响，他重提旧案，再一次申论前说，认为在种族与文化的问题上，文化比种族要重要得多，并且对已往的研究作了一番梳理回顾：

> 寅恪尝论北朝胡汉之分，在文化而不在种族。论江东少数民族，标举圣人“有教无类”之义。论唐代帝系虽源出于北朝文化高门之赵郡李氏，但李虎李渊之先世，则为赵郡李氏中，偏于勇武，文化不深之一支。论唐代河北藩镇，实是一胡化集团，所以长安政府始终不能收复。今论明清之际佟养性及卜年事，亦犹斯意。[3]

[1] 陈寅恪：《唐代政治史述论稿》，三联书店 2001 年版，第 183 页。

[2] 同上，第 212 页。

[3] 陈寅恪：《柳如是别传》下册，三联书店 2001 年版，第 1002 页。

由此可见陈寅恪的文化高于种族的观点，具有前后相通的一贯性，是深研中古史事的积年所得，而非披寻感发的偶然之见。他阐发的此一义谛，其要义是在于强调不同民族的同化与共存，主张文化可以超越种族，这在今天仍不失积极之义涵。

四　陈寅恪从根本上说是一位贵族史家

明乎此，我们方有可能对他的立身行事表一种了解之同情。谁能够设想，一位大学问家由于未能看到一场昆剧演出就会大发雷霆呢？然而这样的事情恰恰发生在陈寅恪身上。那是1962年，由俞振飞、言慧珠领班的上海京剧团赴香港演出，回程过广州加演四场，其中一场是专为政要和名流献艺。有陈寅恪的票，但当他拿到时，演出时间已过去好几天。他愤怒了。没有人描述过发怒的具体情形，但这个故事或者说事件，下至中山大学的教授和校方管理者，上至粤省最高领导，无不知悉，以至于后来国家动乱期间还有人以此构陷陈寅恪。在物质和精神同陷贫瘠的六十年代初，能够有意外的机缘观赏昆剧名伶的演出，对一般的知识人士而言，也不啻幸运之星的降临，何况一生苦嗜京昆的寅恪先生，为不该丧失而丧失的机缘而懊恼，自是情理之常。但懊恼和大发雷霆是不同的两回事。不仅仅是对待学者的态度引起的反应，还有寅恪的世家子弟的身份赋予他与生俱来的对自我尊严的维护。

陈寅恪出身于晚清世家，他的祖父陈宝箴是1895至1898年的湖南巡抚，无论曾国藩、李鸿章，还是张之洞、郭嵩焘、王文韶等晚清大吏，无不对其投以青睐。而他的尊人陈三立，是同光诗坛的巨擘，襄助乃父推行湘省新政的翩翩佳公子。诚如吴宓所说："先生一家三世，宓夙敬佩，尊之为中国近世之模范人家。盖右铭公受知于曾文正公，为维新事业之前导及中心人物，而又湛深中国礼教，德行具有根本；故谋国施政，忠而不私，知通知变而不夸诬矜躁，为晚清大吏中之麟凤。先生父子，秉清纯之门风，学问识解，惟取其上；而无锦衣纨绔之习，所谓'文化之贵族'。"[1]

正是这一特殊身份决定了陈寅恪的贵族史家的立场。

所以当1902年寅恪随长兄陈师曾游学东瀛路过上海时，遇到支持中国变法的李提摩太教士，李用华语对陈氏兄弟说："君等世家子弟，能东游甚善。"四十年后寅恪卧病英国伦敦医院治眼疾，听读熊式一的英文小说，叙及李提摩太戊戌上书光绪皇帝事，不禁发为感慨，作七律一首：

沈沈夜漏绝尘哗，听读佉卢百感加。
故国华胥犹记梦，旧时王谢早无家。
文章瀛海娱衰病，消息神州竞鼓笳。

[1] 吴宓：《读散原精舍诗笔记》，北京大学中国传统文化研究中心编：《国学研究》第1卷，第550页。

万里乾坤迷去住，词人终古泣天涯。

此诗的题目极长，为《乙酉冬夜卧病英伦医院，听人读熊式一君著英文小说名〈天桥〉者，中述光绪戊戌李提摩太上书事。忆壬寅春随先兄师曾等东游日本，遇李教士于上海，教士作华语曰："君等世家子弟，能东游甚善。"故诗中及之，非敢以乌衣巷故事自况也》[1]。观诗题引李提摩太"君等世家子弟"语及诗中"旧时王谢早无家"句，可以看出寅恪对自己家世的重视与怀恋。虽然，他从来不曾夸饰自己的世家身份，晚年撰写《寒柳堂记梦未定稿》，特申此义于弁言之中："寅恪幼时读《中庸》至'衣锦尚纲，恶其文之著也'一节，即铭刻于胸臆。父执姻亲多为当时胜流，但不敢冒昧谒见。偶以机缘，得接其丰采，聆其言论，默而识之，但终有限度。"[2]即《乙酉冬夜卧病英伦医院》诗题里面，也不忘声明"非敢以乌衣巷故事自况也"。

然而他的特殊的家世身份给予他的影响，还是像烙印一样反映在诸多方面。他看人论事，格外重视门第出身。不是蓄意了解选择，而是不自觉地与出身高门者有一种文化上的亲近感。最明显的是他的择偶。陈夫人唐筼，系故台湾巡抚唐景崧的孙女，寅恪晚年对此一姻缘过程叙之甚详。他写道：

[1] 陈寅恪：《陈寅恪集·诗集》，三联书店 2001 年版，第 55 页。

[2] 陈寅恪：《寒柳堂记梦未定稿》，《寒柳堂集》，三联书店 2001 年版，第 187 页。

> 寅恪少时，自揣能力薄弱，复体孱多病，深恐累及他人，故游学东西，年至壮岁，尚未婚娶。先君先母虽累加催促，然未敢承命也。后来由德还国，应清华大学之聘。其时先母已逝世。先君厉声曰："尔若不娶，吾即代尔聘定。"寅恪乃请稍缓。先君许之。乃至清华，同事中偶语及：见一女教师壁悬一诗幅，末署"南注生"。寅恪惊曰："此人必灌阳唐公景崧之孙女也。"盖寅恪曾读唐公请缨日记。又亲友当马关中日和约割台湾于日本时，多在台佐唐公独立，故其家世，知之尤稔。因冒昧造访。未几，遂定偕老之约。[1]

寅恪先生择偶的经过，充分说明家世的因素在他心目中占有何等分量。不是见婚姻对象而钟情，而是因其家世而属意；而且终生相濡以沫，白头偕老，也算人生的异数了。而那轴署名"南注生"的诗幅，便成了他们定情的信物，伴随他们度过一生。当1966年的端午节寅恪先生为纪念这段人生奇缘，对诗幅重新作了装裱，并题绝句四首，其中第二首为："当时诗幅偶然悬，因结同心悟夙缘。果剩一枝无用笔，饱濡铅泪记桑田。"[2]陈寅恪与唐筼1928年农历七月十七在上海结缡，五十一年后的1969年农历八月二十六寅恪先生逝世，四十六天

[1] 陈寅恪：《寒柳堂记梦未定稿》，《寒柳堂集》，三联书店2001年版，第236页。

[2] 同上，第237页。

后的同年农历十月十二唐筼先生亦逝。我们晚生后学能不为他们因家世出身而偶然相遇并结同心的姻缘称贺感叹吗？

陆键东先生的《陈寅恪的最后二十年》一书的一大贡献，是他经过近乎人类学者进行田野调查般的取证，对陈寅恪晚年所处文化环境之真相作了一次历史的重构。他复活了寅老身边的一些不为人所知的人物。冼玉清、黄萱、高守真这三位曾经给晚年的陈寅恪以精神慰安的“奇女子”，她们的家世都不无来历。黄萱为一华侨富商的女儿，冼玉清教授是被散原老人评为“澹雅疏朗，秀骨亭亭，不假雕饰，自饶机趣”[1]的女诗人，有《碧琅玕馆诗稿》之作，“碧琅玕馆”的斋名就是陈三立所题，高守真的父亲则是香港一位通晓近代掌故的名流。

前论寅老的文化高于种族的学说，多见于《隋唐制度渊源略论稿》和《唐代政治史述论稿》，其实此两书的另一文化观点，是强调地域和家世的作用。陈寅恪先生对中国学术史有一重要假设，即认为汉以后学校制度废弛，学术中心逐渐转移到家族。但“家族复限于地域”，所以他主张：“魏、晋、南北朝之学术、宗教，皆与家族、地域两点不可分离。”[2]而家族所起的作用在于：“士族之特点既在其门风之优美，不同于凡庶，而优美之门风实基于学业之因袭。”[3]换言之，中国传统社会的文

---

[1] 转引自陆键东：《陈寅恪的最后二十年》，三联书店 1995 年版，第 43 页。

[2] 陈寅恪：《隋唐制度渊源略论稿》，三联书店 2001 年版，第 20 页。

[3] 陈寅恪：《唐代政治史述论稿》，三联书店 2001 年版，第 260 页。

化传承，家族是一重要渠道，其出自学养厚积的家族的人物，才性与德传必有最大限度的融和，故寅恪先生与此一类人物有一种前缘夙契的亲近感，就不是偶然之事了。

五　陈寅恪是学术奇迹的创造者

1945年下半年，他的双目即已失明，此后三十余年的著述，都是在目盲体衰的极端困难的情况下完成的。特别是《论再生缘》和《柳如是别传》两部杰构，总共近百万言，全部都是经他口授而由助手黄萱笔录而成。如果说世界上有什么奇迹的话，这应该是一个奇迹。古希腊的诗人荷马据说是位盲人，但诗歌创作不同于学术著作，即使是讲述历史故事的英雄史诗，与史学著作也迥然有别。太史公“左丘失明，厥有《国语》”之说，固然也，但史述与研究著作亦应有别。盖撰写以研究人物和历史事变为主线的史学著作，必须凭借经过甄别的历史资料和考信为实的他者的叙述，来证实并复原当时当地的历史文化结构。这方面，寅老典籍之熟、记诵之博，回观二十世纪的文史学界，似少可并俦者。

1958年郭沫若写信给北京大学历史系师生，提出：“就如我们今天在钢铁生产等方面十五年内要超过英国一样，在史学研究方面，我们在不太长的时期内，就在资料占有上也要超过陈寅恪。”最早引用这条材料的是余英时先生，他诠释为“是要用举国之力来和陈先生一人在史料掌握方面作竞赛”[1]。虽然英时先生提炼出来的这一历史图景，今天看来无疑是一幅深具讽刺意味的漫画，但历史图景本身千真万确是郭的原版，余先生并未对其做浓淡的皴染和增减的剪裁。

郭老是声名显赫的历史学家，他当时口出此语，可见陈寅恪史学功底的超常和不可比并。郭老原本是要大家通力合作一起来创造学术奇迹，结果却反证陈寅恪是不可动摇的史学奇迹创造者。

六　陈寅恪创立了独特的解释学

王国维逝世的第二年，有罗振玉编辑的《海宁王忠悫公遗书》付梓，五年后又有其胞弟王国华及弟子赵万里等编印的《王静安先生遗书》问世，陈寅恪先生在为第二《遗书》所撰之序言里，把静安之学的内容和治学方法概括为“三目”，一曰取地下之实物与纸上之异文互相释证，二曰取异族之故书与吾国之旧籍互相补正，三曰取外来之观念与固有之材料互相参证，并说：“吾国他日文史考据之学，范围纵广，途径纵多，

[1]　余英时:《陈寅恪晚年诗文释证》增订新版，台北东大图书公司1998年1月初版，第5页。

恐亦无以远出三类之外。”[1]寅恪先生的为学方法自然也未“远出三类之外”，但他的独特处在于对吾国传统解释学的丰富与发挥，也可以说他一手创立了中国近代的文本阐释系统。不妨先看看他为文本阐释设定的一种诠释理论，这就是《冯友兰中国哲学史上册审查报告》提出的：

> 对于古人之学说，应具了解之同情，方可下笔。盖古人著书立说，皆有所为而发。故其所处之环境，所受之背景，非完全明了，则其学说不易评论，而古代哲学家去今数千年，其时代之真相，极难推知。吾人今日可依据之材料，仅为当时所遗存最小之一部，欲借此残余断片，以窥测其全部结构，必须备艺术家欣赏古代绘画雕刻之眼光及精神，然后古人立说之用意与对象，始可以真了解。所谓真了解者，必神游冥想，与立说之古人，处于同一境界，而对于其持论所以不得不如是者之苦心孤诣，表一种之同情，始能批评其学说之是非得失，而无隔阂肤廓之论。否则数千年前之陈言旧说，与今日之情势迥殊，何一不可以可笑可怪之目乎？[2]

[1] 陈寅恪：《王静安先生遗书序》，《陈寅恪集·金明馆丛稿二编》，三联书店 2001 年版，第 247—248 页。

[2] 陈寅恪：《冯友兰中国哲学史上册审查报告》，《陈寅恪集·金明馆丛稿二编》，三联书店 2001 年版，第 279 页。

这段文字中有三个关键语词特别值得我们注意，一是“了解之同情”，二是“窥测其全部结构”，三是“真了解”。“了解之同情”是今人对古人和古人的学说的态度，也可以叫作阐释的态度；“借此残余断片，以窥测其全部结构”，是阐释的方法；“真了解”是阐释的目的。我曾说陈寅恪先生游学欧西有年，掌握多种西方文字，其受西学之影响自不待言；但其著述全然是中国作风，几乎看不到西学的痕迹。但此处讲阐释学的理论，其第二项关于阐释的方法，曰“借此残余断片，以窥测其全部结构”，却无意中露出了西学的“马脚”。因“结构”一词，系出自西学原典，是西方解释学的关键语词，中国传统载籍未之见也。那么，怎样才能“窥测其全部结构”呢？寅老提出一特异的观点，即认为阐释者必须具备“艺术家欣赏古代绘画雕刻之眼光及精神”。这是我们在无论任何东西哲人的著作中都找不到的命题。

陈寅恪一生为学不离“释史”两个字，而“释史”的途径就是通过今天我们所能看到的历史资料的“残余断片”，来重建历史事实真相的全部结构。他的《隋唐制度渊源略论稿》《唐代政治史述论稿》《元白诗笺证稿》《论再生缘》《柳如是别传》等专著以及许多单篇考辨之文，无一不是如此这般“释史”的典范，而实现了对历史真相的“真了解”。时贤于寅老释史过程所使用的“以诗证史”的方法著论较多，兹不赘论。仅就其“诗文证史”之“今典”和“古典”之学说，略陈鄙见。1939年他在昆明西南联大撰写的《读哀江南赋》一文，最早提出古典、今典的概念。他在该文的开头写道：

> 古今读《哀江南赋》者众矣，莫不为其所感，而所感之情，则有浅深之异焉。其所感较深者，其所通解亦必较多。兰成作赋，用古典以述今事。古事今情，虽不同物，若于异中求同，同中见异，融会异同，混合古今，别造一同异俱冥、今古合流之幻觉，斯实文章之绝诣，而作者之能事也。自来解释《哀江南赋》者，虽于古典极多诠说，时事亦有所征引。然关于子山作赋之直接动机及篇中结语特所致意之点，止限于诠说古典，举其词语之所从出，而于当日之实事，即子山所用之今典，似犹有未能引证者。[1]

又说：

> 解释词句，征引故实，必有时代限断。然时代划分，于古典甚易，于今典则难。盖所谓今典者，即作者当日之时事也。[2]

寅恪先生把“古典”和“今典”的义涵界说得非常明确，即古典是词句故实之所从出，今典是作者所经历的当日之事

[1] 陈寅恪:《读哀江南赋》,《金明馆丛稿初编》, 三联书店 2001 年版，第 234 页。

[2] 同上。

实。庾信《哀江南赋》结尾四句："岂知灞陵夜猎，犹是故时将军；咸阳布衣，非独思归王子。"前两句用汉李广家居时夜猎灞陵的古典故实，后两句用楚顷襄王太子完质于秦的故实，这对长期去国、羁留长安的庾子山来说自是贴切。但寅恪先生认为，此四句中尚有"作者当日之时事"即"今典"存焉。此即当后来周、陈交好之际，陈文帝之弟安成王顼得以还国，陈宣帝提出羁旅关中的庾信、王褒等"亦当有南枝之思"；而"子山既在关中，位望通显，朝贵复多所交亲，此类使臣语录，其关切己身者，自必直接或间接得以闻见"，所以赋中"犹是故时将军"，固然包含子山自己曾是故梁右卫将军的"今典"，"布衣""王子"云云，也是对陈宣帝"欲以元定军将士易王褒等"的回应。这样，庾信在赋中就不仅表现出自己的乡关之思，而且流露出归心之疾了。陈寅恪就这样通过对庾信《哀江南赋》的古典和今典的通解，重建了羁旅长安二十五年之久的庾信心理情境的历史真相。

《柳如是别传》对钱柳因缘诗所涉之古典和今典的辨认与疏解更具有系统性。寅恪先生在《别传》"缘起"章提出："自来诂释诗章，可别为二。一为考证本事，一为解释辞句。质言之，前者乃考今典，即当时之事实。后者乃释古典，即旧籍之出处。"而"解释古典故实，自当引用最初出处，然最初出处，实不足以尽之，更须引其他非最初而有关者，以补足之，始能通解作者遣辞用意之妙。"又说："若钱柳因缘诗，则不仅有远近出处之古典故实，更有两人前后诗章之出处。若不能探河穷源，剥蕉至心，层次不紊，脉络贯注，则两人酬和诸作，其词锋针对，思旨印证之微妙，绝难通解也。”[1]例如河东君《次韵答牧翁冬日泛舟》诗中，有“莫为卢家怨银汉，年年河水向东流”句，应与《玉台新咏》“歌词”二首之二“河中之水向东流，洛阳女儿名莫愁”，及李义山“本来银汉是红墙，隔得卢家白玉堂。谁与王昌报消息，尽知三十六鸳鸯”有关，也与牧斋《次韵答柳如是过访山堂赠诗》“但似王昌消息好，履箱擎了便相从”有关，又与牧斋《观美人手迹戏题绝句七首》之三“兰室桂为梁，蚕书学采桑。几番云母纸，都惹郁金香”，以及钱氏《永遇乐》词有关，等等。只有“循次披寻，得其脉络”，才能对钱柳因缘诗“真尽通解”。

特别明南都倾覆之后，钱柳的有关诗作不少都与反清复明活动有关联，往往今典、古典交错互用，给笺释者造成一定困难。钱牧斋的《钱注杜诗》是一显例。所以寅恪先生说：“细绎牧斋所作之长笺，皆借李唐时事，以暗指明代时事，并极其用心抒写己身在明末政治蜕变中所处之环境。实为古典今典同用之妙文。”[2]《柳如是别传》既是陈寅恪以诗证史的杰构，又是辨认和疏解古典和今典的文本阐释范例。

[1] 陈寅恪:《柳如是别传》上册，三联书店 2001 年版，第 7、11、12 页。

[2] 陈寅恪:《柳如是别传》下册，三联书店 2001 年版，第 1021 页。

七　《柳如是别传》是陈寅恪一生最大著述

陈寅恪一生的最大著述是《柳如是别传》，其历史书写的旨趣是“借传修史”，即通过为一代奇女子立传来撰写明清文化痛史，如果易名为《明清易代史》也名副其实。当然寅老不会同意易名，他宁可叫作《别传》，也不愿意修一部类乎所谓“正史”的史著。论者多有为陈寅老未能写出一部通史而遗憾者。可是这部七八十万言的《柳如是别传》，我敢说它的价值绝不在一部通史之下。虽然通史之作和断代史之作，在书写体例上宜有不同，但修史之功力和价值却可以得到同样的彰显。

《别传》是陈寅恪一生著述的集大成之作，他的史学理念、治史方法、学术精神，都在此书中得以集中凸显。《别传》也是陈寅恪一生学问的结晶，此有第一章“缘起”所说，著书目的之一是“欲自验所学之深浅”可证。虽然，《别传》的资料排比和诠释方法与已往著述一脉相承，但所涉内容的复杂以及历史场景的范围，前此任何一部陈著都不能与之并观。《别传》同时也是著者寄托遥深之书，这有“缘起”章自述撰著目的时所说之“温旧梦，寄遐思”为证。

至于《柳如是别传》的卷首和书写行进之中，何以插入众多著者的诗作，只要知道《别传》不是寻常的史学著作，而是陈寅恪先生开创的一种史著新体例，就不会感到诧异了。关于此点，拙稿《陈寅恪与〈柳如是别传〉的撰述旨趣》一文，对之析论甚详，读者便中不妨参看。而最早研究陈寅恪史学的余英时先生，不久前在《陈寅恪晚年诗文释证》（增订新版）的《书成自述》里，写下一段极富征验的话："更重要的是通过陈寅恪，我进入了古人思想、情感、价值、意欲等交织而成的精神世界，因而于中国文化传统及其流变获得了较亲切的认识。这使我真正理解到历史研究并不是从史料中搜寻字面的证据以证成一己的假说，而是运用一切可能的方式，在已凝固的文字中，窥测当时曾贯注于其间的生命跃动，包括个体的和集体的。"[1]可谓知者之言。

诗无定式，史无定法。"运用一切可能的方式"，自然包括传写之不足，则论议之，论议之不足，则感叹之，感叹之不足，则歌之诗之，等等。《别传》卷前最后一首题诗的尾联云："明清痛史新兼旧，好事何人共讨论。"则寅老为河东君作传不仅有预期而且有预见也。

八　陈寅恪的"哀伤"与"记忆"

世间凡读寅老之书者，知寅老其人者，无不感受到他内心深处蕴藏着一种挥之不去的哀伤和苦痛，而且哀伤的意味大于苦痛。按心理学家的观点，"哀伤"和"记忆"是连在一起的，那么都是一些什么样的"记忆"使得陈寅恪如此哀伤以至

[1] 《书城自述》，余英时：《陈寅恪晚年诗文释证》（增订新版），台北东大图书公司 1998 年版，第 15 页。

哀痛呢？说到底，实与百年中国的文化与社会变迁以及他的家族的命运遭际有直接关系。义宁陈氏一族的事功鼎盛时期，是1895至1898年陈宝箴任湖南巡抚时期，当时陈宝箴在其子陈三立的襄助下，湖南新政走在全国的最前面，梁启超、黄遵宪、江标、徐仁铸、谭嗣同、唐才常、邹代钧、熊希龄、皮锡瑞等变法人士，齐集右帅的麾下，以至于有天下人才都到了湖南的说法。改革措施不断出台，董吏治，辟利源，变士习，成绩斐然。更有时务学堂之设、湘报馆之办、南学会之开，一时名声大震。义宁父子"营一隅为天下倡"的理想实现在即。

但百日变政、一日政变的戊戌之秋突然降临，慈禧杀谭嗣同等"六君子"于京师菜市口，通缉康、梁，陈宝箴、陈三立则受到"革职，永不叙用"的处分。这一年的冬天，陈宝箴离开长沙抚院，携全家老幼扶夫人的灵柩迁回江西南昌。当时陈三立大病，三立大姊痛哭而死，寅恪长兄师曾之妻范孝嫦（范伯子之女）不久亦逝。陈寅恪这一年九岁。而1900年农历六月二十六日，刚住到南昌西山崝庐仅一年多的陈宝箴，"忽以微疾卒"（实为慈禧密旨赐死）[1]。突如其来的"重罚其孤"，致使陈三立锻魂剉骨，悲痛欲绝。如果不是"有所待"，他已经不想活在这个世界。此后每年春秋两季他都到崝庐祭扫哭拜。眷属和子女暂住南昌磨子巷，主要靠亲友借贷维持生活。一个家族

[1] 我的《慈禧密旨赐死陈宝箴考实》一文对此一问题做了较详尽的辨析考论，载《中国文化》2001年第17、18期合刊，读者可参阅。

的盛衰荣悴之变如此之速，其所给予年幼成员的心理影响势必至深且巨。

而国家在戊戌之变后大故迭起。1899年，慈禧大规模清剿“康党”，欲废掉光绪未果，义和团开始变乱。1900年，慈禧利用义和团，激化了与西方诸国的矛盾，致使八国联军攻陷北京，演出近代史上第二次洋人占领中国都城的悲剧。1901年，清廷与十一国公使团签订“议和大纲”，议和全权代表之一李鸿章病死。1902年，仓皇出逃的两宫还京。李鸿章后的另一个重要人物袁世凯登上历史舞台。1904年，日俄战争在中国领土打起，结果日本占领中国更多领土。清廷在这一年开始赦免除康、梁之外的戊戌在案人员。1905年，废科举，设学部，孙中山领导的同盟会成立。1906年，宣示预备立宪。1907年，张之洞入军机。1908年，慈禧和光绪均逝，宣统即位。慈禧死于农历十月二十二日，光绪死于前一天的十月二十一日。1909年，张之洞病逝。1911年，辛亥首义成功。1912年，中华民国成立，清帝逊位。1915年，袁世凯称帝。1917年，张勋复辟。尔后北洋政府，军阀混战，五四运动，溥仪出宫，国共合作，北伐战争。1931年，日本占据东北。1937年至1945年，全民抗战。1945年至1949年，国共内战。五十年代以后，则土改，镇反肃反，三反五反，院系调整，抗美援朝，公私合营，合作化，科学进军，大跃进，除四害，反右派，反右倾，三年困难反苏修，城乡四清，文艺整风，直至“文革”。此百年中国之一系列大变故，均为陈寅恪所亲历，早为目睹，后则耳闻心感。

如果是普通细民或庸常之士，可能是身虽历而心已麻木。但陈寅恪是历史学家，而且是有特殊家世背景的极敏感的历史学家，他对这些愈出愈奇的天人变故能不留下自己的记忆吗？能不为之哀伤而三叹息吗？

抑又有可言者，同为哀伤，宜有深浅程度之分别。陈寅恪之哀乃是至痛深哀。其所著《王观堂先生挽词并序》有言："其表现此文化之程量愈宏，则其所受之苦痛亦愈甚。"故此语虽为静安而设，其普世价值与寅恪亦应若合符契。所以《陈寅恪诗集》中，直写流泪吞声的诗句就有二十六联之多。兹将相关联句依《诗集》所系之时间顺序摘录如次，以见其至哀深痛之情状。

残域残年原易感
又因观画泪汍澜　1913

回思寒夜话明昌
相对南冠泣数行　1927

闻道通明同换劫
绿章谁省泪沾巾　1936

楼高雁断怀人远

国破花开溅泪流　1938

得读新诗已泪零
不须借卉对新亭　1939

世上欲哭流泪眼
天涯宁有惜花人　1945

万里乾坤迷去住
词人终古泣天涯　1945

泪眼已枯心已碎
莫将文字误他生　1945

去国欲枯双目泪
浮家虚说五湖舟　1946

五十八年流涕尽
可能留命见升平　1948

惟有沉湘哀郢泪
弥大梅雨却相同　1951

儿郎涑水空文藻
家国沅湘总泪流　1951

赵佗犹自怀真定
渐痛孤儿泪不干　1951

葱葱佳气古幽州
隔世相望泪不收　1951

文章存佚关兴废
怀古伤今涕泗涟　1953

论诗我亦弹词体
怅望千秋泪湿巾　1953

掩帘窗牖无光入
说饼年时有泪流　1954

独醪有理心先醉
残烛无声泪暗流　1955

衰泪已因家国尽
人亡学废更如何　1955

死生家国休回首
泪与湘江一样流　1957

玉溪满贮伤春泪
未肯明流且暗吞　1958

会盟长庆寻常事
谁为伤春泪湿衣　1959

铁锁长江东逝水
年年流泪送香尘　1959

问疾宁辞蜀道难
相逢握手泪汍澜　1961

檀槽天壤无消息
泪洒千秋纸上尘　1964

开元全盛谁还忆
便忆贞元满泪痕　1964

此二十六联是三联版《陈寅恪集》之《诗集》中直接关乎

泪流的诗句，不一定很全，可能还有遗漏。[1]《柳如是别传》“稿竟说偈”结尾四句“刻意伤春，贮泪盈把，痛哭古人，留赠来者”，就没包括在内。陈寅恪不是一般的流泪，而是“泪汍澜”“溅泪流”“泪不收”“涕泗涟”“泪湿巾”“贮泪盈把”，可见悲伤之情状和哀痛之深。这是很少能在另外的文史学者的文字中看到的。即使是现代的诗人、文学家，也不多见。南唐后主李煜有“以泪洗面”的传说，但形诸文字中也没有写得如此泗泪滂沱。然则陈寅恪深度哀伤的缘由究竟为何？此无他，惟“家国”二字而已。故上引诗联有“衰泪已因家国尽”的句子，他自己已讲得非常清楚。

我十余年前写过一篇《陈寅恪的“家国旧情”与“兴亡遗恨”》的文章，解析《陈寅恪诗集》里所反映的他的家国情怀，曾举出多组关于“家国”的诗句，如“家国艰辛费维持”“死生家国休回首”“频年家国损朱颜”“家国沅湘总泪流”等等。并且发现陈三立的诗里面，也不乏类似的句子，如“羁孤念家国”“旋出涕泪说家国”“百忧千哀在家国”等，父子二人都在为家国的不幸遭遇而流泪。散原老人的诗句是“百忧千哀在家国”，陈寅恪的诗句是“衰泪已因家国尽”，其措意、遣词、指归，以及情感的发抒，完全一致，哀伤的程度似乎也大体相同。所以然者，则是与陈氏一家在戊戌之年的

[1] 所引诗联见于《陈寅恪集》之《诗集》的页码恕不一一注出，依诗联后面的署年自可找到。

不幸遭遇直接有关。故陈寅恪的诗句反复强调“家国沅湘总泪流”“泪与湘江一样流”，明确透露出与此哀此痛直接相关的湖南地域背景。

但陈氏家族的遭遇是与国家的命运联系在一起的。慈禧政变对近代中国的影响难以言喻，包括八国联军攻入北京等许多伤害国族民命的后续事变，都是那拉氏的倒行逆施结出的果实。因此陈寅恪作为历史学者，他不仅有“哀”，其实也有“恨”。所“恨”者，1898年的变法，如果不采取激进的办法，国家的局面就会是另外的样子。他的祖父陈宝箴和父亲陈三立就不赞成康有为的激进态度，而主张全国变法最好让张之洞主持，以不引发慈禧和光绪的冲突为上策。这就是陈寅恪在《寒柳堂记梦未定稿》第六节“戊戌政变与先祖先君之关系”里所说的：“盖先祖以为中国之大，非一时能悉改变，故欲先以湘省为全国之模楷，至若全国改革，则必以中央政府为领导。当时中央政权实属于那拉后，如那拉后不欲变更旧制，光绪帝既无权力，更激起母子间之冲突，大局遂不可收拾矣。”[1]

此亦即陈寅恪在《读吴其昌撰梁启超传书后》一文里所说的：

> 当时之言变法者，盖有不同之二源，未可混一论之也。

[1] 陈寅恪：《寒柳堂记梦未定稿》“第六节　戊戌政变与先祖先君之关系”，《寒柳堂集》，三联书店2001年版，第203页。

> 咸丰之世，先祖亦应进士举，居京师。亲见圆明园干霄之火，痛哭南归。其后治军治民，益知中国旧法之不可不变。后交湘阴郭筠仙侍郎嵩焘，极相倾服，许为孤忠闳识。先君亦从郭公论文论学，而郭公者，亦颂美西法，当时士大夫目为汉奸国贼，群欲得杀之而甘心者也。至南海康先生治今文公羊之学，附会孔子改制以言变法。其与历验世务欲借镜西国以变神州旧法者，本自不同。故先祖先君见义乌朱鼎甫先生一新《无邪堂答问》驳斥南海公羊春秋之说，深以为然。据是可知余家之主变法，其思想源流之所在矣。[1]

陈寅恪对戊戌变法两种不同的思想源流作了严格区分，以追寻使国家“大局遂不可收拾”的历史原因。

1965年冬天，也就是陈寅恪先生逝世的前四年，他写了一首总括自己一生的哀伤与记忆的诗篇，这就是《乙巳冬日读清史后妃传有感于珍妃事为赋一律》，兹抄录如下与读者共赏。

> 昔日曾传班氏贤，如今沧海已桑田。
> 伤心太液波翻句，回首甘陵党锢年。
> 家国旧情迷纸上，兴亡遗恨照灯前。

[1] 陈寅恪:《读吴其昌撰梁启超传书后》,《寒柳堂集》，三联书店2001年版，第167页。

开元鹤发凋零尽，谁补西京外戚篇。[1]

这是一首直接抒写戊戌政变对中国社会变迁以及对义宁陈氏一家的深远影响的诗。首句之班氏即汉代的才女文学家兼历史家的班昭，作者用以指代珍妃。珍妃是戊戌政变的直接牺牲品，慈禧因光绪而迁怒珍妃，故庚子西行先将珍妃处死。第二句说珍妃的故事已经很遥远了，国家如今发生了天翻地覆的变化。三四两句是关键，句后有注："玉谿生诗悼文宗杨贤妃云：'金舆不返倾城色，玉殿犹分下苑波。'云起轩词'闻说太液波翻'即用李句。"玉谿生是李商隐的号，寅恪所引诗句见于其《曲江》一诗，全诗为："望断平时翠辇过，空闻子夜鬼悲歌。金舆不返倾城色，玉殿犹分下苑波。死忆华亭闻鹤唳，老忧王室泣铜驼。天荒地变心虽折，若比伤春意未多。"[2]注家对此诗讽咏内容的考证结论不一，要以写悲惋唐文宗甘露之变者为是，寅恪先生采用的即是此说。

不过这应该是"古典"，"今典"则是文廷式的《念奴娇》词中与珍妃之死有关的"闻说太液波翻"句。文廷式是珍妃的老师，慈禧因不喜珍妃而牵及其师，早在政变之前就把文廷式赶出宫，并于政变后连发多道旨意，勒令地方督抚捕后就地正

[1] 陈寅恪：《乙巳冬日读清史后妃传有感于珍妃事为赋一律》，《陈寅恪集·诗集》，三联书店2001年版，第172页。

[2] 《李商隐诗歌集解》第一册，中华书局1988年版，第132页。

法。但当时正在长沙的文廷式为陈宝箴、陈三立父子联手所救免，以三百金作为路资，使其先走上海，尔后逃赴东瀛。珍妃遇难，文廷式异常悲痛，作《落花诗十二首》为悼。[1]另《念奴娇》两首也都关乎珍妃事。第一首有“杜鹃啼后，问江花江草，有情何极。曾是灯前通一笑，浅鬟轻拢蝉翼。掩仰持觞，轻盈试翦，此意难忘得”[2]句，自是回念珍妃无疑。后者即是寅恪先生所引录者。[3]至于“太液波翻”之典故义涵，只有用来比喻宫廷政争一解。所以李商隐用此，指的是唐代与牛、李党争有关的文宗甘露之变。文廷式用此，指的是因帝、后党争引发的戊戌政变。那么陈寅恪诗中所伤心者（“伤心太液波翻句”），实与文廷式同发一慨，正是戊戌惨剧而非其他。故第四句由戊戌之变想到了东汉的党锢之祸，那次党祸接连两次，杀人无算。盖义宁一家最恶党争，陈三立说：“故府君独知事变所当为而已，不复较孰为新旧，尤无所谓新党旧党之见。”[4]正是历史上无穷无尽的党争给国家造成了无数灾难，戊戌之年的所谓新党和旧党、帝党和后党之争，则使中国失去最后一次渐变革新的好时机。陈寅恪所哀伤者在此，所长歌痛哭者亦

[1] 汪叔子编：《文廷式集》下册，中华书局 1993 年版，第 1331 页。

[2] 同上，第 1451 页。

[3] 同上，第 1452 页。

[4] 陈三立：《湖南巡抚先府君行状》，《散原精舍诗文集》下册，上海古籍出版社 2003 年版，第 855 页。

在此。

所以《乙巳冬日读清史后妃传有感于珍妃事为赋一律》的第五六两句尤堪注意:“家国旧情迷纸上,兴亡遗恨照灯前。”此不仅是这首诗的点题之句,也可以看作是陈寅恪全部诗作的主题曲,同时也是我们开启陈寅恪精神世界隐痛的一把钥匙。明乎此,则晚年的大著述《柳如是别传》有解矣,他的一生著述有解矣,他的哀伤与记忆有解矣。诗的最后一联:“开元鹤发凋零尽,谁补西京外戚篇。”盖寅恪先生所慨叹者,熟悉晚清掌故的老辈都已作古,谁还说得清楚当时宫掖政争的历史真相呢?当然我们的大史学家是洞悉当时历史事变的底里真相的,他晚年撰写的《寒柳堂记梦未定稿》,就是试图重建历史结构的真相的重要著作,虽原稿多有散佚,但我们运用陈寅恪的方法,以陈解陈,应大体可以窥知。《寒柳堂记梦未定稿》写于1965年夏至1966年春,《乙巳冬日读清史后妃传有感于珍妃事为赋一律》在时间上,相当于《记梦未定稿》竣事之时,故不妨看作是对《记梦》的题诗。因此补写“西京外戚篇”的伟业,我们的寅恪先生事实上已经践履了。

2006年7月30日于中国文化研究所

第九章

陈寅恪的阐释学

陈寅恪先生坚执中国文化本位的思想，以种族与文化的学说治史说诗，目的是在史中求史识，通解历史上的文化中国。而实现此一学术目标的主要途径，是在充分占有和甄别史料的基础上，对摄取来作为研究对象的古代载籍和历史人物，进行诠解和阐释，以重建历史的真实面貌和历史人物的心理结构。在这点上所有历史学者概莫能外。陈寅恪的贡献，是在说诗治史的过程中，创立了一种独特的具有现代精神的阐释学，就中所包含的观念与方法学的意义，足可启示当代，并“示来者以轨则”[1]，使做中国学问的人文学者取径有门而知其以古为新的前行之路。

陈寅恪先生的阐释学，可约略概括为六目，即：第一，

[1] 陈寅恪：《王静安先生遗书序》，《陈寅恪集·金明馆丛稿二编》，三联书店 2001 年版，第 247 页。

"了解之同情"：阐释的先验态度；第二，"释证""补正""参证"：阐释的多元途径；第三，"既解释文句又讨论问题"：阐释的思想向度；第四，比较阐释和心理分析：阐释的现代意味：第五，古典、今典双重证发：阐释的学问境界；第六，环境与家世信仰的熏习：阐释的种子求证。姑名之为陈氏阐释学，下面请分别试论之。

"了解之同情"：阐释的先验态度

面对历史人物和古代的载籍，我们首先须假设一先验的态度，即你准备怎样来对待古人和古人的立说。这需要谈到陈寅恪先生为冯友兰《中国哲学史》上册所写的审查报告，他在这篇报告中说过一句很有名的话，就是"对于古人之学说，应具了解之同情，方可下笔"[1]。这句话可以看作是他对古代作者和古代典籍的基本态度。至于为什么以及怎样做才称得上对古人的学说具有"了解之同情"，他解释说：

> 盖古人著书立说，皆有所为而发。故其所处之环境，所受之背景，非完全明了，则其学说不易评论，而古代哲学家去今数千年，其时代之真相，极难推知。吾人今日可依据之

[1] 陈寅恪：《冯友兰中国哲学史上册审查报告》，《陈寅恪集·金明馆丛稿二编》，三联书店 2001 年版，第 279 页。

> 材料，仅为当时所遗存最小之一部，欲借此残余断片，以窥测其全部结构，必须备艺术家欣赏古代绘画雕刻之眼光及精神，然后古人立说之用意与对象，始可以真了解。所谓真了解者，必神游冥想，与立说之古人，处于同一境界，而对于其持论所以不得不如是之苦心孤诣，表一种之同情，始能批评其学说之是非得失，而无隔阂肤廓之论。否则数千年前之陈言旧说，与今日之情势迥殊，何一不可以可笑可怪目之乎？[1]

这是说古人著书立说总有一定的环境与背景，经受特定物事的刺激和诱发之后，方产生形诸笔墨的冲动；但由于时代湮远，可资依据的直接材料常常残缺不全，要想窥知其时代真相，洞悉古人著作的运思过程和精神底里，实在是一件至繁至难之事。在这种情况下，寅恪先生主张今之作者要具备艺术家的精神和眼光，对古人的学说采取如同对待艺术品般的欣赏态度，使自己神游冥想，进入对象，设想与立说之古人处于同一境界，然后始能达成对古人立说之用意和对象的“真了解”。就是说，得先进入境界，具赏鉴之心，然后方能知得失。而“真了解”的关键，在于对古人立说“不得不如是之苦心孤诣”，能够产生设身处地的同情之心。“不得不如是”一语，实

[1] 陈寅恪：《冯友兰中国哲学史上册审查报告》，《陈寅恪集·金明馆丛稿二编》，三联书店2001年版，第279页。

际上是问题的关键。其隐含义，就是对古人不仅要了解，而且还要体谅。此义和章学诚《文史通义·文德》篇同发一慨，章氏尝谓：

> 凡为古文辞者，必敬以恕。临文必敬，非修德之谓也。论古必恕，非宽容之谓也。敬非修德之谓者，气摄而不纵，纵必不能中节也。恕非宽容之谓者，能为古人设身而处地也。[1]

寅老所陈述之阐释态度，亦即章氏“论古必恕”的态度，妙在章氏不以“宽容”一词与“恕”相混淆，而以“为古人设身而处地”给以说明，此与寅恪先生同曲同工矣。不同的是，寅老给出的总括概念为“了解之同情”，故引来“对待艺术品般的欣赏态度”一语，使得“恕”“同情”“设身处地”，均得入径之着落。只有秉持这样一种态度，才有条件批评古人学说的是非得失，而与任何一种超越时代环境和作者条件的苛求前贤的作风划清界限。

但陈寅恪先生接着便指出：“此种同情之态度，最易流于穿凿附会之恶习。因今日所得见之古代材料，或散佚而仅存，或晦涩而难解，非经过解释及排比之程序，绝无哲学史之可言。

[1] 章学诚：《文史通义·文德》，叶瑛校注，中华书局1985年版，上册，第278页。

然若加以连贯综合之搜集及统系条理之整理，则著者有意无意之间，往往依其自身所遭际之时代，所居处之环境，所熏染之学说，以推测解释古人之意志。”[1]这是寅恪先生最不能容忍的“以今例古”，实即将古人的思想现代化，故以“恶习”称之，然而这又是时人最易犯的毛病。其结果是：“今日之谈中国古代哲学者，大抵即谈其今日自身之哲学者也。所著之中国哲学史者，即其今日自身之哲学史者也。其言论愈有条理统系，则去古人学说之真相愈远。”[2]对冯友兰所著之《中国哲学史》，他所以郑重予以推荐，原因之一就是冯著划开了古今的界限，没有把古人现代化，对古人的立说大体采取了“了解之同情”的态度。他希望通过出版冯著，能够矫正当时学界的令人“长叹息”的“附会之恶习”，特别彼时的墨子研究，此种风气显现得尤为突出。可以认为，陈寅恪先生提出的“对于古人之学说，应具了解之同情”，是阐释学的一绝大判断，非常准确地概括出今之学人对古人著述所应采取的态度，此说在他的阐释学的结构中起精神柱石的作用。

陈寅恪先生对待古代著作和古人著述立说的这种态度，贯穿于他的全部著述之中。《元白诗笺证稿》对元稹的评价是其显例。由于元稹一生数娶，对青年时期的恋爱对象“崔莺莺”

---

[1] 陈寅恪：《冯友兰中国哲学史上册审查报告》，《陈寅恪集·金明馆丛稿二编》，三联书店2001年版，第279—280页。

[2] 同上，第280页。

始乱终弃，自己非但不愧疚，反而写成《传奇》，以所谓“忍情说”为自己辩护，其为人巧宦热中，无以复加。如果不了解唐代贞元以后的社会风俗，以“今”例“古”，或以“后”例“前”，对绝代才华之微之除了诟病已无所取长矣。

但由于寅恪先生对唐代仕宦制度和社会风俗文化有独到的研究，为他衡人品文提供了可以取信的历史依据。盖唐代自高宗和武则天以后，世风实起一极大变化，即“此种社会阶级重辞赋而不重经学，尚才举而不尚礼法”，乃至进士科亦为“浮薄放荡之徒所归聚，与倡伎文学殊有关联”[1]。所以唐代娼伎文学发达，显宦高官以及文人学士概莫能外，倘不拥伎自炫，便无社会地位，即以道学自命的韩愈亦在所不免。故杜牧的《感怀诗》有句：“至于贞元末，风流恣绮靡。”[2]这种情况，不明唐代风俗者，无法与言。寅恪先生在大量引证有关唐代社会风俗的史料之后写道：

> 盖唐代社会承南北朝之旧俗，通以二事评量人品之高下。此二事，一曰婚，二曰宦。凡婚而不娶名家女，与仕而不由清望官，俱为社会所不齿。此类例证甚众，且为治史者所习知，故兹不具论。但明乎此，则微之所以作《莺莺传》，直叙其自身始乱终弃之事迹，绝不为之少惭，或略讳

[1] 陈寅恪：《元白诗笺证稿》，三联书店2001年版，第89页。

[2] 杜牧：《感怀诗》，《全唐诗》卷五百二十，中华书局标点本，第十六册，第5937页。

者，即职是故也。其友人杨巨源、李绅、白居易亦知之，而不以为非者，舍弃寒女，而别婚高门，当日社会所公认之正当行为也。[1]

这样来看待元稹，即不以道德好恶代替历史分析，才有可能做到对古人的“真了解”。虽然，寅恪先生并没有扮演元稹辩护士的角色，他对其婚、宦的取径亦曾深责痛诋，于《元白诗笺证稿》第四章论“艳诗及悼亡诗”之时，有如下的批评：“然则微之乘此社会不同之道德标准及习俗并存杂用之时，自私自利。综其一生行迹，巧宦固不待言，而巧婚尤为可恶也。岂其多情哉？实多诈而已矣。”[2]只不过是其社会风气所致也，故友朋及社会舆论视之平常而又正常，并不以此为非者。当然亦不影响对其文笔才华之评价，所以寅恪先生又写道：“微之绝世之才士也。人品虽不足取，而文采有足多者焉。”[3]则士人之文采风流，微之尽占也夫。然回到陈氏阐释学，此历史的批评与道德的批评互不为掩而双重取义，正所谓对古人的“同情”而又“了解”者也。

《柳如是别传》对钱牧斋的评说也颇能说明问题。稍具明清史常识的人无不知晓钱氏的始附东林，后结马（士英）、

[1] 陈寅恪:《元白诗笺证稿》，三联书店 2001 年版，第 116 页。

[2] 同上，第 99 页。

[3] 同上，第 93 页。

阮（大铖），明朝南都倾覆时又率尔降清，名节有亏，殊不足取，以至于士林史乘有“自汉唐以来，文人之晚节莫盖，无如谦益之甚者”的恶评。陈寅恪先生并不否认这一点，但他主张对钱牧斋的行事尚须作环境和自身性格的具体分析，即使成为“一生污点”的降清一事，也需看到“亦由其素性怯懦，迫于事势所使然，若谓其必须始终心悦诚服，则甚不近情理”[1]。因此他不赞成陈子龙的弟子王胜时“挟其师与河东君因缘不善终之私怨”，厚诬钱氏寓复明之旨的《列朝诗集小传》之苦心孤诣，因此批评说：“胜时自命明之遗逸，应恕其前此失节之愆，而嘉其后来赎罪之意，始可称为平心之论。”[2]而对于钱牧斋和柳如是夫妇当南明小朝廷苟延残喘之际，所谓“日逢马阮意游宴”一节，寅恪先生说自然是极可鄙之事，但亦认为可增加一层分析，即不排除钱牧斋和阮大铖都是文学天才，两人也有“气类相近”的一面；而柳如是与阮大铖皆能度曲，就中或不无“赏音知己之意”[3]，不必只以“谦益觊相位”的潜在未显之目的来加评。这些话，非寅老谁能说出。人物是立体的，历史的动因是多重的，正不必把复杂的历史现象简单化。

不仅钱牧斋的降清“纾污有因”，就是清初的许多志在复明之人，也不得不违心地去应乡试，对此一现象也应明察其时

[1] 陈寅恪：《柳如是别传》下册，三联书店2001年版，第1045页。

[2] 同上，第1005页。

[3] 同上，第867页。

代环境的因素，而后再作批评。寅恪先生考释牧斋晚年从事复明活动，与当时许多同此胸怀之士有往还，故明大宗伯松江陆文定的曾孙陆子玄就是其中一个。但这位志在复明之士，却在顺治丁酉（公历1657年）应乡试，因涉及“权要贿赂”的科场案，被发往辽左。寅恪先生针对陆子玄一案，论之曰：“故子玄亦必是志在复明之人，但何以于次年即应乡试？表面观之，似颇相矛盾。前论李素臣事，谓其与侯朝宗之应举，皆出于不得已。子玄之家世及声望约略与侯李相等，故疑其应丁酉科乡试，实出于不得已。盖建州入关之初，凡世家子弟著声庠序之人，若不应乡举，即为反清之一种表示，累及家族，或致身命之危险。”又说：“关于此点，足见清初士人处境之不易。后世未解当日情势，往往作过酷之批评，殊非公允之论也。”[1]这些地方都体现出寅恪先生对待古人的“了解之同情”的诠释态度。

梁启超在近现代思想文化史上一直是个有争议的人物。戊戌变法前夕，陈寅恪先生的祖父陈宝箴和父尊陈三立曾聘请其主讲于长沙时务学堂，后又与寅恪先生共同任导师于清华国学研究院，可以说与寅恪先生有三代之谊。尽管如此，当梁启超脱离开具体的历史环境，以自己的思想经历来解释古人的志尚行动，寅恪先生仍直率地给予批评。他在《陶渊明之思想与清

[1]　陈寅恪:《柳如是别传》下册，三联书店2001年版，第1142页。

谈之关系》一文中，通过详细探究陶渊明的家世和姻族联系及宗教信仰，确认沈约《宋书》本传所说的渊明的政治主张是，“自以曾祖晋世宰辅，耻复屈身异代，自〔宋〕高祖王业渐隆，不复肯仕”最为可信[1]，认为这与嵇康是曹魏国姻，因而反抗司马氏政权正复相同。接着他把笔锋一转写道：

> 近日梁启超氏于其所撰《陶渊明之文艺及其品格》一文中谓：“其实渊明只是看不过当日仕途混浊，不屑与那些热官为伍，倒不在乎刘裕的王业隆与不隆”，“若说所争在什么姓司马的，未免把他看小了”，及“宋以后批评陶诗的人最恭维他耻事二姓，这种论调我们是最不赞成的”。斯则任公先生取己身之思想经历，以解释古人之志尚行动，故按诸渊明所生之时代，所出之家世，所遗传之旧教，所发明之新说，皆所难通，自不足据之以疑沈休文之实录也。[2]

“取己身之思想经历，以解释古人之志尚行动”，就是以今例古，很容易将古人的思想现代化，从而曲解古人，这与寅恪先生的阐释学原理格格不入，即使面对有通世之谊的梁任公，也不能不辩驳清楚。但另一方面，如有人离开时代条件苛求新

[1] 陈寅恪：《陶渊明之思想与清谈之关系》，《金明馆丛稿初编》，三联书店 2001 年版，第 227 页。

[2] 同上，第 228 页。

会其人，寅恪先生也当仁不让，立即起而为之辩诬。

1945年，他在《读吴其昌撰梁启超传书后》一文中，写有下面的话：

> 任公先生高文博学，近世所罕见。然论者每惜其与中国五十年腐恶之政治不能绝缘，以为先生之不幸。是说也，余窃疑之。尝读元明旧史，见刘藏春、姚逃虚皆以世外闲身而与人家国事。况先生少为儒家之学，本董生国身通一之旨，慕伊尹天民先觉之任，其不能与当时腐恶之政治绝缘，势不得不然。忆洪宪称帝之日，余适旅居旧都，其时颂美袁氏功德者，极丑怪之奇观。深感廉耻道尽，至为痛心。至如国体之为君主抑或民主，则尚为其次者。迨先生《异哉所谓国体问题者》一文出，摧陷廓清，如拨云雾而睹青天。然则先生不能与近世政治绝缘者，实有不获已之故。此则中国之不幸，非独先生之不幸也。[1]

由对梁任公的一驳一辩，我们可以看出，寅恪先生提出的对立说之古人要有“了解之同情”是何等重要。其实不只对古人，凡涉及己身以外的其他文字作者，均应采取此种态度。在寅恪先生看来，以今例古固然不对，以己例人同样不足取。

[1] 陈寅恪:《读吴其昌撰梁启超传书后》,《寒柳堂集》，三联书店 2001 年版，第 166 页。

“释证”“补正”“参证”：阐释的多元途径

陈寅恪阐释学的又一特点，是对材料的阐释采取多种方法和多种途径，一句话，属于多元阐释。1934年，他在为王国维《遗书》撰写的序言里，用“释证”“补正”“参证”三目，来概括王国维著述的学术内容和治学方法，这就是“取地下之实物与纸上之遗文互相释证”“取异族之故书与吾国之旧籍互相补正”“取外来之观念与固有之材料互相参证”[1]。此三目也是寅恪先生说诗治史经常使用的方法，成为陈氏阐释学基本内涵构成的重要部件。我们看《金明馆丛稿初编》《金明馆丛稿二编》《寒柳堂集》所载诸文，以及《元白诗笺证稿》《柳如是别传》等专著，“释证”“补正”“参证”字样随处可见。《柳如是别传》的最初命名就是《钱柳因缘诗释证稿》，而单篇论著之行文过程，也动辄直标“与旧史及他书之文互相释证”“取旧史及他书以为参证”[2]“然于道教仅取以供史事之补正”[3]等等，无须更多列举，可以说寅恪先生的全部著作，使用的都是此种方法，组成“释证”“补正”“参证”的和声大曲，特以阐

[1] 陈寅恪：《王静安先生遗书序》，《陈寅恪集·金明馆丛稿二编》，三联书店2001年版，第247页。

[2] 陈寅恪：《四声三问》，《陈寅恪集·金明馆丛稿初编》，三联书店2001年版，第369、373页。

[3] 陈寅恪：《论许地山先生宗教史之学》，《陈寅恪集·金明馆丛稿二编》，三联书店2001年版，第360页。

释的多元途径概括之。

需要指出的是，寅恪先生用以释证材料的这三种方法，虽然与吾国传统文史考据之学相重合，但统率此方法的证释观念和精神指归却不完全相同。就吸收传统而言，寅恪先生赞许宋儒治史的方法，而不赞成清儒治经的方法。清代史学和经学并有朴学之目，但史学的地位远不如经学。所以如此，爱新觉罗氏以外族入主中国，屡兴文字之狱，株连惨酷，学者有所畏避，不敢致力于史事研究，固是一因，但寅恪先生认为还有史学与经学的释证材料的方法不同途的因素在内。他说：

> 所差异者，史学之材料大都完整而较备具，其解释亦有所限制，非可人执一说，无从判决其当否也。经学则不然，其材料往往残缺而又寡少，其解释尤不确定，以谨愿之人，而治经学，则但能依据文句各别解释，而不能综合贯通，成一有系统之论述。以夸诞之人，而治经学，则不甘以片断之论述为满足。因其材料残缺寡少及解释无定之故，转可利用一二细微疑似之单证，以附会其广泛难征之结论。其论既出之后，固不能犁然有当于人心，而人亦不易标举反证以相诘难。譬诸图画鬼物，苟形态略具，则能事已毕，其真状之果肖似与否，画者与观者两皆不知也。往昔经学盛时，为其学者，可不读唐以后书，以求速效。声誉既易致，而利禄亦随之。于是一世才智之士，能为考据之学者，群舍史学而趋于

经学之一途。[1]

寅恪先生将清代史学与清代经学作如此区分，说明他的建立在传统考据之学基础上的阐释学，与清代朴学是相合而不相同之物，尤其与清儒治经的方法迥不相侔。所以别者，在于他的名为“释证”“笺证”诸作，都是能够“综合贯通，成一有系统之论述”的学术典要之著述，不仅“夸诞之人”不足与论，即“谨愿之人”亦异途难并。

清儒治经经常犯的毛病，如“解释无定”“利用一二细微疑似之单证”“不易标举反证”及“以附会其广泛难征之结论”等等，实为寅恪先生的阐释学所深戒。他在释证材料方面，可以说是在为清儒所不能为之事。因此当他看到杨树达的《论语疏证》是用宋儒治史的方法来治经，不胜感慨，欣然为序，写道：“夫圣人之言，必有为而发，若不取事实以证之，则成无的之矢矣。圣言简奥，若不采意旨相同之语以参之，则为不解之谜矣。既广搜群籍，以参证圣言，其言之矛盾疑滞者，若不考订解释，折衷一是，则圣人之言行，终不可明矣。今先生汇集古籍中事实语言之与《论语》有关者，并间下己意，考订是非，解释疑滞。此司马君实、李仁甫长编考异之法，乃自来诂释《论语》者所未有，诚可为治经者辟一新途径，树一新

[1] 陈寅恪：《陈垣元西域人华化考序》，《陈寅恪集·金明馆丛稿二编》，三联书店2001年版，第269—270页。

楷模也。”[1]其中，“取事实以证之”和“采意旨相同之语以参之”两种解释途径，是陈寅恪先生经常使用的方法，也是陈氏阐释学的要义所在。

这种方法运用的极致，是他对《乐毅报燕惠王书》中“蓟丘之植，植于汶篁”句的独特解释。历来解此句者，或如俞樾认为是倒句，实即汶篁之植，植于蓟丘的意思；或如杨树达以“于”“以”同义为由，并引《韩非子·解老篇》“慈，于战则胜，以守则固”及《老子》“以战则胜，以守则固”作为参证，释其意为“蓟丘之植，植以汶篁”等等。寅恪先生避繁就简，欣然论道，而提出此句按普通文义即可通解，而不必求诸“以”“于”相通或“倒句”之妙等等。因为按照司马迁《史记》文本所载：“乐毅留徇齐五岁，下齐七十余城，皆为郡县，以属燕。”[2]以此燕为战胜国，大队人马在齐留徇五年之久，自然可以将蓟丘之植移植于汶篁。寅恪先生于是写道：

> 战胜者收取战败者之珠玉财宝车甲珍器，送于战胜者之本土。或又以兵卒屯驻于战败者之土地。战胜者本土之蔬果，则以其为出征远戍之兵卒夙所习用嗜好之故，辄相随而移植于战败者之土地。以曾目睹者言之，太平天国金陵之

[1] 陈寅恪：《杨树达论语疏证序》，《陈寅恪集·金明馆丛稿二编》，三联书店 2001 年版，第 262 页。

[2] 《史记》卷八十“乐毅列传”，中华书局标点本，第七册，第 2429 页。

败，洪杨库藏多辇致于衡湘诸将之家。而南京菜市冬苋紫菜等蔬，皆出自湘人之移植。清室圆明园之珍藏，陈列于欧西名都之博物馆，而旧京西郊静明园玉泉中所生水菜，据称为外国联军破北京时所播种。此为古今中外战胜者与战败者，其所有物产互相交换之通例。燕齐之胜败，何独不如是乎？”[1]

寅恪先生的阐释简直妙绝，连生平闻见所经历的知识掌故一并招引进来，让大家一起来佐证，说明“蓟丘之植，植于汶篁”，无非是燕国蓟丘的植物，随着留徇齐地的燕国军队，而移植于齐国的汶篁而已。汶即汶水，齐国的一条河流；篁是竹田的意思。

作为“参证”，寅恪先生又引《齐民要术》“种枣”条为例：“青州有乐氏枣，肌细核小，多膏肥美，为天下第一。父老相传云：乐毅破齐时，从燕赍来所种也。”[2]此条材料为寅恪先生所援引，进而证明其对“蓟丘之植，植于汶篁”句的解释妥帖无误。而且在文法上，《乐毅报燕惠王书》此句前面的文句为：“珠玉财宝车甲珍器尽收于燕，齐器设于宁台，大吕陈于

[1] 陈寅恪：《蓟丘之植植于汶篁之最简易解释》，《陈寅恪集·金明馆丛稿二编》，三联书店 2001 年版，第 298 页。

[2] 同上。

元英，故鼎反乎历室。”[1]“蓟丘之植，植于汶篁”之句，正好与“故鼎反乎历室”句是对文，因此寅老的解释不仅于词义，于文法句式也无减无增，恰到好处。为此寅恪先生进而申说道：

> 夫解释古书，其谨严办法，在不改原有之字，仍用习见之义。故解释之愈简易者，亦愈近真谛。并须旁采史实人情，以为参证。不可仅于文句之间，反覆研求，遂谓已尽其涵义也。[2]

此一阐释方法，虽曰“不改原有之字，仍用习见之义”，初看似不难掌握，但究其实却并非易事。所难者，在“旁采”的两目，就是“史实”与“人情”。“史实”易明，试想如果不引证《齐民要术》的“种枣”条，说服力显然会有所减弱。而太平天国领袖们使用的轿子为湘军将领所获，南京的冬苋紫菜原系湘人所种，北京西郊静明园的水菜竟是外国联军所植，等等，这些“史实”都是作者所“目睹者”，一起拿来作为“参证”，立论便不容易被质疑了。

但何谓“人情”？考据学是需要汰除情感因素的干扰的，

[1]《史记》卷八十“乐毅列传”，中华书局标点本，第七册，第2431页。

[2] 陈寅恪：《蓟丘之植植于汶篁之最简易解释》，《陈寅恪集·金明馆丛稿二编》，三联书店2001年版，第299页。

谨严如寅恪先生难道不在意此一学术纪律？寅恪先生说："盖昌国君（乐毅攻入齐之临淄后，燕昭王亲至济上劳军，封乐毅于昌国，遂为昌国君——笔者注）意谓前日之鼎，由齐而返乎燕，后日之植，由燕而移于齐。故鼎新植一往一返之间，而家国之兴亡胜败，其变幻有如是之甚者。并列前后异同之迹象，所以光昭先王之伟烈。而己身之与有勋劳，亦因以附见焉。此二句情深而词美，最易感人。"[1]呵呵！陈寅恪先生所说的"人情"，原来是历史叙述中的当事者的"人情"之常，亦即乐毅向燕王报告："故鼎反乎历室，蓟丘之植植于汶篁，自五伯已来，功未有及先王者也。"正是以"前后异同之迹象"，颂先王之伟功及自己的勋劳，此即用来"参证"解释文句的"人情"是也。

说到以"史实"与"人情"作参证，笔者想到了陈著中另外一个例证。《元白诗笺证稿》第四章释证元稹"艳诗及悼亡诗"，发现元、白二人对《法句经》和《心王头陀经》颇感兴趣，比如白居易和元稹《梦游春》诗的结句为："法句与心王，期君日三复。"且自注云："微之常以《法句》及《心王头陀经》相示，故申言以卒其志也。"白氏自己的诗里也有句："心付《头陀经》。"陈寅恪先生针对此点写道：

[1] 陈寅恪：《蓟丘之植植于汶篁之最简易解释》，《陈寅恪集·金明馆丛稿二编》，三联书店2001年版，第299页。

寅恪少读乐天此诗，遍检佛藏，不见所谓《心王头陀经》者，颇以为恨。近岁始见伦敦博物院藏斯坦因号贰肆柒肆，《佛为心王菩萨说投陀经》卷上，五阴山室寺惠辨禅师注残本（大正续藏贰捌捌陆号）乃一至浅俗之书，为中土所伪造者。至于《法句经》，亦非吾国古来相传旧译之本，乃别是一书，即伦敦博物院藏斯坦因号贰仟贰壹《佛说法句经》（又中村不折藏敦煌写本，大正续藏贰玖零壹号），及巴黎国民图书馆藏伯希和号贰叁二伍《法句经疏》（大正续藏贰玖零贰号），此书亦是浅俗伪造之经。夫元白二公自许禅梵之学，叮咛反复于此二经。今日得见此二书，其浅陋鄙俚如此，则二公之佛学造诣，可以推知矣。[1]

此则寅恪先生以己身直接接触到的佛教经卷，来反观称颂此经卷的古人之佛学造诣究竟是何种程度，应该是最可信赖的参证方法了。此是实物原存为证，又经对佛教经典研究有素的慧眼之审鉴，纵元白在世，亦瞠目无以为对了。当然这样做的前提条件，是研究者本人必须对遗存原典有广泛的了解和深入的研究，然后才敢于下判断。

可以与此相连类的是，陈寅恪先生还发明一种以后世作者的成句，来解释前人诗赋的方法。比如用杜甫来解释庾信。庾

[1] 陈寅恪:《元白诗笺证稿》，三联书店 2001 年版，第 102—103 页。

信《哀江南赋》结尾处有句："天地之大德曰生，圣人之大宝曰位。用无赖之子弟，举江东而全弃。惜天下之一家，遭东南之反气。以鹑首而赐秦，天何为而此醉。"其中"无赖子弟"是何所指？庾集倪璠注认为，系指代梁而建陈朝的陈霸先。曾国藩《经史百家杂钞》认为是子山"追咎武帝不能豫教子弟而乱生"。寅恪先生认为，两者均非"真解"。他顺手引来杜甫《咏怀古迹》诗第一首的"羯胡事主终无赖"句，指出杜诗之"羯胡"系指安禄山，庾赋之"无赖之子弟"则是指侯景。前面所引庾赋的前四句的意思是，梁武帝以享国最久之帝王，而用无赖之侯景，卒致丧生失位，尽弃其江东之王业。寅恪先生归结说："《哀江南赋》必用《咏怀古迹》诗之解，始可通。"他称此种阐释方法为"以杜解庾"[1]。

"既解释文句又讨论问题"：阐释的思想向度

陈寅恪先生在为陈援庵先生的《元西域人华化考》所写的序言里，对清儒治经的方法所做的批评，前已引述。不过寅老在批评的同时，还提出了一项重要的阐释学的学理问题，这就是解释文句和讨论问题两者的关系为何。他说：

[1] 陈寅恪：《庾信哀江南赋与杜甫咏怀古迹诗》，《陈寅恪集·金明馆丛稿二编》，三联书店2001年版，第302—303页。

其谨愿者，既止于解释文句，而不能讨论问题。其夸诞者，又流于奇诡悠谬，而不可究诘。虽有研治史学之人，大抵于宦成以后休退之时，始以余力肄及，殆视为文儒老病销愁送日之具。当时史学地位之卑下若此，由今思之，诚可哀矣。此清代经学发展过甚，所以转致史学不振也。[1]

清儒治经的“夸诞者”可无论，其“谨愿者”也只是“止于解释文句，而不能讨论问题”。如此刚好和陈氏解释学相反，寅恪先生的方法，是“既解释文句，又讨论问题”，而且主要是为了讨论问题才去解释文句，所以陈先生的学问是有文化生命的学问，他不是寻常的历史学者，而是研究历史的思想家。

兹举一例。一为《元白诗笺证稿》第二章，寅恪先生针对洪迈《容斋五笔》卷七“琵琶行海棠诗”条所谓：“唐世法纲虽于此为宽，然乐天尝居禁密，且谪宦未久，必不肯乘夜入独处妇人船中，相从饮酒，至于极丝弹之乐，中夕方去。岂不虞商人者，它日议其后乎？乐天之意，直欲摅写天涯沦落之恨尔。”[2]寅恪先生对洪氏此说深表质疑，认为洪说在两个问题上存在显误，其一是对文字叙述的理解，其二则涉及唐代风俗问题。白诗《琵琶行》有句：“移船相近邀相见，添酒回灯重开

[1] 陈寅恪：《陈垣元西域人华化考序》，《陈寅恪集·金明馆丛稿二编》，三联书店 2001 年版，第 270 页。

[2] （宋）洪迈撰：《容斋随笔》（孔凡礼点校）下册，中华书局 2005 年版，第 911 页。

宴。千呼万唤始出来，犹抱琵琶半遮面。”洪迈据此认为白居易进入了“独处妇人”的船，而且深夜（“中夕”）方离去，与乐天身份不符。寅恪先生据诗中叙述，裁定是江州司马白居易邀请琵琶女来到自己送客的船中，“故能添酒重宴，否则江口茶商外妇之空船中，恐无如此预设之盛筵也”[1]。此处我们须注意“茶商外妇”一语，因此语涉及这位琵琶女的特殊身份，而由此牵及唐代的社会风俗问题。

唐代的社会风俗，在男女问题上相对比较自由，甚至朱子也有“唐源流出于夷狄，故闺门失礼之事不以为异”的说法。故寅老解《琵琶行》相关语句，首先提出：“关于男女礼法等问题，唐宋两代实有不同。”然后申而论之曰：“关于乐天此诗者有二事可以注意：一即此茶商之娶此长安故倡，特不过一寻常之外妇。其关系本在可离可合之间，以今日通行语言之，直‘同居’而已。元微之于《莺莺传》极夸其自身始乱终弃之事，而不以为惭疚。其友朋亦视其为当然，而不非议。此即唐代当时士大夫风习，极轻贱社会阶级低下之女子。视其去留离合，所关至小之证。是知乐天之于此故倡，茶商之于此外妇，皆当日社会舆论所视为无足重轻，不必顾忌者也。”[2]亦因此，诗前叙引写琵琶女自道出身，坦承自己是“长安倡女”，即在女性一方同样不以为异也。只有知晓唐代当时有如此这般的社会

[1] 陈寅恪：《元白诗笺证稿》，三联书店 2001 年版，第 53 页。

[2] 同上，第 53—54 页。

风俗，才能解江州司马之所为作，以及琵琶女的不讳来历，真实平静地讲述自己的前后身份变化。

而此义在《元白诗笺证稿》第四章附论《莺莺传》中，寅恪先生亦有清晰论证，写道："盖唐代社会承南北朝之旧俗，通以二事评量人品之高下。此二事，一曰婚。二曰宦。凡婚而不娶名家女，与仕而不由清望官，俱为社会所不齿。此类例证甚众，且为治史者所习知，故兹不具论。但明乎此，则微之所以作《莺莺传》，直叙其自身始乱终弃之事迹，绝不为之少惭，或略讳者，即职是故也。"[1]由此可见寅恪先生的解《琵琶行》之词句文义，是为讨论唐代社会风习及当时士大夫生活道路的时代价值取向，为人物的行为言动寻找社会的文化依据，岂是寻常篡解文句之拘拘小儒所能比并哉。

而陈著《柳如是别传》第三章在重构河东君与平生最喜欢的男性陈子龙的爱情生活时，考证出崇祯七年十二月至崇祯八年春季，两人尝同居于松江城南门内徐氏别墅之南楼。但河东君对陈子龙而言此时的身份，并不是如给河东君作传的顾云美所说，是"妾"，而是"目之为'外妇'，更较得其真相"[2]，陈寅老于此点特予辨明，可视为探讨唐代社会风俗的历史延续，其在明末之江南一带亦复如是。至于徐氏别墅的主人徐致远之兄长徐孚远，乃是与陈子龙在"南园读书楼"共同游息之人，

[1] 陈寅恪:《元白诗笺证稿》，三联书店 2001 年版，第 116 页。

[2] 陈寅恪:《柳如是别传》上册，三联书店 2001 年版，第 239 页。

其对陈、柳同居事知之甚稔，故所著之《钓璜堂存稿》涉陈者甚多。就中《旅邸追怀卧子》一诗有句云："墙内桐孙抽几许，房中阿鹜属谁家。"陈寅恪先生对诗句中之"阿鹜"一词至为敏感，对之作了详密考订。盖"阿鹜"典出《三国志》魏书之朱建平传，系指家中之"妾"而言。然则徐诗"房中阿鹜属谁家"之"鹜"，究系何指？是否指河东君？陈寅恪先生的考订结论是否定的，写道："据此，阿鹜非目河东君，乃指卧子其他诸妾而言。盖河东君已于崇祯十四年辛巳夏归于牧斋，暗公岂有不知之理。"又说："若就陈杨之关系严格言之，河东君实是卧子之外妇，而非其姬妾。"[1]

重要的是河东君本人的性格特征，在于绝不情愿作人姬妾。寅恪先生于此特为强调而言之曰："职是之由，其择婿之难，用心之苦，自可想见。但几历波折，流转十年，卒归于牧斋，殊非偶然。此点为今日吾人研考河东君之身世者，所应特加注意也。"[2]故长途跋涉，解"外妇"典，解"阿鹜"典，阐释的目标非徒为语词文句本身，而是为了讨论女主人公的性格特征和思想追求以及晚明江南的士风习俗。陈氏此种阐释学的学理和方法的内涵，真令人绝倒而为后来者所不及也。

[1] 陈寅恪：《柳如是别传》上册，三联书店 2001 年版，第 283 页。

[2] 同上。

比较阐释和心理分析：阐释的现代意味

陈寅恪先生的阐释学，还包括比较分析的方法和心理分析的方法，这使得他对材料的阐释明显带有现代学术的意味。《元白诗笺证稿》对元稹和白居易诗作的释证，集中使用的是比较分析的方法。

元、白二人诗歌创作的关系至为密切，依白居易《与元九书》所说，两人"小通，则以诗相戒；小穷，则以诗相勉；索居，则以诗相慰；同处，则以诗相娱"[1]。诗缘如此，则同声、同韵、同一主题各有所作的情形每每发生，就不足为奇了。对此，最适宜的阐释方法是比较阐释。例如白氏之《琵琶引》系元氏之《琵琶歌》的改进，题目和性质完全类同，孰高孰低，不能不求以比较研究之法。寅恪先生说："今取两诗比较分析，其因袭变革之词句及意旨，固历历可睹也。后来作者能否超越，所不敢知，而乐天当日实已超越微之所作，要为无可疑者。至乐天诗中疑滞之字句，不易解释，或莫知适从者，亦可因比较研究，而取决一是。斯又此种研究方法之副收获品矣。"[2]元白在当时唐代的文学环境中与众多作者竞求超胜，不自觉中已形成互相比较之趋势，因此寅恪先生告语"今世之治文学史者，必就同一性质题目之作品，考定其作成之年代，于

[1] 白居易：《与元九书》，《白居易集》第三册，中华书局 1979 年版，第 965 页。

[2] 陈寅恪：《元白诗笺证稿》，三联书店 2001 年版，第 47 页。

同中求异，异中见同，为一比较分析之研究，而后文学演化之迹象，与夫文人才学之高下，始得明了”[1]。

所谓“比较分析之研究”，就是比较阐释的方法，寅恪先生在《支愍度学说考》一文中，正是以此种方法来释证支愍度创立的“心无义”学说，并由此探讨我国晋代僧徒研究佛典所使用的“格义”的方法和“合本子注”的方法。支愍度是东晋时的僧人，撰有《经纶都录》（一卷）及《合维摩诘经》（五卷）、《合首楞严经》（八卷）等。据《世说新语》的记载，他与一伧道人过江时，创立了“心无义”学说。寅恪先生始引肇公《不真空论》的解释，认为“心无”即“无心于万物”，“此得在于神静”[2]。然后引元康《肇论疏》所记之“心无义”说被“破”的经过——

> 心无者，破晋代支愍度心无义也。世说注云：“愍度欲过江，与一伧道人为侣云云。”（已见上，不重录）从是以后此义大行。高僧传云：“沙门道恒颇有才力，常执心无义，大行荆上。竺法汰曰：此是邪说，应须破之。乃大集名僧，令弟子昙壹难之。据经引理，折驳纷纭。恒仗其口辩，不肯受屈。日色既暮，明旦更集。慧远就席攻难数番，问责锋起，恒自觉义途差异，神色渐动，麈尾扣案，未即有答。

[1] 陈寅恪：《元白诗笺证稿》，三联书店2001年版，第46页。

[2] 陈寅恪：《支愍度学说考》，《金明馆丛稿初编》，三联书店2001年版，第161页。

> 远曰：不疾而速，杼柚何为？坐者皆笑。心无之义于是而息。”今肇法师亦破此义。先叙其宗，然后破也。“无心万物，万物未尝无”者，谓经中言空者，但于物上不起执心，故言其空。然物是有，不曾无也。“此得在于神静，失在于物虚”者，正破也。能于法上无执，故名为“得”。不知物性是空，故名为“失”也。[1]

僧肇所破的“心无义”的持论者是道恒，已在支愍度立说之后了。日人安澄的《中论疏记》有“支愍度追学前义”的说法，寅恪先生特为之辩说，确认支氏是“心无义”的立说者。

问题是对“心无”二字如何寻得正解？陈寅恪先生说：“心无二字正确之解释果如何乎？请以比较方法定之。”[2]如何比较？寅恪先生一是遍引佛典的不同文本进行比较，包括西晋无罗叉共竺叔兰译《放光般若波罗蜜经》、东汉支娄迦谶译《道行般若波罗蜜经》、竺法护译《持心梵天所问经》，以及支谦译《大明度无极经》、昙摩蜱共竺佛念译《摩诃般若波罗蜜钞经》、鸠摩罗什译《小品般若波罗蜜经》、玄奘译《大般若波罗蜜多经》、宋施护译《佛母出生三法藏般若波罗蜜多经》，并藏、梵文《八千颂般若波罗蜜经》等佛藏典籍，证得“心

[1] 元康《肇论疏》所记之“心无义”被“破”经过，系陈寅恪先生文中所引录，见《支愍度学说考》，《金明馆丛稿初编》，三联书店 2001 年版，第 162 页。

[2] 陈寅恪：《支愍度学说考》，《金明馆丛稿初编》，三联书店 2001 年版，第 165 页。

无”两字盖出自道行《般若波罗蜜经》，但各家翻译解释纷纭歧出也甚，令人不知所从。所以然之故，则由于晋代以来的“以内典与外书互相比附”，也就是“格义”所生出的结果。

所谓“格义”，晋僧人竺法雅所说的“以经中事数拟配外书，为生解之例，谓之格义”[1]，是给“格义”下的最明确的定义。而所谓“事数”者，按刘孝标注《世说新语》的理解，应为佛教的“五阴，十二入，四谛，十二因缘，无根，五力，七觉之声”，寅恪先生对刘注表示认同。“格义”作为早期佛典研究的一种比较方法，即外典与佛经“递互讲说”，包括支愍度等所做的对佛典同本异译的比较，寅恪先生给予肯定评价，认为：“据愍度所言，即今日历史语言学者之佛典比较研究方法，亦何以远过。”[2]这个评价可不低。事实上，佛典与外书的互阐，魏晋南北以降一度成为风气，如同《颜氏家训·归心篇》所说：“内外两教，本为一体，渐积为异，深浅不同。内典初门，设五种禁；外典仁义礼智信，皆与之符。仁者，不杀之禁也；义者，不盗之禁也；礼者，不邪之禁也；智者，不酒之禁也；信者，不妄之禁也。至如畋狩军旅，燕享刑罚，因民之性，不可卒除，就为之节，使不淫滥尔。归周、孔而背释宗，何其迷也。”[3]此种“格义”的方法，使佛典与外书、周孔

[1] 陈寅恪：《支愍度学说考》，《金明馆丛稿初编》，三联书店2001年版，第168页。

[2] 同上，第185页。

[3] 《颜氏家训集解》（王利器集解），上海古籍出版社1980年版，第339页。

释宗，互相吸收而两不相背，在中国文化背景下，对外来之佛教而言，无异为自己谋一合法生存的途径，而中国文化本身亦因新资源的注入而获得“生解”。前引竺法雅称这种“以经中事数拟配外书”的“格义”的方法，为“生解之例”，此“生解”一词，可谓不同文化比较研究阐释的最生动的写照。

职是之故，陈寅恪先生才以晋僧支愍度的“心无义”为案例专题探讨此一问题，并在梳理毕“格义”的出典经过之后，归结阐述道：

> 尝谓自北宋以后援儒入释之理学，皆“格义”之流也。佛藏之此方撰述中有所谓融通一类者，亦莫非“格义”之流也。即华严宗如圭峰大师宗密之疏盂兰盆经，以阐扬行孝之义，作原人论而兼采儒道二家之说，恐又“格义”之变相也。然则“格义”之为物，其名虽罕见于旧籍，其实则盛行于后世，独关于其原起及流别，就予所知，尚未有确切言之者。以其为我民族与他民族二种不同思想初次之混合品，在吾国哲学史上尤不可不纪。[1]

甚者为言，寅恪先生已把“格义”之说视为“我民族与他民族二种不同思想初次之混合品”来看待，足见其重要了。而

[1] 陈寅恪：《支愍度学说考》，《金明馆丛稿初编》，三联书店2001年版，第173页。

宋儒的援释入儒从而引起宋代思想的大汇流，寅恪先生认为也可以看作是“格义”的流风所及，自属可理解。大而言之不同国家与民族的思想接触史又何尝不是吸收与合流的趋势，其实这也就是寅老一生所标举的“文化高于种族”的学说。

但由支愍度的“心无义”所引发的寅老对佛典与外书的“格义”的探讨，只是“佛典比较研究方法”的第一种形态。此外还有第二种形态，也和支愍度其人有关，这就是寅老极为重视的“合本子注”。魏晋南北朝时期佛教盛行，佛典翻译名家辈出，往往同一经文有多种译本问世，译文歧出的现象多有发生。因此汇聚各家不同译文的“合本”应运而生。这类书的刊行，经文一般用大字，各本的异文以小字列入夹注之中，故有“母本”“子注”之称。僧祐《出三藏记集》卷第二载：“《合维摩诘经》五卷，合支谦、竺法护、竺法兰所出《维摩》三本合为一部；《合首楞严经》八卷，合支谶、支谦、竺法护、竺法兰所出《首楞严》四本，合为一部。”[1]此二种合本，均为支愍度所集。故寅恪先生以“合本之学者”称许支愍度其人。

至于此两种不同的比较方法，陈寅恪先生写道：“‘格义’之比较，乃以内典与外书相配拟。‘合本’之比较，乃以同本异译之经典相参校。其所用之方法似同，而其结果迥异。故一

[1]（梁）释僧祐撰：《出三藏记集》，中华书局1995年点校本，第45页。

则成为附会中西之学说，如心无义即其一例，后世所有融通儒释之理论，皆其支流演变之余也。一则与今日语言学者之比较研究法暗合，如明代员珂之楞伽经会译者，可称独得‘合本’之遗意，大藏此方撰述中罕觏之作也。当日此二种似同而实异之方法及学派，支愍度俱足以代表之。”[1]以此我们知道，寅恪先生撰此《支愍度学说考》一文的目的，实在于发掘佛教中国化过程中“融通儒释之理论”的早期形态的存在及其意义，所以他说支愍度其人“于吾国中古思想史关系颇巨”。而作为陈寅恪先生阐释学的比较阐释的方法的重要性，由此也可以得到证实。

不过需要说明，陈寅恪先生虽然对比较阐释的方法特为看重，但对比较语言学学科本身，尤其是对比较语言学的观念和方法的要求，是极为严格的。他强调“治吾国语言之学，必研究与吾国语言同系之他种语言，以资比较解释，此不易之道也”[2]，同时又说：“迄乎近世，比较语言之学兴，旧日谬误之观念得以革除。因其能取同系语言，如梵语波斯语等，互相比较研究，于是系内各个语言之特性逐渐发见。印欧系语言学，遂有今日之发达。故欲详知确证一种语言之特殊现相及其性质如何，非综合分析，互相比较，以研究之，不能为功。而

[1] 陈寅恪：《支愍度学说考》，《金明馆丛稿初编》，三联书店 2001 年版，第 185 页。

[2] 陈寅恪：《西夏文〈佛母大孔雀明王经〉夏梵藏汉合璧校释序》，《陈寅恪集·金明馆丛稿二编》，三联书店 2001 年版，第 224 页。

所与互相比较者，又必须属于同系中大同而小异之语言。盖不如此，则不独不能确定，且常错认其特性之所在，而成一非驴非马、穿凿附会之混沌怪物。因同系之语言，必先假定其同出一源，以演绎递变隔离分化之关系，乃各自成为大同而小异之言语。故分析之，综合之，于纵贯之方面，剖别其源流，于横通之方面，比较其差异。由是言之，从事比较语言之学，必具一历史观念，而具有历史观念者，必不能认贼作父，自乱其宗统也。”[1]

要之在比较语言学的观念与方法的界定上，必须是属于同一语系中大同而小异之语言方能互相比较，否则便有可能导致“认贼作父，自乱其宗统”。至于在三十年代已经流行的比较文学研究，寅恪先生认为，也必须“具有历史演变及系统异同之观念”，例如白居易在中国以及在日本的影响，或者佛教故事在印度和中国的影响与流变等，可以作为比较文学研究的课题（亦即比较文学的主题研究和影响研究）。如果反其是，“则古今中外，人天龙鬼，无一不可取以相与比较。荷马可比屈原，孔子可比歌德，穿凿附会，怪诞百出，莫可追诘，更无所谓研究之可言矣”[2]。可见寅恪先生对用比较研究的方法释证材料和作为学科的比较语言学及比较文学研究，在认识上是严加区

[1] 陈寅恪：《与刘叔雅论国文试题书》，《陈寅恪集·金明馆丛稿二编》，三联书店2001年版，第251页。

[2] 同上，第252页。

别的，这反映出陈氏阐释学比较阐释方法的严谨性。

把心理分析的方法引入阐释学更是陈寅恪先生的发明。特别是《柳如是别传》一书，由于作者旨在借为河东君等人物立传，来修明清文化之史，因而在材料的释证过程经常深入到人物的心理层面。明清易代所引发的知识人士的家国情怀及其在心理上的反应，是《别传》揭橥的重点。明崇祯十四年（1641年）夏天，钱谦益以“匹嫡之礼”与河东君在茸城舟中结缡，这在牧斋是平生最欢娱之事，前后有许多诗作记录其情其事，而河东君也多有唱和之作。但柳氏对牧斋最重要的《合欢诗》和《催妆词》共八首，却眇无回应，就中原因何在？寅恪先生分析说，也许由于河东君平生作诗“语不惊人死不休”，倘不能胜人，宁可无作，所谓藏拙也。但如此解释似不能完全得其真相，故寅恪先生进而分析道：

> 鄙意此说亦有部分理由，然尚未能完全窥见河东君当时之心境。河东君之决定舍去卧子，更与牧斋结缡，其间思想情感痛苦嬗蜕之痕迹，表现于篇什者，前已言之，兹可不论。所可论者，即不和《合欢诗》《催妆词》之问题。盖若作欢娱之语，则有负于故友。若发悲苦之音，又无礼于新知。以前后一人之身，而和此啼笑两难之什，吮毫濡墨，实有不知从何说起之感。如仅以不和为藏拙，则于其用心之苦，处境之艰，似犹有未能尽悉者矣。由此言之，河东君之

不和两题，其故倘在斯欤？倘在斯欤？[1]

盖柳如是的最爱是陈子龙，弃陈就钱实出于不得已，故与钱结合后柳如是有过一段情绪极低迷时期。以此可见，寅恪先生对河东君不和《合欢诗》《催妆词》的当时心理情境所做的分析，虽事过三百年之后，揆情度理，仍堪称的论。

陈寅恪先生对钱柳结缡前后之千般曲折的事实经过，都是通过释证两人有关之诗作一一考论清楚，唯河东君不和《合欢》《催妆》两诗之因由，无诗作可资依凭，幸引来现代心理分析之方法，使得释证钱柳因缘的绝妙好辞，不仅无空白留下[2]，且增添无限现代的意味。

古典、今典双重证发：阐释的学问境界

古典和今典的双重证发，是陈氏阐释学的核心内容。1939年他在昆明西南联大所作《读哀江南赋》一文中，最早提出古典、今典的概念。他在文章的开头写道：

古今读《哀江南赋》者众矣，莫不为其所感，而所感之

[1] 陈寅恪：《柳如是别传》中册，三联书店2001年版，第662页。

[2] 关于陈寅恪先生考证钱柳结缡前后之心理过程，拙稿《陈寅恪与〈柳如是别传〉的撰述旨趣》，于此析论至详，读者可参看。文载莱顿汉学院主办之《史学：东与西》。

> 情，则有浅深之异焉。其所感较深者，其所通解亦必较多。兰成作赋，用古典以述今事。古事今情，虽不同物，若于异中求同，同中见异，融会异同，混合古今，别造一同异俱冥、今古合流之幻觉，斯实文章之绝诣，而作者之能事也。自来解释《哀江南赋》者，虽于古典极多诠说，时事亦有所征引。然关于子山作赋之直接动机及篇中结语特所致意之点，止限于诠说古典，举其词语之所从出，而于当日之实事，即子山所用之“今典”，似犹有未能引证者。[1]

又说：

> 解释词句，征引故实，必有时代限断。然时代划分，于古典甚易，于“今典”则难。盖所谓“今典”者，即作者当日之时事也。[2]

寅恪先生这里把古典、今典的概念界说得非常明确，即古典是词句故实之所从出，今典是作者所经历的当日之事实，两者在文章大家的笔下可以“融会异同，混合古今，别造一同异俱冥、今古合流之幻觉”，形成特有的一种艺术境界。而研究者的能事，则在于通过对作品中古典、今典的双重释证，以达到

[1] 陈寅恪：《读哀江南赋》，《金明馆丛稿初编》，三联书店2001年版，第234页。

[2] 同上。

对作者和作品的世界的通解。

一般地说，释古典较易，解今典更难。因为古典出自此作品之前的载籍，只要释证者并非腹笥空空，而且毕竟有诸多工具书可依凭，解释起来相对要容易或至少有线索可寻。但诠释今典，则必须了解作者当时当地的处境和心境。具体说来，寅恪先生认为“今典”的诠释宜有“二难”：一是“须考知此事发生必在作此文之前，始可引之，以为解释。否则，虽似相合，而实不可能。此一难也”。二是“此事发生虽在作文以前，又须推得作者有闻见之可能。否则其时即已有此事，而作者无从取之以入其文。此二难也”[1]。比如庾信《哀江南赋》结尾四句：“岂知灞陵夜猎，犹是故时将军；咸阳布衣，非独思归王子。”前两句用汉李广家居时夜猎灞陵的古典，后两句用楚襄王太子完质于秦，遂有“去千乘之家国，作咸阳之布衣”的慨叹的故实，对长期去国、羁留长安的庾子山来说自是贴切。但寅恪先生认为此四句中尚有“作者当日之时事”即“今典”在，指的是周、陈交好之后，陈文帝之弟安成王顼得以还国，陈宣王提出羁旅关中的庾信、王褒等“亦当有南枝之思”，而“子山既在关中，位望通显，朝贵复多所交亲，此类使臣语录，其关切己身者，自必直接或间接得以闻见”[2]，所以赋中“犹是故时将军”固然包含子山自己曾是故右卫将军的

[1] 陈寅恪：《读哀江南赋》，《金明馆丛稿初编》，三联书店 2001 年版，第 234—235 页。

[2] 同上，第 238—239 页。

"今典"，"布衣""王子"云云，也是对宣帝"欲以元定军将士易王褒等"的回应。这样，庾赋不仅表现己身的乡关之思，而且流露出归心之疾了。

《柳如是别传》对钱柳因缘诗所涉及的古典和今典的辨认和疏解更具有系统性和典范性，可以说这是《别传》撰著的基本义法。寅恪先生在《别传》之缘起章里提出："自来诂释诗章，可别为二。一为考证本事，一为解释辞句。质言之，前者乃考今典，即当时之事实。后者乃释古典，即旧籍之出处。"[1]钱遵王注释牧斋《初学》《有学》两集，阐证本事之处虽然不少，但因其深恶河东君，于钱柳关系多讳其出处，"在全部注本之中，究不以注释当日本事为通则"[2]。鉴于此，寅恪先生在释证钱、柳因缘诗之时，对每一首诗所涉及的有关时、地、人的各种错综复杂之情形，都力求"补遵王原注之缺"，使钱柳因缘诗中的僻奥故实、廋词隐语，因发覆而有着落。当然这是一件极困难的工作，不用说辨疏今典，即释证古典，亦非易事。故寅恪先生说："解释古典故实，自当引用最初出处，然最初出处，实不足以尽之，更须引其他非最初而有关者，以补足之，始能通解作者遣辞用意之妙。"[3]

陈先生又说："若钱柳因缘诗，则不仅有远近出处之古典故

[1] 陈寅恪:《柳如是别传》上册，三联书店 2001 年版，第 7 页。

[2] 同上，第 10 页。

[3] 同上，第 11 页。

实，更有两人前后诗章之出处。若不能探河穷源，剥蕉至心，层次不紊，脉络贯注，则两人酬和诸作，其词锋针对，思旨印证之微妙，绝难通解也。”[1]例如河东君次韵奉答钱牧斋《冬日泛舟有赠》诗中，有“莫为卢家怨银汉，年年河水向东流”的句子，其实此二句诗与《玉台新咏》“歌词”二首之二“河中之水向东流，洛阳女儿名莫愁”以及“平头奴子擎履箱”“恨不嫁与东家王”等句相关联；也与李商隐诗《代（卢家堂内）应》“本来银汉是红墙，隔得卢家白玉堂。谁与王昌报消息，尽知三十六鸳鸯”有关；又与钱牧斋次韵答柳如是过访半野堂赠诗里面的诗句“但似王昌消息好，履箱擎了便相从”相关；还与牧斋《观美人手迹戏题绝句七首》之三“兰室桂为梁，蚕书学采桑。几番云母纸，都惹郁金香”[2]，以及钱氏《移居诗集》之《永遇乐》词“八月十六夜有感再次前韵”有关[3]。今典故实如此丰富繁复，如果对钱柳当时当地的身份处境和前后情感经过的曲折少有了解，绝难获致通解。

特别是当明之南都倾覆之后，钱柳的有关诗作许多都与反

---

[1] 陈寅恪:《柳如是别传》上册，三联书店 2001 年版，第 12 页。

[2] 钱牧斋:《初学记》卷十六，《钱牧斋全集》第一册，上海古籍出版社 2003 年版，第 562 页。

[3] 钱牧斋《永遇乐》词“十六夜有感再次前韵”写的是:“银汉红墙，浮云隔断，玉箫吹裂。白玉堂前，鸳鸯六六，谁与王昌说？今宵二八，清辉香雾，还忆破瓜时节。剧堪怜，明镜青天，独照长门鬓发。　莫愁未老，嫦娥孤零，相向共嗟圆缺。长叹凭栏，低吟拥髻，暗与阴蛩切。单栖海燕，东流河水，十二金钗敲折。何日里，并肩携手，双双拜月。”《钱牧斋全集》第一册，上海古籍出版社 2003 年版，第 609—610 页。

清复明的主题有关，往往今典、古典交错互用，给笺释者造成的困难尤大，即使是影响后学的《钱注杜诗》，寅恪先生也认为：

> 细绎牧斋所作之长笺，皆借李唐时事，以暗指明代时事，并极其用心抒写己身在明末政治蜕变中所处之环境。实为古典今典同用之妙文。[1]

《柳如是别传》是陈寅恪先生平生最大著述，既是以诗文证史的杰构，又是辨认和疏解作品中的古典今典的典范。所以如是者，盖由于寅恪先生坚信古人的撰著都是有所为而发，因而作品中“必更有实事实语，可资印证者在，惜后人不能尽知耳”[2]。此实又涉及他对古人作品的一种特殊的理解，他曾说：“诗若不是有两个意思，便不是好诗。”[3]所以，辨认和疏解古典和今典的工作，在陈寅恪先生的阐释学中，宜占有核心之位置，可以看作是他学术建构的重要观念和重大学术创获。

---

[1] 陈寅恪:《柳如是别传》下册，三联书店 2001 年版，第 1021 页。

[2] 陈寅恪:《读哀江南赋》,《金明馆丛稿初编》，三联书店 2001 年版，第 242 页。

[3] 黄萱:《怀念陈寅恪教授——在十四年工作中的点滴回忆》,《纪念陈寅恪教授国际学术讨论会文集》，中山大学出版社 1989 年版，第 71 页。

环境与家世信仰的熏习：阐释的种子求证

陈寅恪先生是历史学家，他面对的是错综复杂的历史事件和各式各样的人物与思想学说。然则历史人物的行动依据到底是什么？都有哪些直接或间接的因素促使历史人物做出这样的而不是那样的选择。在此一问题上，寅恪先生特别重视人物的家世与信仰的影响作用。当然还有地域环境的因素，寅恪先生也很重视。不独专门探讨隋唐制度之文化渊源的《隋唐制度渊源略论稿》和《唐代政治史述论稿》直接涉及此一问题，《金明馆丛稿初编》里面的许多篇章，包括《天师道与滨海地域之关系》《述东晋王导之功业》《魏书司马睿传江东民族条释证及推论》《崔浩与寇谦之》《陶渊明之思想与清谈之关系》等，也都有关于此一问题的集中考论。

盖依寅恪先生的释史特见，环境、家世与信仰好比佛教唯识家所说的“种子”，亦即“阿赖耶识”，其对后世子孙的“熏习”，无代不存，无时不在。其他的历史学家当然也重视家世与信仰对历史人物的言动所起的作用，但都没有像寅恪先生这样，强调到如此的程度，而且可以作为他的阐释学理论的“种子因缘”的求证部分。

这里特别需要提到《天师道与滨海地域之关系》这篇文字，写作时间为1933年任教清华时期，最初发表于中央研究院《历史语言研究所集刊》1933年第三本第四分。此文之主旨如标题所示，乃在探讨天师道的信仰与滨海地区实际存有的关系。天师道属于道教的一支，又名正一道，因学道之人须奉献五斗米，后人又称为五斗米教。文章直接引入的话题固然是以汉末的黄巾起义、西晋赵王伦的废立、东晋的孙恩之乱和南朝的刘劭弑逆，作为历史的案例，来考证此四起变端和天师道之间如何相关联；但学理层面则是为了释证“家世遗传”和“环境熏习”两项内容，对一个人的信仰和行为会产生怎样的影响。例如赵王伦之乱，谋主为孙秀，大将是张林。据《晋书·孙恩传》记载：“孙恩字灵秀，琅邪人，孙秀之族也。世奉五斗米教。”[1]则孙秀必为天师道的信徒无疑。而张林其人，据寅恪先生考证，也是“黄巾同类黑山之苗裔，其家世传统信仰当与黄巾相近”[2]。甚至赵王伦，由于是汉宣帝的第九子，先封为琅邪郡王（后改封于赵），而琅邪是天师道的发源地，手下又有他所赏识的天师道信徒孙秀，因此他本人也信奉天师道，并没有什么奇怪。故如寅恪先生所说：“感受环境风习之传染，自不足异。”[3]

至于东晋的孙恩、卢循，他们的队伍，系以水师为主，事败后孙恩逃走海隅自沉，妓妾婴儿从死者无算，谓之“水仙”。寅恪先生认为此种做法，实带有海滨宗教的特征，而且有家世门风的习惯影响。孙恩是孙秀的族孙，当年孙秀“欲乘船东走

[1] 《晋书》卷一百《孙恩传》，中华书局标点本，第八册，第 2631 页。

[2] 陈寅恪：《天师道与滨海地域之关系》，《金明馆丛稿初编》，三联书店 2001 年版，第 4 页。

[3] 同上。

入海”，和“后来其族孙败则入海”，同为“返其旧巢之惯技”。因此寅恪先生得出结论：“若明乎此，则知孙、卢之所以为海屿妖贼者，盖有环境之熏习，家世之遗传，决非一朝一夕偶然遭际所致。”[1]卢循是孙恩的妹婿，变乱起义他们固然是同道，在信仰方面也互相冥契，都是天师道的信徒。恩死后循被推为首领，转战数年，终为刘裕所灭。卢循是卢谌的曾孙，史载“双眸冏彻，瞳子四转”，佛学大师慧远相之为：“虽体涉风素，而志存不轨。”[2]而卢循的中表兄弟崔浩，当其父病笃之时，尝“剪爪截发，夜在庭中仰祷斗极，为父请命”[3]，同时又与道士寇谦之往还频密，其信仰天师道自无问题。《金明馆丛稿初编》有寅恪先生撰写的《崔浩与寇谦之》一文，析论此义甚详，读者不妨参看。

尤其引发我个人兴趣的是，寅恪先生对天师道信徒取名常带“之”字，虽祖孙父子有所不避的考证。《北史》卷二十七寇谦之兄长寇赞传载：“寇赞字奉国，上谷人也，因难徙冯翊万年。父修之，字延期，苻坚东莱太守。赞弟谦，有道术，太武敬重之。”[4]此处的“赞弟谦”即指寇谦之，但却少一“之”字，颇令清代史学巨擘钱大昕、王鸣盛、吴士鉴等深所质疑，

[1] 陈寅恪：《天师道与滨海地域之关系》，《金明馆丛稿初编》，三联书店 2001 年版，第 7 页。

[2] 《晋书》卷一百《卢循传》，中华书局标点本，第八册，第 2634 页。

[3] 《魏书》卷三十五《崔浩传》，中华书局标点本，第三册，第 812 页。

[4] 《北史》卷二十七《寇赞传》，中华书局标点本，第四册，第 990 页。

认为寇传有脱漏。寅恪先生对此一变征情况，做出了独到的解释，他在《崔浩与寇谦之》一文中写道：

> 盖六朝天师道信徒之以“之”为名者颇多，“之”字在其名中，乃代表其宗教信仰之意，如佛教徒之以“昙”或“法”为名者相类。东汉及六朝人依公羊春秋讥二名之义，习用单名。故“之”字非特专之真名，可以不避讳，亦可省略。六朝礼法士族最重家讳，如琅邪王羲之、献之父子同以“之”为名，而不以为嫌犯，是其最显著之例证也。[1]

然后寅老又连举《南齐书》卷三十七《胡谐之传》，祖廉之、父翼之，《南史》卷六十二《朱异传》，祖昭之、叔谦之、兄巽之等成例，进一步证实寇谦之“父子俱又以‘之’字命名，是其家世遗传，环境熏习，皆与天师道有关”[2]。

不仅此也，寅恪先生还拈出东西晋南北朝时期多个最具代表性的天师道世家，比如琅邪王氏、高平郗氏、会稽孔氏、义兴周氏、陈郡殷氏、吴郡杜氏、吴兴沈氏、丹阳葛氏许氏陶氏等等，说明“家世信仰之至深且固，不易湔除，有如是

---

[1] 陈寅恪：《崔浩与寇谦之》，《金明馆丛稿初编》，三联书店 2001 年版，第 121 页。

[2] 陈寅恪：《天师道与滨海地域之关系》，《金明馆丛稿初编》，三联书店 2001 年版，第 15 页。

者”[1]。其论王氏曰：“特上溯其先世，至于西汉之王吉，拈出地域环境与学说思想关系之公案”[2]，以见其“地域熏习，家世遗传，由来已久”[3]。其论殷氏曰：“殷仲堪为陈郡长平人……妻为琅邪王氏，本天师道世家，然疑仲堪之奉道，必已家世相传，由来甚久”，“仲堪之精于医术，亦当为家门风习渐染所致”[4]。其论沈氏曰：“则休文（指沈约）受其家传统信仰之熏习，不言可知。”[5]他甚至归结说：“明乎此义，始可与言吾国中古文化史也。”[6]盖魏晋南北朝时期，大族门第和宗教信仰，是两大关键词，寅老治中古文化之史，处处都是在关键问题上做文章，其史学的思想深度人所不及，殊不足怪。

《天师道与滨海地域之关系》的最后一节，又涉及天师道和书法艺术的关系，这是由于当时的书法世家同时也是天师道的世家。寅恪先生说：“东西晋南北朝之天师道为家世相传之宗教，其书法亦往往为家世相传之艺术，如北魏之崔、卢，东晋之王、郗，是其最著之例。旧史所载奉道世家与善书世家二者之符会，虽或为偶值之事，然艺术之发展多受宗教之影响。而

[1] 陈寅恪：《天师道与滨海地域之关系》，《金明馆丛稿初编》，三联书店2001年版，第38页。

[2] 同上，第18页。

[3] 同上，第21页。

[4] 同上，第30—31页。

[5] 同上，第37页。

[6] 同上，第38页。

宗教之传播，亦多依艺术之资用。治吾国佛教美艺史者类能言佛陀之宗教与建筑雕塑绘画等艺术之关系，独于天师道与书法二者互相利用之史实，似尚未有注意及之者。”[1]所谓“北魏之崔、卢”，“崔”即崔浩及曾祖悦、祖父潜、父亲玄伯，一门四代均擅书法，《魏书·崔玄伯传》对此记之凿凿；“卢”则指卢谌及子偃、孙邈，《魏书·崔玄伯传》亦有记载，称“谌法钟繇，悦法卫瓘，而俱习索靖之草，皆尽其妙”[2]。而此两家同为天师道世家，我们前面已经知道了。所谓“东晋之王、郗”，“王”自然是王羲之、王献之父子，“郗”则是指郗愔、郗嘉父子，僧虔称郗氏父子为“二王”之“亚”。问题是郗、王两家也都是天师道世家，既擅长书法，又信奉天师道，而且世代相传，那么天师道信仰和书法又是何种关系呢？这正是寅老要为我们解决的问题。

陈寅恪先生对这一问题的解释颇为简单，亦即天师道信徒需要抄写符箓经典，且出于信仰的原因不能不抄得虔敬工整，日久天长，自必使书法的水准得以提升。虽然书法之成为艺术系由多种因素构成，其中天赋的成分亦无法排除，但寅恪先生以东晋之王、郗两世家为例，把书法和宗教信仰联系起来，不能不说是孤明先发之见。论者每将王羲之与山阴道士换鹅的故

[1] 陈寅恪：《天师道与滨海地域之关系》，《金明馆丛稿初编》，三联书店 2001 年版，第 39 页。

[2] 《魏书》卷二十四《崔玄伯传》，中华书局标点本，第二册，第 623 页。

事，作为右军学书的趣行轶事，但寅恪先生一反旧说，认为鹅有解五脏丹毒的功用，与服食丹铅之人颇为相宜，这在陶隐居《名医别录》和唐孟诜《食疗本草》中均有著录。因此他写道：

> 医家与道家古代原不可分。故山阴道士之养鹅，与右军之好鹅，其旨趣实相契合，非右军高逸，而道士鄙俗也。道士之请右军书道经，及右军之为之写者，亦非道士仅为爱好书法，及右军喜此鵁鶄之群有合于执笔之姿势也，实以道经非倩能书者写之不可。写经又为宗教上之功德，故此段故事适足表示道士与右军二人之行事皆有天师道信仰之关系存乎其间也。[1]

寅恪先生认为，王羲之换鹅的传说故事，虽是一真伪莫辨的“末节”，但由于直接关系到艺术与宗教的关系，则又不能不辨别清楚。

写到这里，读者也许会向笔者以及寅恪先生提出一个问题，即天师道的信仰既然如此家世相传，那么面对儒家思想取得统治地位之后的强势，以及佛教的巨大冲击，天师道信仰者如何应对呢？难道就没有任何变化吗？幸运的是，寅老在《陶

[1] 陈寅恪：《天师道与滨海地域之关系》，《金明馆丛稿初编》，三联书店 2001 年版，第 43 页。

渊明之思想与清谈之关系》一文中，对此一问题做了详尽的回答。他说两晋南北朝的士大夫，“其家世素奉天师道者”，对佛教的态度可分为三派：一是保持“家传之道法”，而排斥佛教，典型例证是写《神灭论》的范缜；二是“舍弃家世相传之天师道，而皈依佛法”，这可以梁武帝萧衍为代表；三是“调停道佛二家之态度，即不尽弃家世遗传之天师道，但亦兼采外来之释迦教义”，南齐的孔稚珪是其显例[1]。陶渊明和范缜一样，属于第一派。虽然五柳先生与佛学大师慧远，身处同时同地，亦有过接触，但终其一生与佛教教义绝缘。原因在于他的家世信仰牢固，且在学理上有发挥，故精神世界不必与释氏合流，也可以自我安身立命。

所以寅恪先生在援引陶诗《形影神》三首之《神释》之后写道：

> 或疑渊明之专神至此，殆不免受佛教影响，然观此首结语“应尽便须尽，无复独多虑”之句，则渊明固亦与范缜同主神灭论者。缜本世奉天师道，而渊明于其家传之教义尤有所创获，此二人同主神灭之说，必非偶然也。[2]

[1] 陈寅恪：《陶渊明之思想与清谈之关系》，《金明馆丛稿初编》，三联书店 2001 年版，第 218 页。

[2] 同上，第 223 页。

又说：

> 子真所著《神灭论》云："若知陶甄禀于自然，森罗均于独化，忽焉自有，怳尔而无，来也不御，去也不追，乘乎天理，各安其性。"则与渊明《神释》诗所谓"纵浪大化中，不喜亦不惧。应尽便须尽，无复独多虑"，及《归去来辞》所谓"聊乘化以归尽，乐夫天命复奚疑"等语旨趣相符合。惟渊明生世在子真之前，可谓"孤明先发"（慧皎《高僧传》赞美道生之语）耳。陶、范俱天师道世家，其思想冥会如此，故治魏晋南北朝思想史，而不究家世信仰问题，则其所言恐不免皮相。[1]

历来研陶者多为渊明与慧远之特殊关系所困，因而无法对五柳先生的《形影神》诗做出正解。寅恪先生则不存任何疑滞，结论明晰有断——此无他，无非是其家世的天师道信仰所使然，而且因为渊明是大思想家，他对道教的自然说有新的创辟胜解，无须为其他思想所左右。

兹还有一例，即武则天的笃信佛教，寅恪先生认为也与家世信仰有关。太宗李世民对释迦的态度有些模模糊糊，虽优礼玄奘，但大半出于政治上的深谋远虑，究其本心，则"非意所

[1] 陈寅恪：《陶渊明之思想与清谈之关系》，《金明馆丛稿初编》，三联书店 2001 年版，第 223—224 页。

遵”也。武则天不然，其母杨氏系隋朝宗室观王雄弟始安侯杨士达之女，史载为笃信佛教之人，唐龙朔二年（公元662年）西明寺僧人道宣等曾上书则天之母杨氏，请求沙门不合拜俗之事。因此寅恪先生在《武曌与佛教》一文中写道：“隋文帝重兴释氏于周武灭法之后，隋炀帝又隆礼台宗于智者阐教之时，其家世之宗教信仰，固可以推测得知。而武曌之母杨氏既为隋之宗室子孙，则其人之笃信佛教，亦不足为异矣。”[1]又说：“至杨氏所以笃信佛教之由，今以史料缺乏，虽不能确言，但就南北朝人士其道教之信仰，多因于家世遗传之事实推测之（参阅拙著《天师道与滨海地域之关系》），则荣国夫人之笃信佛教，亦必由杨隋宗室家世遗传所致。荣国夫人既笃信佛教，武曌幼时受其家庭环境佛教之熏习，自不待言。”[2]这些例证均见出，陈寅恪先生的阐释学对历史人物所受之家世信仰和环境熏习是何等重视。

最后，我想对环境熏习问题再附一言。

寅恪先生认为著立之人的环境熏习、家世遗传和宗教信仰至关重要，研究者不能有所稍忽。例如四声之说经寅恪先生考证，系当时文士模拟转读佛经之声，除入声外，其余分别定为平、上、去三声，合为四声。但四声之说何以出现在南齐永明

[1] 陈寅恪：《武曌与佛教》，《陈寅恪集·金明馆丛稿二编》，三联书店2001年版，第161页。

[2] 同上，第163页。

之世，而不在其他时期？创说者为什么是周颙、沈约，而不是另外其他的人？寅恪先生遍引慧皎《高僧传》所载支昙籥、释法平、释僧饶、释道慧、释智宗、释昙迁、释昙智、释僧辩、释昙凭、释慧忍诸传，参证旧史及他书之文，得出了南朝政治文化中心建康当时是善声沙门最集中之地，南齐初年即永明之世是善声沙门最盛之时的结论。据史载，南齐武帝永明七年二月二十日，竟陵王子良曾大集善声沙门于京邸，造经呗新声，盛况空前。但此前早已形成审音文士与善声沙门互相讨论研求的风气，实由于当时之建康"胡化之渐染"，"受此特殊环境之熏习"所致。而沈约与谢朓、王融、萧琛、范云、任昉、陆倕等文士，是竟陵王子良的座上客，经常聚集在鸡笼山西邸，并称"八友"。周颙则为文惠太子的东宫掾属，两人"皆在佛化文学环境陶冶之中，四声说之创始于此二人者，诚非偶然也"[1]。

盖依寅恪先生的特见，环境、家世、信仰此三因素，为历史人物言动之所以不得不如是的"种子"熏习之因缘，我们诠释历史事件、研究历史人物和重建历史真相的结构，不能不视此为一条不宜或缺的求证途径。

1991年初稿、2007年8月22日增补改订竣稿于京东寓所

[1] 陈寅恪:《四声三问》,《金明馆丛稿初编》，三联书店2001年版，第377页。

第十章

陈寅恪与《柳如是别传》的撰述旨趣

一

《柳如是别传》是陈寅恪先生留给我们的最后一部著作，也是他酝酿最久、写作时间最长、篇幅最大、体例最完备的一部著作。虽然由于目盲体衰，整部书稿系经寅恪先生口授而由助手黄萱笔录整理而成，细按无一字不是作者所厘定，无一句不经过作者学养的浸润。可惜作者生前未能看到这部呕心沥血之作的出版，应了1962年先生说的“盖棺有期，出版无日”那句极沉痛的话。

本文详尽探讨了此一大著述的学术精神、文化意蕴和文体意义，提出《别传》既是笺诗证史的学术著作，又是为一代奇女子立传的传记文学，又是借传修史的历史著作。实际上是寅恪先生自创的一种新文体，特点是综合运用传、论、述、证的方法，熔史才、诗笔、议论于一炉，将家国兴亡哀痛之情感融化贯彻全篇。如果说《论再生缘》是这种新文体的一种尝试，

《柳如是别传》则是这种文备众体的著述之典范。作者更辉煌的学术目标是通过立传来修史，即撰写一部色调全新的明清文化痛史。论者或谓《别传》篇幅拉得太长，释证诗文时而脱离本题，枝蔓为说；当我们知道寅恪先生的“主旨在修史”，便不会怪其释证趋繁，只能讶其用笔之简了。

二

《柳如是别传》的撰写，在陈寅恪先生可谓呕心沥血之作。1953年属草，1963年告竣，然脂瞑写前后达十年之久，都80余万言，在陈氏全部著述中固为篇幅之最，置诸史传学术之林亦属巨制鸿篇。全书五章，篇次分明，体例贯一。第一章为撰著缘起；第二章考订柳如是的姓氏名字及有关问题；第三章叙及柳如是与几社胜流特别是与云间孝廉陈子龙的关系；第四章写柳如是择婿经过和钱柳结缡；第五章是南都倾覆后钱柳的复明活动。卷前有作者附记，结尾有稿竟说偈。从内容到形式，都是一严谨完整的学术专著。而且酝酿撰写此书不起于1953年，早在三十年代任教西南联大之时，先生就有“笺释钱柳因缘诗之意”[1]。至于读钱遵王注本牧斋诗集而“大好

[1] 陈寅恪《咏红豆》诗序云：“昔岁旅居昆明，偶购得常熟白茆港钱氏故园中红豆一粒，因有笺释钱柳因缘诗之意，迄今二十年，始克属草。”参见《柳如是别传》上册，三联书店2001年版，第1页。

之”[1]，更远在少年时期，所谓“早岁偷窥禁锢编”[2]是也。《柳如是别传》不只是寅恪先生的潜心之作，同时也是他的毕生之作，当无可疑。

然则作者到底因何而撰是书?

1963年当《别传》告竣之时，陈寅恪先生感赋二律，诗前小序写道:“十年以来继续草钱柳因缘诗释证，至癸卯冬，粗告完毕。偶忆项莲生〔鸿祚〕云:‘不为无益之事，何以遣有涯之生。’伤哉此语，实为寅恪言之也。”[3]以此，作者似又并不看重此书，只不过当作打发生涯的一种消遣手段。1961年答吴雨僧诗中也有“著书唯剩颂红妆”[4]句，流露出同样的心绪。但我们如这样来看待《别传》的写作，就被作者的愤激之辞“瞒过”了。实际上，寅恪先生深知《别传》乃一绝大之学术工程，运思操作难度极大，绝非其他著述所能比并。

要而言之，有以下五端，可以见出《别传》写作之难。一为“上距钱柳作诗时已三百年，典籍多已禁毁亡佚，虽欲详

[1] 《柳如是别传》上册，第3页。

[2] 《柳如是别传》第一章“缘起”之第二首题诗开首两句:“早岁偷窥禁锢编，白首重读倍凄然。”参见《别传》上册，第2页。

[3] 《柳如是别传》上册，第6页。

[4] 诗题为《辛丑七月雨僧老友自重庆来广州承询近况赋此答之》，全诗八句为:“五羊重见九回肠，虽住罗浮别有乡。留命任教加白眼，著书唯剩颂红妆。(近八年来草论《再生缘》及钱柳因缘释证等文凡数十万言。)钟君点鬼行将及，汤子抛人转更忙。为口东坡休自笑，老来事业未荒唐。”见《陈寅恪集·诗集》，三联书店2001年版，第137页。

究，恐终多讹脱”[1]。二是三百年来记载河东君事迹的文字甚众，约可为分具同情和怀恶意两大类，前者有隐讳，后者多诬枉，必须发隐辩诬始可得其真相。[2]三是“明季士人门户之见最深，不独国政为然，即朋友往来，家庭琐屑亦莫不划一鸿沟，互相排挤，若水火之不相容。故今日吾人读其著述，尤应博考而慎取者也”[3]。四是书中人物为东南胜流，处在明清鼎革之际，政治态度纷纭，如陈子龙殉明死节，钱牧斋降清后又进行复明活动，人际间颇多恩恩怨怨，不排除“有人故意撰造虚伪之材料”[4]之可能。五是“稽考胜国之遗闻，颇为新朝所忌恶”[5]，即使牧斋的诗文，在南都倾覆之后亦“多所避忌，故往往缺略，不易稽考”[6]。有此五端，则《别传》之写作可谓难上加难矣。

所以寅恪先生在写作过程中感慨良多，往往因文生情，一再致意，特别是卷前和穿插于书中的题诗都是寄慨之作。卷前诗九题十一首，前面有一段话写道：“寅恪以衰废余年，钩索沈隐，延历岁时，久未能就，观下列诸诗，可以见暮齿著书之

[1] 《别传》上册，第 10 页。

[2] 同上，第 38 页。

[3] 同上，第 44 页。

[4] 同上，第 88 页。

[5] 同上，第 89 页。

[6] 《别传》下册，第 843 页。

难有如此者。”[1]第四首的诗题是“笺释钱柳因缘诗，完稿无期，黄毓祺案复有疑滞，感赋一诗”[2]。第六首的诗题更为具体：“丁酉阳历七月三日六十八初度，适在病中，时撰钱柳因缘诗释证尚未成书，更不知何日可以刊布也，感赋一律。”[3]试想，《别传》如系寻常遣兴消时之作，何必如此感慨至深、急切不已？第三章剖解柳如是所作之《男洛神赋》时寅恪先生提出：“男洛神一赋，实河东君自述其身世归宿之微意，应视为誓愿之文，伤心之语。当时后世，竟以佻达游戏之作品目之，诚肤浅至极矣。”[4]同样，“当时后世”如有人视《柳如是别传》为等闲随意消遣之作，必难逃寅恪先生预设的肤浅之讥。

寅恪先生自述《别传》之撰写缘由，一为三十年代旅居昆明之时，偶然从卖书人手中得常熟白茆港钱氏故园中红豆一粒，自此遂重读钱集，产生笺释之意，以此来“温旧梦，寄遐思”[5]；二是钱牧斋博通文史，旁涉梵夹道藏，寅恪先生的研治领域与之“有约略相似之处”，想通过笺释钱柳因缘诗“自验所学之深浅”[6]；三是“披寻钱柳之篇什于残缺毁禁之余，

[1] 《别传》上册，第 4 页。

[2] 同上，第 5 页。

[3] 同上，第 6 页。

[4] 同上，第 143 页。

[5] 同上，第 3 页。

[6] 同上。

往往窥见其孤怀遗恨，有可以令人感泣不能自已者”，因而可借以“表彰我民族独立之精神，自由之思想”[1]；四是鉴于柳如是“为当时迂腐者所深诋，后世轻薄者所厚诬”[2]，欲为之洗冤辩诬；五是“世所传河东君之事迹，多非真实，殊有待发之覆”[3]。应该说，此五项因由已足可引发史家立志撰著的兴趣了。

问题是第一项因由，三十年代得之于昆明的常熟钱氏故园的那颗红豆，应更有说。且看作者的叙述：“丁丑岁卢沟桥变起，随校南迁昆明，大病几死。稍愈之后，披览报纸广告，见有鬻旧书者，驱车往观。鬻书主人出所藏书，实皆劣陋之本，无一可购者。当时主人接待殷勤，殊难酬其意，乃询之曰，此诸书外，尚有他物欲售否？主人踌躇良久，应曰，曩岁旅居常熟白茆港钱氏旧园，拾得园中红豆树所结子一粒，常以自随。今尚在囊中，愿以此豆奉赠。寅恪闻之大喜，遂付重值，借塞其望。自得此豆后，至今岁忽忽二十年，虽藏置箧笥，亦若存若亡，不复省视。然自此遂重读钱集，不仅借以温旧梦，寄遐思，亦欲自验所学之深浅也。”[4]熟悉艺术品类之规则者无不知道，结构戏剧艺术，是讲究引线的。没有想到撰写学术著

[1] 《别传》上册，第 4 页。

[2] 同上。

[3] 同上。

[4] 同上，第 3 页。

作，也这样重视引线的作用。《别传》第五章，全书即将结束之时，寅恪又拈出红豆公案，写道：

> 红豆虽生南国，其开花之距离与气候有关。寅恪昔年教学桂林良丰广西大学，宿舍适在红豆树下。其开花之距离为七年，而所结之实，较第壹章所言摘诸常熟红豆庄者略小。今此虞山白茆港钱氏故园中之红豆犹存旧箧，虽不足为植物分类学之标本，亦可视为文学上之珍品也。[1]

《别传》之撰写，追溯二十年前于昆明得钱氏故园之红豆为起因，而又以此红豆为全书结束之象征物，且明白揭明，其作用为“文学上之珍品”，实际上已经点出这颗红豆的结构引线之作用。只不过拈出红豆公案的意涵尚不止此，更重要的是暗示《别传》的写作，有极为深挚的情感之所寄。作者似乎要通过这部著作的撰写，来偿还一笔无论如何不能不还的“文魔诗债”[2]。不妨再来看《别传》卷首的第一首题诗《咏红豆并序》：

> 东山葱岭意悠悠，谁访甘陵第一流。

[1] 《别传》下册，第 1228 页。

[2] 《别传》第五章引牧斋楷书苏眉山书金刚经跋横幅墨迹云：“病榻婆娑，翻经禅退，杜门谢客已久。奈文魔诗债不肯舍我，友生故旧四方请告者绎络何！”其“文魔诗债”四字可为寅恪撰写《柳如是别传》之因由写照。参见《别传》下册，第 1228 页。

送客筵前花中酒，迎春湖上柳同舟。
纵回杨爱千金笑，终剩归庄万古愁。
灰劫昆明红豆在，相思廿载待今酬。[1]

这首诗前面有一小序："昔岁旅居昆明，偶购得常熟白茆港钱氏故园中红豆一粒，因有笺释钱柳因缘诗之意，迄今二十年，始克属草。适发旧箧，此豆尚存，遂赋一诗咏之，并以略见及笺释之旨趣所论之范围云尔。"[2]可见得之于昆明的钱氏故园中的那粒"红豆"，是寅恪先生撰写《柳如是别传》的旨趣的象征物，意在说明此一题材之研究，是他酝酿多年、梦绕魂牵、情感所系的一桩夙愿。他要通过此项研究来"温旧梦，寄遐思"。那么到底什么是寅恪先生的"旧梦"？他的"遐思"为何？这些方面，下文将有所论列，这里暂押下不表。

我想先探讨一下，《柳如是别传》的撰写，其旨趣之所在，是否也有一定的现实寄托的意涵。我认为诗的第五、六句透露出了重要的消息。"纵回杨爱千金笑"容易理解。通过笺释钱柳因缘诗，为一代奇女子洗却烦冤，河东君地下有知，自然会高兴。但归庄之"愁"却不能消却。问题是归庄所"愁"（作者且云"万古愁"）者何？谜底就在卷前诗第二首《题牧斋初学集并序》的注文里。寅恪先生是这样写的：

[1] 《别传》上册，第1页。

[2] 同上。

牧斋《有学集》壹叁《东涧诗集》下“病榻消寒杂咏”四十六首之四十四“银榜南山烦远祝，长筵朋酒为君增”句下自注云：“归玄恭送春（疑为‘寿’字之误——笔者）联云，居东海之滨，如南山之寿。”寅恪案，阮吾山葵生《茶余客话》壹贰“钱谦益寿联”条记兹事，谓玄恭此联，“无耻丧心，必蒙叟自为”。则殊未详考钱归之交谊，疑其所不当疑者矣。又鄙意恒轩此联，固用《诗经》、《孟子》成语，但实从庾子山《哀江南赋》“畏南山之雨，忽践秦庭。让东海之滨，遂餐周粟”脱胎而来。其所注意在“秦庭”、“周粟”，暗寓惋惜之深旨，与牧斋降清，以著书修史自解之情事最为切合。吾山拘执《孟子》、《诗经》之典故，殊不悟其与《史记》、《列女传》及《哀江南赋》有关也。[1]

关于归玄恭给钱牧斋祝寿的历史故实，《别传》第五章“钱氏家难”节考订甚详[2]。归固是气节之士，所以给牧斋送寿联，是因为晚年的牧斋与河东君一起参与了反清复明活动，可以引为同志。而寿联的用典，是从庾子山《哀江南赋》而来，暗寓对牧斋降清的惋惜之意。“践秦庭”和“餐周粟”是关键词，这不仅指牧斋，送联之人亦在所难免。因此可以说这是不解之痛。可是从“纵回杨爱千金笑，终剩归庄万古愁”的

[1] 《别传》上册，第 2 页。

[2] 《别传》下册，第 1223—1250 页。

对句看，似乎“回笑”“剩愁”的主词都应该指的是这首诗的作者。以此，是不是《别传》的作者寅恪先生也产生过与归玄恭同样的感受，即认为自己也是在不得已的情境下“践秦庭”和“餐周粟”？而且和牧斋一样，也是“以著书修史自解”？词旨如此，由不得把诠释的目光移到这个方向。如果斯解不无道理，我们只好说暗寓对自己处境的惋惜也是《别传》撰写的旨趣之一，哪怕是若隐若现的旨趣，也不能排除在外呵。

不过在这个问题上寅恪先生的心理活动似乎很矛盾，一方面表现为自我深惜，另一方面，如果有人以同样的理由指责他，却是他绝对不能接受的。钱牧斋晚年撰写的《西湖杂感序》里，有“今此下民，甘忘桑葚。侮食相矜，左言若性”[1]的句子。寅恪先生指出这是用王元长《三月三日曲水诗序》的典故，意在骂当日降清的老汉奸们，尽管自己也包括在内，也不回避，说明钱的“天良犹存”[2]，很值得同情。而《四库全书总目提要》“朱鹤龄愚庵小集”条，对朱所作《元裕之集后》下面一段话颇为赞赏：“裕之举金进士，历官左司员外郎，及金亡不仕，隐居秀容，诗文无一语指斥者。裕之于元，既足践其土，口茹其毛，即无反詈之理。非独免咎，亦谊当然。乃今之讪辞诋语，曾不少避，若欲掩其失身之事，以诳国

[1] 《别传》下册，第1044页。

[2] 同上，第1045页。

人者，非徒悖也，其愚亦甚。”[1]这段话自然是针对钱牧斋而发的，所以《总目提要》称赞朱“能知大义”[2]。但寅恪先生不能同意此种说法，他反驳道：“牧斋之降清，乃其一生污点。但亦由其素性怯懦，迫于事势所使然。若谓其必须始终心悦诚服，则甚不近情理。”[3]特别是对“既践其土，口茹其毛，即无反詈之理”的说辞，寅老格外反感，他说：“夫牧斋所践之土，乃禹贡九州相承之土，所茹之毛，非女真八部所种之毛。馆臣阿媚世主之言，抑何可笑。”[4]把这里的辩难和前面的“践秦庭”“餐周粟”联系起来，词旨之深涵，已昭然若揭。

当然《别传》的中心题旨是理出河东君的生平事迹，辨章学术，别白真伪，为一代奇女子立传。所以寅恪先生在第一章叙及作书缘起时特地说明：“今撰此书，专考证河东君之本末，而取牧斋事迹之有关者附之，以免喧宾夺主之嫌。”[5]这也即是此书原题《钱柳因缘诗释证稿》，后定名为《柳如是别传》的客观依据。而且作者在学术上悬置的目标极为严格，即要求对钱柳因缘诗的释证达到通解；但钱柳因缘诗的特点，不仅涉及远近出处之古典故实，更有两人诗章出处之今典，在这种情况

[1] 《别传》下册，第 1045 页。

[2] 同上。

[3] 同上。

[4] 同上。

[5] 《别传》上册，第 4 页。

下，寅恪先生提醒读者注意："若不能探河穷源，剥蕉至心，层次不紊，脉络贯注，则两人酬和诸作，其辞锋针对，思旨印证之微妙，绝难通解也。"[1]又说："解释古典故实，自当引用最初出处，然最初出处，实不足以尽之，更须引其他非最初而有关者，以补足之，始能通解作者遗辞用意之妙。"[2]验之《别传》有关章节，可以说这些目标都达到了。

三

《柳如是别传》第四章对钱牧斋《有美诗一百韵》的释证，最能见出作者通解达诂的功力。《有美诗》系牧斋在明崇祯十三年十一月河东君初访半野堂文宴浃月，然后于次年正月末相别于嘉兴鸳鸯湖时所作，载钱氏《初学集》之《东山酬和集》中[3]。寅恪先生对钱柳东山酬和之作的评价是："匪独前此类似之作品，如干令升、曹辅佐、陶通明及施肩吾诸人所结集者，不能企及，即茫茫禹迹，后有千秋，亦未必能重睹者也。"[4]至于《有美诗》，寅恪先生更许为东山集的压卷之

[1] 《别传》上册，第12页。

[2] 同上，第11页。

[3] 参见《牧斋初学记》卷十八，钱仲联标校本上册第624—631页，上海古籍出版社1985年版。

[4] 《别传》中册，第511—512页。

作，认为在牧斋《初学》《有学》两集中属罕见稀有之巨制，是钱氏平生惨淡经营、称心快意的作品；并申论说："后来朱竹垞《风怀诗》固所不逮，求之明代以前此类之诗，论其排比铺张，波澜壮阔，而又能体物写情，曲尽微妙者，恐舍元微之《梦游春》、白乐天《和梦游春》两诗外，复难得此绝妙好词也。"[1]但寅恪先生同时也提出："此诗取材博奥，非俭腹小生，翻检类书，寻求故实者，所能尽解，自不待言。所最难通者，即此诗作者本人及为此诗而作之人，两方复杂针对之心理，并崇祯十三年仲冬至次年孟春三数月间，两人行事曲折之经过，推寻冥想于三百年史籍残毁之后，谓可悉得其真相，不少差误，则烛武壮不如人，师丹老而健忘，诚哉！仆病未能也。"[2]加上钱集原注者遵王处于与河东君相反对之立场，纵对《有美诗》的作意有所知，亦因怀偏见而不肯阐明，增加了释证此诗的难度。

然而《别传》的作者在学术上的过人之处，恰恰在于能够从一二痕迹入手，钩沉索隐，参互推证，往往即可发数百年来未发之覆。《有美诗》题目已标出系"晦日鸳湖舟中作"[3]，即作于崇祯十四年正月廿九日，此时之柳子如是虽经汪然明等好友的介绍与劝说，同时亦为早日摆脱谢象三的无理纠缠，已

[1] 《别传》中册，第591页。

[2] 同上，第591—592页。

[3] 《有美诗》诗题全称为《有美一百韵晦日鸳湖舟中作》，见《别传》中册，第593页。

择定虞山钱氏为最后归宿，但内心犹有矛盾，所以未践与牧斋同游西湖之约，只同舟至嘉兴便飘然离去。明白了这一层，则诗中“未索梅花笑，徒闻火树燃”两句便有了着落。而此诗在钱柳因缘历程中的作用也可想而知。难怪牧翁连类铺比，使出浑身解数，甚至不惜挦扯老杜之《秋日夔府咏怀一百韵》，取资《玉台新咏》徐陵之自序文，移情扬丽、兴会淋漓地加以抒写。对此，寅恪先生一一予以拈出，揭明牧斋之赋《有美诗》，“实取杜子美之诗为模楷，用徐孝穆之文供材料。融会贯通，灵活运用，殆兼采涪翁所谓‘换骨’‘夺胎’两法者”[1]。河东君本姓杨，牧斋《有美诗》却云“河东论氏族”，直认其姓氏为柳；河东君为江苏嘉兴人，《有美诗》只用“郁郁昆山畔，青青谷水瞑”轻轻带过，不欲显著其本来籍贯。这与陈子龙序河东君《戊寅草》谓“柳子遂一起青琐之中”，而讳言其出身青楼属同一义，都是“为美者讳”[2]。不过牧斋取悦河东君的伎俩不止于此。诗中还进一步煞有介事地列举柳家故实以为夸誉，甚至称赞其擅长诗赋词曲是源出于旧日之家学，故诗中有“文赋传乡国，词章述祖先”句。寅恪先生说读之虽令人失笑，但“文章游戏，固无不可”[3]，只是“若读者不姑妄听之，则真

[1] 《别传》中册，第 610 页。

[2] 同上，第 593、595、604 页。

[3] 同上，第 599 页。

天下之笨伯，必为牧斋河东君及顾云美等通人所窃笑矣”[1]。此处所以并提顾苓，殆因其所著之《河东君传》也曾于柳子的籍贯和姓氏有所隐讳。

可见释证《有美诗》，必须揭破牧翁此等狡狯伎俩；识破狡狯，方能洞悉牧斋之快意深情。当然全诗大体不脱写实，如“轩车闻至止，杂佩意茫然，错莫翻如许，追陪果有焉”一节，历叙河东君初访半野堂，泛舟湖上，入居我闻室及寒夕文宴等事，一丝不乱，栩栩如见。寅恪先生通释道：“‘意茫然’者，谓受宠若惊，不知所措。此语固是当日实情也。”[2]又说：“‘错莫翻如许，追陪果有焉’一联，恰能写出河东君初至半野堂时，牧斋喜出望外，忙乱逢迎之景象。至于‘追陪’则不仅限‘吴郡陆机为地主’之牧斋，如松园诗老，亦有‘熏炉茗碗得相从’之语。”[3]两老翁为一河东君追陪奔走，寅恪先生释证至此，不禁为之感到“太可怜矣”[4]。

还有，《有美诗》描写牧斋与河东君蜜月同居之生活，有“凝明嗔亦好，溶漾坐堪怜。薄病如中酒，轻寒未折绵。清愁长约略，微笑与迁延”的名句，向为世人所深赏。但中间一联索解颇难，尤不知“溶漾”是何形态。寅恪先生不仅找到了此

[1] 《别传》中册，第 594 页。

[2] 同上，第 606 页。

[3] 同上。

[4] 同上，第 606—607 页。

联的最初出典，指明上句用沈约《六忆诗》中的“嗔时更可怜”，下句用柳如是《戊寅草》的拟休文之作：“忆坐时，溶漾自然生”句，而且通解意会，“谓河东君嗔怒时，目睛定注，如雪之凝明；静坐时，眼波动荡，如水之溶漾”，实动静咸宜，无不美好之意。[1]这里，《别传》作者显然已从笺释辞章进入赏析之境。

《有美诗》最后一节：“携手期弦望，沈吟念陌阡。暂游非契阔，小别正流连。即席留诗苦，当杯出涕泫。茸城车轳辘，鸳浦棹夤缘。去水回香篆，归帆激矢弦。寄忧分悄悄，赠泪裹涟涟。迎汝双安桨，愁予独扣舷。从今吴榜梦，昔昔在君边。”寅恪先生指出，此最后一节系叙河东君送牧斋至鸳湖，然后返棹归松江，临别时曾有诗赠牧斋，送其游黄山。[2]赠诗以《鸳湖舟中送牧翁之新安》为题，写道：“梦里招招画舫催。鸳湖鸳翼若为开。此时对月虚琴水，何处看云过钓台。惜别已同莺久驻，衔书应有燕重来。只怜不得因风去，飘拂征衫比落梅。”袁瑛《我闻室剩稿》此诗题中之“牧斋”两字为“聚沙老人”，寅恪认为河东君原题应如是，因为牧斋别号“聚沙居士”，取义于《法华经·方便品》：“乃至童子戏，聚沙为佛塔。”正与钱柳初聚之时“其颠狂游戏，与儿童几无少异”

[1] 《别传》中册，第610—611页。

[2] 同上，第616页。

相对景。[1]由此可见河东君的放诞风流，善为雅谑，同时又淹通典籍。但她决不会想到“聚沙老人”竟以千言长句作答。黄梨洲批评牧斋“不善学唐”，寅恪说：“读者若观此绮怀之千言排律，篇终辞意如此，可谓深得浣花律髓者，然则太冲之言，殊非公允之论矣。”[2]

《别传》对钱柳因缘诗的释证大率类此。所谓“探河穷源，剥蕉至心，层次不紊，脉络贯注”，诚非虚语。虽然寅恪先生在著书缘起一章里说的“岂意匪独牧翁之高文雅什，多不得其解，即河东君之清词丽句，亦有瞠目结舌，不知所云者”[3]，并不完全是自谦之词，释证中也每有未尽之叹，不是所有涉及钱柳、陈柳之家国情爱之疑案全部都得到了解决。然终观全书，则奏刀騞然，意畅词通，人物之实心理、历史之真情境，均跃然纸上。包括长期困扰寅恪先生的“惠香公案”和“黄毓祺之狱”[4]，在“疑滞”之后，也都有了着落。

四

释证钱柳因缘诗作之难，不独在求索古典，也在考释今

[1]《别传》中册，第589、590页。

[2] 同上，第617页。

[3]《别传》上册，第3页。

[4]《别传》下册，第899页。

典，即参证本事，明了当时之事实。牧斋《东山酬和集》中，在《有美诗》前面有《河东君春日诗有梦里愁端之句，怜其作憔悴之语，聊广其意》一题[1]，是对河东君《春日我闻室作》的答复。而河东之诗与陈子龙《梦中新柳》诗用同一韵，明显地流露出对往昔情人的眷念，故诗中有“裁红晕碧泪漫漫”之语。更严重的是颔联：“此去柳花如梦里，向来烟月是愁端”。寅恪先生考出，上句指陈子龙《满庭芳》词“无过是，怨花伤柳，一样怕黄昏”之语，下句指宋辕文《秋塘曲》里的“十二银屏坐玉人，常将烟月号平津”句，涉及柳如是曾在云间故相周道登家为妾这层关系，流露出“向来”既如是，“此去”从可知的颓唐情绪，怀疑牧斋也未必尽悉自身之苦情，从而成为真知己。所以尾联“珍重君家兰桂室，东风取次一凭阑”，实为感谢牧斋相待之厚，但己身却未必久居之意[2]。牧斋自不能不格外敏感，故写诗奉答，以“广其意”，给予安慰。

寅恪先生进而析论道：“‘东风取次一凭阑’，即用卧子梦中所作‘大抵风流人倚栏’之句，并念卧子醒后补成‘太觉多情身不定’之句，而自伤卧子当时所言，岂竟为今日身世之预谶也？夫河东君此诗虽止五十六字，其词藻之佳，结构之密，读者所尽见，不待赘论。至情感之丰富，思想之微婉，则不独为《东山酬和集》中之上乘，即明末文士之诗，亦罕有其比。故

[1] 《牧斋初学集》卷十八，钱仲联标校本，上海古籍出版社 1985 年版，第 621 页。

[2] 《别传》中册，第 568—570 页。

特标出之，未知当世评泊韵语之专家，究以鄙说为何如也。”[1]寅恪先生向来重视诗文写作的用典确切和表达方式的自由灵活，河东君此诗恰合于寅恪论诗衡文的标准，故给予极高的评价。接下去又说：

> 河东君此诗题，既特标“我闻室”三字，殊有深意。夫河东君脱离周文岸家后，至赋此诗之时，流转吴越，将及十年。其间与诸文士相往还，其寓居之所，今可考知者，在松江，则为徐武静之生生庵中南楼，或李舒章之横云山别墅。在嘉定，则为张鲁生之薖园，或李长蘅家之檀园。在杭州，则为汪然明之横山书屋，或谢象三之燕子庄。在嘉兴，则为吴来之之勺园。在苏州，或曾与卞玉京同寓临顿里之拙政园。凡此诸处，皆属别墅性质。盖就河东君当时之社会身份及诸名士家庭情况两方面言之，自应暂寓于别墅，使能避免嫌疑，便利行动。但崇祯庚辰冬日至虞山访牧斋，不寓拂水山庄，而径由舟次直迁牧斋城内家中新建之我闻室，一破其前此与诸文士往来之惯例。由是推之，其具有决心归牧斋无疑。遗嘱中“我来汝家二十五年”之语，可以证知。然牧斋家中既有陈夫人及诸妾，又有其他如钱遵王辈，皆为己身之反对派，倘牧斋意志动摇，则既迁入我闻室，已成骑虎之

[1] 《别传》中册，第570—571页。

> 势。若终又舍牧斋他去，岂不贻笑诸女伴，而快宋辕文、谢象三报复之心理耶？故“珍重君家兰桂室”之句与“裁红晕碧泪漫漫”之句互相关涉，诚韩退之所谓“刳肝以为纸，沥血以书词”者。吾人今日犹不忍卒读也。[1]

面对柳如是的刳肝沥血之词，牧斋怎样“广其意”才能收到稍慰其心的效果？寅恪先生指出，牧斋此诗宽慰之词旨，在最后四句：“早梅半面留残腊，新柳全身耐晓寒。从此风光长九十，莫将花月等闲看。”因为陈子龙有《补成梦中新柳诗》之作，牧斋诗中之“新柳”当即指此。“早梅”一词则来自卧子崇祯七年岁暮所作之《早梅》诗，所以“新柳”“早梅”两句都是今典，不仅写景写物，亦兼言情事。此即河东君既深存思念卧子之情，牧斋则以卧子之情以释之，毫不吞吐回避，自能使河东宽心。所以寅恪先生释证至此不能自已，遂发为论议：“此非高才，不能为之。即有高才，而不知实事者，复不能为之也。幸得高才，知实事而能赋咏之矣，然数百年之后，大九州之间，真能通解其旨意者，更复有几人哉？更复有几人哉？”[2]不妨说，释诗证史而把当事人“辞锋针对，思旨印证之微妙”考析得如此清晰宛妙而又“通解其旨意者”，环顾我国当今文史一界，恐怕找不到寅恪以外的第二人了。

[1] 《别传》中册，第 571 页。

[2] 同上，第 574 页。

《别传》在这些地方已不单纯是笺注钱柳因缘诗，以诗证史，而是以史家幽眇深微的笔触钩沉三百年前国士名姝的情缘和心理，在钩沉中为柳如是洗冤立传，在传写中涵蕴着三百年后史家的一颗诗心。所谓史笔诗心，应可以从一个侧面来概括《柳如是别传》的写作与构意。这就是《别传》的卷前和有关章节何以附载寅恪先生的诗作竟有二十六首之多的缘故。同时也即是以得自于钱氏故园的一颗红豆作为全书结构引线的缘由。须知，《别传》也是在写三百年前知识精英的情史呵！附带说明，论者或谓寅恪先生“乃卓绝之史家，然未必为优越之诗人；其论诗笺诗虽多胜义，然以较其在史学上之成就，则殊有逊色”[1]，笔者认为此论距真正理解陈氏之学养尚存疏隔，也许是不曾读到《别传》所致。现在《别传》正式印行已经二十余年，继《寒柳堂集》附录的《寅恪先生诗存》一百九十七首之后，收集最全的《陈寅恪诗集》已经出版，并在学林士子中广为流布，寅恪先生具有超绝的诗笔、诗才、诗心，应该是不争之论了。

五

需要指明的另一情况，是《柳如是别传》在写法上，大不

[1] 汪荣祖：《史家陈寅恪传》之附录：《萧公权先生与作者论陈氏书》，香港波文书局 1976 年初版，第 134 页。

同于寅恪早年的《元白诗笺证稿》一书，尽管都是以诗证史，而且关涉的同是才人名士的绮诗艳词及其情感生活；但侧重点有所区别，后者不仅仅为证史，同时也是在立传。传主柳如是的诸般个性特征决定了《别传》写法上的独特性。依据寅恪先生的考证，河东君是“美人而兼烈女”[1]“儒士而兼侠女”[2]“才女而兼神女”[3]，不仅为“当日所罕见”[4]，而且是“旷代难逢之奇女子”[5]。对河东君有过极大帮助的汪然明，在其所著的《春星堂诗集》中尝自诩，凡平日到他的不系园啸咏骈集者均不得违背九忌十二宜之约，其中对人物品类的要求须是名流、高僧、知己、美人。寅恪先生说此四类人品，“河东君一人之身，实全足以当之而无愧”[6]。以柳、汪之间的关系，美人兼知己自属固然，何以知又是名流、高僧？寅恪先生分析道：“‘名流’虽指男姓之士大夫言，然河东君感慨激昂，无闺房习气，其与诸名士往来书札，皆自称弟。”[7]适牧斋后，戏称为柳儒士，以此“实可与男性名流同科”。[8]又说：“至若

[1] 《别传》中册，第 766 页。

[2] 《别传》上册，第 145 页。

[3] 同上，第 140 页。

[4] 同上，第 188 页。

[5] 《别传》中册，第 594 页。

[6] 同上，第 382 页。

[7] 同上，第 381—382 页。

[8] 同上，第 382 页。

'高僧'一目，表面观之，似与河东君绝无关系，但河东君在未适牧斋之前，即已研治内典。所作诗文，如与汪然明简牍第贰柒、第贰玖两通及初访半野堂赠牧翁诗，即是例证。牧斋《有美诗》云：'闭门如入道，沈醉欲逃禅。'实非虚誉之语。后来因病入道，则别为一事。可不于此牵混论及。总而言之，河东君固不可谓之为'高僧'，但就其平日所为，超世俗，轻生死，两端论之，亦未尝不可以天竺维摩诘之月上、震旦庞居士之灵照目之。盖与'高僧'亦相去无几矣。"[1]真真称颂、赞美得无以复加了。

再看以下诸考语，更可印证《别传》作者对传主的态度：

> 不仅诗余，河东君之书法，复非牧斋所能及。[2]
>
> 当日河东君在同辈诸名姝中，特以书法著称。[3]
>
> 河东君不仅善饮，更复善酿。河东君之"有仙才"，自不待言。[4]
>
> 河东君往往于歌筵绮席，议论风生，四座惊叹。[5]
>
> 盖河东君能歌舞，善谐谑，况复豪于饮，酒酣之后，更

[1] 《别传》中册，第382页。

[2] 《别传》上册，第14页。

[3] 同上，第66页。

[4] 同上，第104页。

[5] 同上，第178页。

可增益其风流放诞之致。[1]

鄙意河东君之为人，感慨爽直，谈论叙述，不类闺房儿女。[2]

其平生与几社胜流交好，精通选学。[3]

河东君殆亦于此时熟玩苏词，不仅熟精选理也。[4]

盖河东君之博通群籍，实为当时诸名士所惊服惓恋者也。[5]

河东君淹通文史，兼善度曲，蒋防之传，汤显祖之记，当无不读之理。[6]

后世论者，往往以此推河东君知人择婿之卓识，而不知实由于河东君之风流文采，乃不世出之奇女子，有以致之也。[7]

《别传》在笺注、释证、传写的过程中，随处都有作者对传主的这类评赞之语，以上所举只是其中一小部分。如果说《水浒》的作者是“无美不归绿林”，《柳如是别传》的作者则

[1] 《别传》上册，第268页。

[2] 同上，第202页。

[3] 同上，第181页。

[4] 《别传》中册，第449页。

[5] 同上，第425页。

[6] 同上，第470页。

[7] 《别传》上册，第347页。

无美不归河东。所谓“颂红妆”，诚不虚也。

对柳如是的诗才，寅恪先生评价尤高。他认为“河东君不仅能混合古典今事，融洽无间。且拟人必于其伦，胸中忖度，毫厘不爽，上官婉儿玉尺之誉，可以当之无愧。”[1]钱谦益在明清之际既是士林领袖又是诗坛泰斗，有当代李、杜之称，但钱柳唱和之作，柳有时技高一筹，反而“非复牧斋所能企及”。[2]《神释堂诗话》评河东君诗文有言：“最佳如《剑术行》《懊侬词》诸篇，不经剪截，初不易上口也；然每遇警策，辄有雷电砰燿，刀剑撞击之势，亦鬟笄之异致矣。尺牍含咀英华，有六朝江鲍遗风。”[3]寅恪先生认为此评甚为允当。河东君诗文中用典偶有不合之处，寅恪先生亦为之回护，说“为行文用典之便利，亦可灵活运用，不必过于拘执也”[4]。

至于当时所传河东君诗文系倩人代作，王胜时《辋川诗钞》并载有《虞山柳枝词》：“鄂君绣被狎同舟，并蒂芙蓉露未收。莫怪新诗刻烛敏，捉刀人已在床头。”还特地注明代笔人是钱岱勋，[5]言之凿凿，名姓俱在。但寅恪先生通过解析释证钱柳诗文可以彻底推翻这种妄说。他写道：“钱氏子或曾为

[1] 《别传》上册，第 319 页。

[2] 《别传》中册，第 569 页。

[3] 同上，第 351—352 页。

[4] 同上，第 437 页。

[5] 同上，第 515 页。

河东君服役，亦未可知。但竟谓河东君之诗文，乃其所代作，似卧子、牧斋亦皆不察其事，则殊不近情理。推求此类诬谤之所由，盖当日社会，女子才学远逊男子，忽睹河东君之拔萃出群，遂疑其作品皆倩人代替也。何况河东君又有仇人怨家，如宋、王之流，造作蜚语，以隐密难辨之事，为中伤之计者乎？至若其词旨之轻薄，伎俩之阴毒，深可鄙恶，更不必多论矣。”[1]《东山酬和集》中河东君作“谁家乐府唱无愁”一首，以及金明池《咏寒柳》，寅恪先生推为明末最佳之诗词，提出这些作品即当日胜流亦不敢与抗手，何物“钱岱勋”或“钱青雨”竟能为之乎？他说“造此诬谤者，其妄谬可不必辩。然今日尚有疑河东君之诗词，非其本人所作者，浅识陋学，亦可悯矣。”[2]

为进一步替河东君辩诬，寅恪先生极深细地分析了河东君学问的蜕变过程。柳如是致汪然明尺牍第二十八通，有“药炉禅榻”一语，寅恪先生考出系出自苏东坡《朝云诗》，而不赞成“药炉”是“药铛”之误的说法，认为：“王胡本以‘药炉’为‘药铛’，就文义言，原甚可通。然于河东君学问蜕变之过程，似尚未达一间也。”[3]他解释说：“河东君之涉猎教乘，本为遣愁解闷之计，但亦可作赋诗词取材料之用。故所用佛经典

[1] 《别传》中册，第516页。

[2] 同上，第547页。

[3] 同上，第447页。

故，自多出于《法苑珠林》等类书。若'遮须'一词，乃用晋书壹佰贰刘聪载记，实亦源于佛经，颇称僻典。然则其记诵之博，实有超出同时诸名姝者。明末几社胜流之诗文，以所学偏狭之故，其意境及材料殊有限制。河东君自与程孟阳一流人交好以后，其作品遣词取材料之范围，已渐脱除旧日陈宋诸人之习染，骎骎转入钱程论学论诗之范围。"[1]寅恪先生所说几社胜流的诗文有其偏狭的一面，是指陈子龙一干人鄙薄宋诗，而河东君则无此病，不仅后来的钱柳唱和之作，即《戊寅草》和《湖上草》两编，亦有区别，从中可以见出河东君诗风的转变和诗学的进益。

河东君能够在才人荟萃的江南佳丽之地得以立足，并为当时的胜流所赏识、尊崇和引为知己，不只是因为其聪灵貌美，慧心多艺，以及诗学造诣的深浅，同时还由于她果敢有为、洞识大体、具有政治抱负。钱牧斋崇祯《壬午除夕》诗说的"闲房病妇能忧国，却对辛盘叹羽书"，及《后秋兴》八首之四所云"闺阁心悬海宇棋，每于方罫系欢悲"[2]，是河东君政治胸襟的毫无夸饰的真实写照。寅恪先生倾向认为，河东君政治胸襟的形成与在松江徐武静南楼和陈子龙同居有关。他说当时的南园是几社名流宴集的场所，其所谈论研讨者，亦不止于纸上之空文，必更涉及当时政治实际之问题。因此："几社之组织，

[1]《别传》中册，第447—448页。

[2]《别传》上册，第288页。

自可视为政治小集团。南园之宴集，复是时事之坐谈会也。河东君之加入此集会，非如《儒林外史》之鲁小姐以酷好八股文之故，与待应乡会试诸人共习制科之业者。其所参预之课业，当为饮酒赋诗。其所发表之议论，自是放言无羁。然则河东君此时之同居南楼及同游南园，不仅为卧子之女腻友，亦应认为几社之女社员也。”[1]宋让木《秋塘曲》序里说的“坐有校书，新从吴江故相家，流落人间，凡所叙述，感慨激昂，绝不类闺房语”[2]，可以作为旁证。说明河东君在天性上有特异之质素，早在吴江故相周文岸家已见端倪。寅恪先生以此得出结论：“盖河东君夙慧通文，周文岸身旁有关当时政治之闻见，自能窥知涯矣。继经几社名士政论之熏习，其平日天下兴亡匹‘妇’有责之观念，因成熟于此时也。”[3]明了这一层，河东君当明南都倾覆之后三年不言不笑，与牧斋一起在暗中从事复明活动，表现出悲壮的沉湘复楚之志，就不会感到突然了。

寅恪先生还以《东山酬和集》中河东君《次韵奉答》牧斋冬日泛舟诗为例，证明河东君的政治怀抱和政治见解不是东挦西扯以为应酬，而是渗入血液和骨髓的一种自觉精神，随时都会流露出来。此奉答诗写道：“谁家乐府唱无愁？望断浮云西北楼。汉珮敢同神女赠，越歌聊感鄂君舟。春前柳欲窥青眼，

[1] 《别传》上册，第 287 页。

[2] 同上。

[3] 同上，第 287—288 页。

雪里山应想白头。莫为卢家怨银汉，年年河水向东流。”[1]诗中嵌有“河东君”三字自不待言。主要是开头两句的用典大可注意。《北齐书》之“幼主纪”载：“〔后主〕益骄纵，盛为无愁之曲，帝（指后主言）自弹胡琵琶而唱之。侍和之者以百数。人间谓之无愁天子。”又李善注《古诗十九首》“西北有高楼，上与浮云齐”句云：“此篇明高才之人，仕宦未达，知之者稀也。西北乾位，君之位也。”六臣注也说：“此诗喻君暗，而贤臣之言不用也。”因此寅恪先生指出：“此两句竟指当时之崇祯皇帝为亡国之暗主，而牧斋为高才之贤臣。顾云美谓河东君‘饶胆略’，观此益信。若此诗作于清高宗之世，其罪固不容于死。即在北宋神宗之时，亦难逭贬谪之谴。牧斋见此两句，自必惊赏，而引为知己。”[2]岂止牧斋，三百年后《别传》之作者、大史学家陈寅恪先生，也是怀着惊赏的心情为河东君立传的。当然他的方法是笺诗证史，用史说诗，必须严格遵循考据学的原则，才能拂去尘垢，净洗烦冤，把柳如是还给柳如是，把历史还给历史。

当《别传》第三章经过长途跋涉终于考定河东君与陈子龙的确切关系，时间、地点、人物均无可致疑，寅恪先生兴奋异常，情不能禁而又不能不自豪地写道：

[1] 《牧斋初学集》卷十八，钱仲联标校本，上海古籍出版社 1985 年版，第 617—618 页。

[2] 《别传》中册，第 546 页。

> 呜呼！卧子与河东君之关系，其时间，其地点，既如上所考定。明显确实，无可致疑矣。虽不敢谓有同于汉廷老吏之断狱，然亦可谓发三百年未发之覆。一旦拨云雾而见青天，诚一大快事。自《牧斋遗事》诬造卧子不肯接见河东君及河东君登门詈陈之记载以后，笔记小说剿袭流布，以讹传讹，一似应声虫，至今未已，殊可怜也。读者若详审前所论证，则知虚构陈杨事实如王沄辈者，心劳计拙，竟亦何补？真理实事终不能磨灭，岂不幸哉？[1]

河东君的淹滞三百载的沉冤为之净洗，端赖于寅恪先生笺诗证史的深厚功力和常人不可企及的通解通识，以及他的现代的史学观念，这使得《别传》具有同类著述不可比拟的学术价值，包括作者前此撰写的《元白诗笺证稿》和《论再生缘》，都不能同日而语。

六

但不能不看到，由于陈寅恪先生带着浓烈的情感色彩来释证钱柳因缘诗，《别传》已不单纯是笺诗证史的学术著作，而且可以看作是一部建立在客观史实基础上的传记文学作品。但

[1] 《别传》上册，第 288 页。

它又迥然有别于通常的传记文学，包括有别于《史记》人物列传那样的史传文学，因为它的基本方法是考证，不是描写叙述。一般的传记文学作品没有《别传》这样无一事无来历、无一语无出处的严谨的写作态度。另一方面，就作者的情感表达和渗透而言，通常的传记文学作品也没有《别传》这样强烈和直接。许多章节显示，作者的梦魂情思似已飘入三百年前钱柳、陈柳的生活环境，有时并化作其中的一个角色，在一旁谛听着、审视着东南一隅国士名姝的种种言动。当《别传》第三章释证河东君两次游嘉定，引得程孟阳、唐叔达等练川诸老"颠狂真被寻花恼，出饮空床动涉旬"[1]，以及在杞园之宴上，几位穷老山人，"对如花之美女，听说剑之雄词，心已醉而身欲死"[2]。此景此情此态，寅恪先生不仅听到看到，而且在一旁掩口窃笑矣。而对程孟阳作《緪云诗》，抒写河东君离开嘉定之后的追怀与怅惘，甚至诗中有"一朵红妆百镒争"之句，寅恪先生又"不禁为之伤感"，颇能体会孟阳老人"下笔时之痛苦"。[3]他说："平心而论，河东君之为人，亦不仅具有黄金百镒者，所能争取。"[4]可见程氏并不了解河东君，其不能为河东君所动，只能作单相思，乃属必然。更可悯者，是在崇

[1] 《别传》上册，第172页。

[2] 同上，第178页。

[3] 同上，第215页。

[4] 同上。

祯十三年冬河东君初访半野堂之后，程孟阳循往例到牧斋家度岁，不意遇到了一向思之念之的河东君，这一惊非小，只好狼狈而返，从此便不再见老友牧斋。寅恪先生发为议论说："以垂死之年，无端招此烦恼，实亦有自取之道也。"[1]不禁责备孟阳谋身之拙并河东君害人之深。但察其语意，对孟阳的责备含着悲悯，对河东君更多的是爱怜。这些地方，如只知作者是生活于三百年之后，而不知还有一个跻身于三百年前对书中人物作全知全能观察的作者的另一重身份，用寅恪先生喜爱的学术语言来说，还不能对《别传》达到通解。

特别对传主河东君，作者不只是赞美和欣赏，同时也怀有异代知己之感和恨不同时的爱恋之情。第一章关于撰著缘起里所说的《别传》的写作目的之一，是为了"温旧梦，寄遐思"。此"寄遐思"三字含义极为丰富，包含寅恪先生多方面的情感关切。1953年题《再生缘》二律之一有句云："高楼秋夜灯前泪，异代春闺梦里词。"[2]自然是就《再生缘》的作者陈端生而言，但用在倾注全部感情撰写《别传》、为三百年前之奇女子河东君辩诬洗冤的寅恪先生身上，也若合符节。《论再生缘》写于1953至1954年，与《柳如是别传》开始写作的时间约略相同，也可以说是《别传》写作的预演。因此思想内容、写作动机、采用文体多有近似之处。寅恪先生在《论再生

[1] 《别传》上册，第231页。

[2] 陈寅恪:《陈寅恪集·寒柳堂集》，三联书店2001年版，第86页。

缘》一文中，充分肯定原作者陈端生的文字高于优于续作者梁楚生，并指出："所以至此者，鄙意以为楚生之记诵广博，虽或胜于端生，而端生之思想自由，则远过于楚生。撰述长篇之排律骈体，内容繁复，如弹词之体者，苟无灵活自由之思想，以运用贯通于其间，则千言万语，尽成堆砌之死句，即有真实情感，亦堕世俗之见矣。不独梁氏如是，其他如邱心如辈，亦莫不如是。《再生缘》一书，在弹词体中，所以独胜者，实由于端生之自由活泼思想，能运用其对偶韵律之词语，有以致之也。故无自由之思想，则无优美之文学，举此一例，可概其余。"[1]这与《别传》大力表彰的河东君的独立之精神、自由之思想如出一辙。陈端生在《再生缘》中描写孟丽君的丈夫及丈夫的父亲都曾向丽君屈膝跪拜，这种置传统纲常于不顾的精神在当时及其后百余年间，俱足惊世骇俗，寅恪先生给予高度评价。而河东君的独立精神和自由思想又远非陈端生所能比并，这与两人所处的时代环境不同有关。前者生当明清之际思想相对比较宽松的时代，后者在思想钳制格外严酷的乾隆时期。同是"颂红妆"，作者寄寓的感情和投射的精神思缕的浓度，因对象不同自然有所区别。如果说在写法上，《论再生缘》尚处于由以诗证史到为人物立传的过渡阶段，那么《别传》已是这一过程的完成。因此《别传》的文学色彩大大增加，尤其随处

[1] 陈寅恪:《论再生缘》,《陈寅恪集·寒柳堂集》，三联书店 2001 年版。

可见的众多的心理分析，已超越历史家和学者的职司，不免与文学创作的特点相重合。学者治学一向追求出文入史，寅恪先生相反，从《元白诗笺证稿》到《论再生缘》到《柳如是别传》，似乎取的是由史入文的路向。可是，如同把《别传》当作单纯的以诗证史的学术著作看待并不适切一样，如竟直认为《别传》只是一部为历史人物立传的文学作品或文学著作，就对寅恪先生晚年此一大著述的认识来说，似仍未达一间。

这里不妨再举一例。《别传》第三章在谈到河东君的天资和才艺以及为何能够与吴越胜流相交往时，寅恪先生曾将河东君比作蒲留仙笔下的狐女，这种大胆设譬的做法，只有文学家做得出来，严谨如寅恪先生，何以下此险笔？请看他对此所做的说明：

> 寅恪尝谓河东君及其同时名姝，多善吟咏，工书画，与吴越党社胜流交游，以男女之情兼师友之谊，记载流传，今古乐道。推原其故，虽由于诸人天资明慧，虚心向学所使然。但亦因其非闺房之闭处，无礼法之拘牵，遂得从容与一时名士往来，受其影响，有以致之也。清初淄川蒲留仙松龄《聊斋志异》所纪诸狐女，大都妍质清言，风流放诞，盖留仙以齐鲁之文士，不满其社会环境之限制，遂发遐思，聊托灵怪以写其理想中之女性耳。实则自明季吴越胜流观之，此辈狐女，乃真实之人，且为篱壁间物，不待寓意游戏之文，于梦寐中以求之也。若河东君者，工吟善谑，往来飘忽，尤与留仙所述之物语仿佛近似，虽可发笑，然亦足借此窥见

三百年前南北社会风气歧异之点矣。[1]

这是对柳如是所处时代环境的文化氛围的绝好描述，其中“非闺房之闭处，无礼法之拘牵”两语尤堪注意。不能不承认明末和清中叶，是不同的文化时代。《聊斋》和《红楼梦》同一背景，一寄之于狐鬼，一寄之于世间不会有的“大观园”。而大观园的设置，恰合于“非闺房之闭处，无礼法之拘牵”的规定情境。乾隆时期作者的理想人物与理想环境，实明末东南一隅所必有。因此《聊斋》或《红楼梦》的研究者，如认为两书中所写有明末实在人物的影像，不应算作无稽之谈。寅恪用此比较反证法，阐明河东君其人其事的历史时代的意涵，最后归结为南北社会风气的不同，虽托之于文学形象，以狐女喻人，落脚点仍在社会历史环境中，终不脱以诗文证史和反过来用历史来释证诗文的史家眼光。

七

既然如此，《柳如是别传》到底是一部什么性质的著作？或者回到开头，寅恪先生究竟因何而撰是书？除了前面反复论及的笺诗证史和为河东君立传之外，笔者认为寅恪先生尚有更

[1] 《别传》上册，第 75 页。

辉煌的学术目标在。这个目标也许不是作者事先所设定，但他达到了，完成了。这就是借立传来修史。所修何史？说是明清之际的情爱史可也，明清之际的文人生活史可也，明清之际的政治史亦可也。同样，也可以说是一部饶有特色的江南党社史或抗清纪略，还可以说是明清史料史或从新的角度写就的南明史，当然更准确而宽泛一点说，应该是用血泪写成的色调全新的明清文化痛史。

笔者对《别传》的这一认识来自《别传》本身。

寅恪先生在《别传》第五章论及牧斋所编《列朝诗集小传》，即指出牧斋的目的是“借诗以存史”“其主旨在修史”。他说：“列朝诗集诸集虽陆续刻成，但至顺治十一年甲午，其书始全部流行于世。牧斋自序云‘托始于丙戌’者，实因其平生志在修撰有明一代之国史，此点前已言及，兹不赘述。牧斋于丙戌由北京南还后，已知此志必不能遂，因继续前此与孟阳商讨有明一代之诗，仿元遗山《中州集》之例，借诗以存史。”[1]笔者初读《别传》，多有粗心之处，似此重要关节，亦曾忽略。后来细按探求，眼前不觉一亮，知寅恪先生虽然谈的是《列朝诗集小传》的编纂经过，实际上也是自况。牧斋在《答吴江吴赤溟书》中称自己三十年来一直留心史事，“言及于此，胸臆奕奕然，牙颊痒痒然”，[2]史癖情态毕现。寅恪先生早年游学欧

[1] 《别传》下册，第 1007 页。

[2] 同上，第 1031 页。

美，研习各国文字，目的是治中亚史地和东西交通史；中年以后，专事隋唐史的研究，可以说终生不离史事，其史癖又远非牧斋所能望及。如果承认牧斋辑《列朝诗集小传》“主旨在修史”[1]，那么提出《别传》是借给人物立传来修史，乃是顺理成章之事，虽不能说是“发潜德之幽光”，套用寅恪先生的话，亦可以肯定如此提出问题是“虽不中，亦不远矣”。

历史无非是历史人物的活动，人物活动构成事件就是历史事件，人与事的冲突与交织形成历史网络。我们看《柳如是别传》，既有人物又有事件又有冲突，而且是在历史上声名显赫的人物、影响历史进程的大事件和明清鼎革时期带有本质性的冲突。传主虽然是柳如是，但围绕柳如是和钱柳因缘以及南都倾覆后钱柳所进行的反清复明活动，那一时期的许多历史人物都出台了。陈子龙、李存我、宋辕文、冒辟疆、侯方域、龚芝麓、归玄恭、吴梅村、黄梨洲等文士通儒；温体仁、周道登、王觉斯、曹能始、黄道周、刘良佐、刘泽清等文臣武将；马士英、阮大铖等权臣阉党，以及洪承畴、李成栋、土国宝、佟国器、马进宝、梁清标、杨廷麟、张天禄等清廷新贵和明朝降将；还有杰出的抗清英雄如史可法、郑成功、张煌言、瞿式耜、函可和尚和志在复明、威武不让须眉的阮姑娘、戴夫人、黄妇人、郑氏等等。这些人物《别传》不仅提到，而且大都经

[1]《别传》下册，第1008页。

过翔实的考证，以辨明他们在历史事变中的态度及其所建立的事功。就是南国名姝，也不是只写柳如是一个人，陈圆圆、董小宛、卞玉京、顾眉楼、黄皆令、林天素、王修微、杨宛叔、寇白门姊妹等册名青史、传为美谈的江南佳丽，大都写到了，有的交代得相当详尽。包括董小宛是否被清兵掳走燕京的历史疑案，寅恪先生也做了精审的考证。

历史事件更其不胜枚举。大的如甲申三月之变、南明弘光朝的建立、清兵南下、史可法守扬州、南京陷落、嘉定惨案、郑成功抗清、永历朝廷的覆灭，小一些的如南国诸生具防乱揭帖驱逐阮大铖、南明建立后立福王和潞王之争、马士英荐用阮圆海、清世祖征歌选色搜取南国名姝、庄廷鑨和《明史》案等，《别传》或详或略地都有介绍。因为这些人物和事件是作为钱柳因缘的广阔社会背景展开的，有的则是钱柳因缘发展和复明活动的具体环节，作者没法不写到。还有东林、几社、复社的党社活动，南国名园如陆氏南园、杞园、三老园、不系园的归属和使用；甚至由明太祖定式的可以作为明室标帜的结网巾[1]，永历六年敕为“特敕。永字一万一千十三号”[2]的官方文书，寅恪先生也顺手标出，后者自可见出区区小朝廷官书文牍之繁。

此外足可构成明清史事契机的一些人和事，如南明立福王和潞王之争，实源自明末李太后光宗之党与郑贵妃福王之党的

[1] 《别传》下册，第1170页。

[2] 同上，第1150页。

分野恩怨，李太后与东林一气，牧斋不得为宰辅，盖由于与东林即主张立潞王常淓有关，寅恪先生比之于佛教“中阴身错投母胎”[1]，以揭明党派争斗对个人以及家国命运的影响。顺治二年授浙江嘉湖道的佟国器，很可能是使牧斋从黄毓祺案解脱出来的关键人物，而佟氏一族历来是明清两敌国的争取对象。寅恪先生循自己一贯的治史思想，以整整二十页的篇幅，用种族与文化的观点对此做了探讨。[2]不知者以为枝蔓，实则就《别传》之写作固属重要（探考牧斋陷入黄毓祺案而得以赦免的因由），对作者学术思想的深化也不可或缺。陈子龙顺治四年死节后，有五岁遗孤，幸得原登莱巡抚孙元化之子九野的保护，始免于遇难。寅恪先生详考此事原委并追溯明清登莱之役，指出西洋火炮在明清战局中所起的作用。他援引《嘉定县

[1]《别传》下册，第 862 页。

[2]《别传》第五章论佟氏家族而涉及种族与文化的关系的问题，寅恪写道：“夫辽东之地，自古以来，为夷汉杂居区域，佟氏最初本为夷族，后渐受汉化。家族既众，其中自有受汉化深浅之分别。佟卜年一家能由科举出身，必是汉化甚深之支派。佟养性、养真等为明边将，当是偏于武勇，受汉化不深之房派。明万历天启间，清人欲招致辽东诸族，以增大其势力，故特尊宠佟氏。不仅因其为抚顺之豪族，且利用其本为明边将，能通晓西洋火器之故。然则当日明清东北一隅之竞争，不仅争土地，并亦争民众。熊飞百欲借深受汉化之佟观澜，以挽回已失之辽东人心。清高祖太宗欲借佟养性兄弟，更招降其他未归附之汉族。由是言之，佟氏一族，乃明清两敌国争取之对象。牧斋《佟氏忧愤录序》所言，似涉夸大，若按诸当日情势，亦是实录也。寅恪尝论北朝胡汉之分，在文化而不在种族。论江东少数民族，标举圣人‘有教无类’之义。论唐代帝系虽源出北朝文化高门赵郡李氏，但李虎李渊之先世，则为赵郡李氏中，偏于武勇，文化不深之一支。论唐代河北藩镇，实是一胡化集团，所以长安政府始终不能收复。今论明清之际佟养性及卜年事，亦犹斯意。”就陈之学术思想而言，这是一段极重要的文字，乃将自己的核心文化观，宣之于世人。笔者对此有专门论述，此不多赘。参见《别传》下册，第 1001—1002 页。

志》对孙元化的有关记载，其中赵俞曾说："火攻之法，用有奇效，我之所长，转为厉阶。"寅恪于是指出："此数语实为明清兴亡之一大关键"[1]。又考证出满语称"汉军"为"乌珍超哈"而不作"尼堪超哈"，就是因为清初夺取明室守御辽东边城的仿制西洋火炮，叫降将管领使用，所以有此名号[2]。并连类取譬，写道："倘读者复取《儿女英雄传》第肆拾回中，安老爷以'乌珍'之名命长姐儿之叙述互证之，则更于民族兴亡之大事及家庭琐屑之末节，皆能通解矣。"[3]这最后一句话，是站在史家立场的一绝大判断，可以视做修史之通则，古今不变之定律。《别传》的撰写，就是此一史学思想的实践。"家庭琐屑"和"民族兴亡"的结合，正是《别传》撰写的构意所在。论者或谓《别传》篇幅拉得太长，释证诗文时而脱离本题，枝蔓为说；可是，当我们知道寅恪先生的"主旨在修史"，而且是在儿女情事的家庭之私中复原民族兴亡的历史，便不会怪其释证趋繁，只能讶其用笔之简了。

八

《别传》作为一部从文化史的角度撰写的断代明清史，涉

[1] 《别传》上册，第158页。

[2] 同上。

[3] 同上，第159页。

及明清交替时期的经济、政治、军事、党社、宗教、艺术、文学等各个方面。笔者上面所叙论，仅仅是围绕主要人物和主要事件，稍作引发，以见出寅恪先生“借传修史”的撰著构意。因为陈柳情缘、钱柳因缘的“儿女之私”，都是以明清鼎革为其大背景展开的；何况寅恪有意“存史”，旁涉诸多明清史事。因此内容宏博、史事纷繁，是《别传》的一大特点。

第二个特点，是史心宽平，故每多恕词。这集中表现在对亚传主钱牧斋的评价上。牧斋博学多才，雅量通怀，言语妙绝天下，其在有明一代文坛之地位自无异议。但平生有两大污点：一为与阉党阮大铖的关系，始背后附；二为南都困厄之际以大臣身份降清而成为汉奸。有此两端，名裂身败实出必然，以至于有的说“盖自汉唐以来，文人之晚节莫盖，无如谦益之甚者”[1]。寅恪先生并不是作翻案文章，一再申明《小腆纪年》等书所载“痛诋牧斋之言，固是事实”[2]，只是他主张对历史人物活动的规定情境以及心理原因，还应作更具体、更贴近人物本身的分析，从而给历史人物以“了解之同情”。

《别传》披露的南都倾覆后钱柳所进行的反清复明活动，为客观地评价牧斋提供了事实依据，同时也反证其当时降清未

[1] 《小腆纪年附考》“顺治元年甲申十月”条载：“臣鼒曰，特书何？罪谦益之无耻也。谦益谬附东林，以为名高，既以患得患失之心，为倒行逆施之举，势利熏心，廉耻道丧，盖自汉唐以来，文人之晚节莫盖，无如谦益之甚者。纯庙斥毁其书，谓不足齿于人类。盖以为有文无行者戒哉！”参见《别传》下册，第853—854页。

[2] 《别传》下册，第854页。

必即心悦诚服。对此寅恪先生写道："牧斋之降清，乃其一生污点。但亦由其素性怯懦，迫于事势所使然。若谓其必须始终心悦诚服，则甚不近情理。"[1]牧斋晚年作《西湖杂感》诗二十首，序中有"侮食相矜，左言若性"之句，典出《文选》王元长《曲水诗序》（前已略及）。[2]寅恪先生说："牧斋用此典以骂当日降清之老汉奸辈，虽己身亦不免在其中，然尚肯明白言之，是天良犹存，殊可哀矣。"[3]对牧斋的矛盾心理表示同情。《列朝诗集小传》的纂辑，在牧斋一为存史，二为复明，但《辋川诗钞》的作者王胜时不理解，予以讥评，说"钱选列朝诗，首及御制，下注臣谦益曰云云"[4]。实际上，这正是牧斋的不忘故国旧君，应予以肯定。寅恪先生说："胜时自命明之遗逸，应恕其前此失节之愆，而嘉其后来赎罪之意，始可称为平心之论，今则挟其师与河东君因缘不善终之私怨，而又偏袒于张孺人，遂妄肆讥弹，过矣！"[5]胜时是陈子龙的弟子，故有此论。可见寅恪先生史心之宽平。章学诚在《文史通义》

[1] 《别传》下册，第 1045 页。

[2] 《西湖杂感》遵王注云："王元长《三月三日曲水诗序》：'侮食来王，左言入侍。'李善曰：'《汉书·匈奴传》：壮者食肥美，老者食其余，贵壮健，贱老弱也。'古本作晦食。《周书》曰：'东越侮食。'扬雄《蜀王本纪》：'蜀之先，人民椎髻左言。'"参见《牧斋有学集》上，上海古籍出版社 1996 年版，第 90 页。

[3] 《别传》下册，第 1045 页。

[4] 同上，第 1004 页。

[5] 同上，第 1005 页。

中曾提出“论古必恕”的观点，同时说明恕并不是宽容，而是“能为古人设身而处地也”[1]。寅恪先生正是如此。

不仅对钱牧斋，举凡清初的知识分子，包括一方面负复明之志，转而又去应乡试的士子如侯朝宗、李素臣、陆子玄等，寅恪都主张不必求之过苛，因而写道：

> 子玄亦必是志在复明之人，但何以于次年即应乡试？表面观之，似颇相矛盾。前论李素臣事，谓其与侯朝宗之应举，皆出于不得已。子玄之家世及声望约略与侯李相等，故疑其应丁酉科乡试，实出于不得已。盖建州入关之初，凡世家子弟著声庠序之人，若不应乡举，即为反清之一种表示，累及家族，或致身命之危险。否则陆氏虽在明南都倾覆以后，其旧传田产，犹未尽失，自可生活，不必汲汲于进也。关于此点，足见清初士人处境之不易。后世未解当日情势，往往作过酷之批评，殊非公允之论也。[2]

历史人物的行动心理，是由历史环境铸成的。离开历史条件苛求历史人物，不是正确的史学态度。清初的政治环境极为严酷，士人噤若寒蝉。对待是否应举问题，也需顾及人物的处境。寅恪所论，心平词恕，设身处地，真正大史家的风范。《别

[1] 章学诚:《文史通义》，叶瑛校注本，中华书局 1985 年版，第 278 页。

[2] 《别传》下册，第 1142 页。

传》对当时之人与事作如此评骘者例证甚多。即使对阉党阮大铖，寅恪先生也加以分析，在肯定其人品史有定评的同时，称赞阮氏的《燕子笺》《春灯谜》等戏剧与王铎的书法一样，可谓明季之绝艺。[1]崇祯二年定阉党逆案，阮大铖遭废斥，痛陈错悔之后避居南京达十七年之久，自然不无韬晦以伺机再起之意；但顾杲、杨廷枢等复社中坚作《留都防乱揭》，欲加以驱逐，则加深了历史遗留下来的人事恩怨。寅恪先生对此桩公案作了分析，指出阮大铖“痛陈错认之意，情辞可悯”，因而申论道：

> 此固文人文过饰非之伎俩，但东林少年似亦持之太急，杜绝其悔改自新之路，竟以“防乱”为言，遂酿成仇怨报复之举动，国事大局，益不可收拾矣。夫天启乱政，应以朱由校、魏忠贤为魁首，集之不过趋势群小中之一人。揆以分别主附，轻重定罪之律，阮氏之罪，当从末减。黄梨洲乃明清之际博雅通儒之巨擘，然囿于传统之教训，不敢作怨怼司马氏之王伟元，而斤斤计较，集矢于圆海，斯殆时代限人之一例欤？[2]

[1] 《别传》第四章论及阮大铖时写道：“圆海人品，史有定评，不待多论。往岁读咏怀堂集，颇喜之，以为可与严惟中之钤山，王修微之樾馆两集，同是有明一代诗什之佼佼者，至所著诸剧本中，《燕子笺》《春灯谜》二曲，尤推佳作。”参阅《别传》下册，第859—860页。

[2] 《别传》下册，第860页。

黄梨洲对牧斋诗持严厉的批评态度，常常有失公允，所以寅恪先生在《别传》中不得不予以辨正，同时也不赞成其集矢于阮大铖，而认为夏完淳在《南都杂志》中说的“圆海原有小人之才，且阿珰亦无实指，持论太苛，酿成奇祸，不可谓非君子之过”，是“颇为公允”的“存古之论”[1]。寅恪先生早在1930年为冯友兰《中国哲学史》上册所作审查报告中就提出：“对于古人之学说，应具了解之同情，方可下笔。”[2]这一史学思想在晚年所著的《别传》中得到了充分的实现。

第三个特点，《柳如是别传》的字里行间充满了史家的兴亡感。明清史是痛史，明清文化史更堪哀痛。1927年王国维自沉昆明湖，说者纷纭，对死因有种种猜测，独寅恪先生在《王观堂先生挽词》的序中从文化兴衰的角度加以解释：“凡一种文化值衰落之时，为此文化所化之人，必感苦痛，其表现此文化之程量愈宏，则其所受之苦痛亦愈甚；迨既达极深之度，殆非出于自杀无以求一己之心安而义尽也。”[3]《挽王静安先生》诗也有“文化神州丧一身”[4]之句。1927年清华大学为王国维立纪念碑，寅恪先生撰写的铭文中也说：“先生以一死见其独立自由

---

[1] 《别传》下册，第860、861页。

[2] 陈寅恪：《陈寅恪集·金明馆丛稿二编》，三联书店2001年版，第279页。

[3] 《陈寅恪集·诗集》，三联书店2001年版，第12页。

[4] 同上，第11页。

之意志，非所论于一人之恩怨，一姓之兴亡。”[1]这与《别传》里流露的、寄寓的文化哀痛之思，以及所表彰的传主河东君的思想精神，完全吻合。

《别传》第四章释证河东君致汪然明尺牍，有一通涉及借舫游湖一事，从中可以看出西湖之盛衰，如汪氏后来与周靖公书所说：“三十年前虎林王谢子弟多好夜游看花，选妓征歌，集于六桥；一树桃花一角灯，风来生动，如烛龙欲飞。较秦淮五日灯船，尤为旷丽。沧桑后，且变为饮马之池。昼游者尚多猬缩，欲不早归不得矣。”[2]明清鼎革前后，西湖风景变化如此，能不令人感叹欤？其中“沧桑后，且变为饮马之池”句，颇堪寻味。寅恪先生在叙及此种变迁后写道：

> 盖清兵入关，驻防杭州，西湖胜地亦变而为满军戎马之区。迄今三百年，犹存“旗下”之名。然明身值此际，举明末崇祯与清初顺治两时代之湖舫嬉游相比论，其盛衰兴亡之感，自较他人为独深。吁！可哀也已。[3]

汪然明所感慨的，是西湖的盛衰和家国的兴亡；寅恪先生所哀叹的，主要是明清以来文化神州的沦丧，西湖不过是如汪

[1] 陈寅恪：《陈寅恪集·金明馆丛稿二编》，三联书店 2001 年版，第 246 页。

[2] 参见《别传》中册，第 384—385 页。

[3] 同上，第 385 页。

氏的一叶“雨丝风片”小舟而已。《别传》第二章叙论河东君与陈子龙的关系，考证出卧子因河东君而病过四次，每次都有诗作寄怀，有的正好作于七夕之日。明南都倾覆后牧斋降清北迁，滞留燕京，也写有一首《丙戌七夕有怀》诗，同为怀念河东君，与卧子已有所不同。寅恪先生至为感慨，写道：“噫！当崇祯八年乙亥七夕卧子之怀念河东君，尚不过世间儿女之情感。历十二年至顺治三年丙戌七夕，牧斋之怀念河东君，则兼具家国兴亡之悲恨。同一织女，而牵牛有异，阅时几何，国事家情，俱不堪回首矣。”[1]

特别是《别传》卷前和穿插于具体篇章中的一些题诗，尤集中表现出寅恪先生的家国之思与兴亡之感：

如花眷属惭双鬓，
似水兴亡送六朝。[2]

红豆有情春欲晚，
黄扉无命陆终沉。[3]

推寻衰柳枯兰意，

[1]《别传》上册，第256页。

[2] 同上，第5页。

[3] 同上。

刻画残山剩水痕。[1]

明清痛史新兼旧，
好事何人共讨论。[2]

兴亡江左自关情，
远志休惭小草名。[3]

好影育长终脉脉，
兴亡遗恨向谁谈。[4]

佳人谁惜人难得，
故国还怜国早倾。[5]

兴亡旧事又重陈，
北里南朝恨未申。[6]

[1] 《别传》上册，第6页。

[2] 同上，第7页。

[3] 同上，第293页。

[4] 《别传》中册，第455页。

[5] 同上。

[6] 同上，第729页。

这些一咏三叹的诗句，一方面可见出《别传》作者的史笔诗心，另一方面反映出寅恪先生的家国兴亡哀痛之思是何等强烈。“辨兴亡”[1]，是史家的职责；兴亡感，是史家的良心。如果我们得出结论，说《柳如是别传》一书，最集中地表现了中国大史家陈寅恪先生的史学责任、史学观念、史学精神和治史方法，恐怕没有详读过此书的同道会提出反证意见。

九

至于明清递嬗、家国兴亡的原因，寅恪先生无意在《别传》中作刻板的探讨，或用一个现成的公式给以抽象的说明，而是不置可否，把答案留给今天并后世的读者。请看他的论述：

> 呜呼！建州入关，明之忠臣烈士，杀身殉国者多矣。甚至北里名媛，南曲才娃，亦有心悬海外之云（指延平王），目断月中之树（指永历帝），预闻复楚亡秦之事者。然终无救于明室之覆灭，岂天意之难回，抑人谋之不臧耶？君子

[1] 寅恪诗：“欲著辨亡还阁笔，众生颠倒向谁陈”，“辨亡欲论何人会，此恨绵绵死未休”，都透漏出欲辨兴亡的史家责任感。参见《陈寅恪集·诗集》，第20、23页。

曰，非天也，人也！[1]

笔者认为寅恪先生只是循史家之惯例在“究天人之际”，并没有对问题本身做出回答，他也不想做出明确回答。明清史事纷繁，党派攘夺惨烈，门户怨毒深重，内忧外患频仍，各种矛盾交织，终酿成甲申之变与乙酉之变。历史是已发生之事实，史家无须设想历史上某人某事如不出现将如何。况且国事如同人事，偶然因素缠绕其中，利弊得失，简错百端，甚难言也。史识如寅恪先生，在缕陈史事的同时只叹兴衰，不作解人，正复情理之常。

不过，寅恪先生执着地认定，历史上朝代的兴衰、政权的更迭，是个历史性的变化过程。后面的果，有前面的因。兴亡之事，有以渐也。明之亡与清之亡，都是如此。可哀痛者，在于当世之人不明此义，常常杯酒欢歌中已酿成大祸。《别传》第一章，自述著书缘起尝言：“寅恪少时家居江宁头条巷。是时海内尚称乂安，而识者知其将变。寅恪虽年在童幼，然亦有所感触，因欲纵观所未见之书，以释幽忧之思。”[2]达世知变的历史直觉，早在童幼时期，寅恪先生即已蓄萌而成。所谓史学天才之因子，固成因于前学问阶段，应非虚言。以释证陈柳、钱柳情爱因缘的有关诗作为撰述重点的《柳如是别传》，征引

[1] 参见《别传》下册，第1143页。

[2] 参见《别传》上册，第2—3页。

的南国胜流的作品，多到不知凡几；但其中寅恪先生最重视的我以为是河东君的《金明池·咏寒柳》一词，题旨需要，特全文引录如下：

> 有怅寒潮，无情残照，正是萧萧南浦。更吹起，霜条孤影；还记得，旧时飞絮。况晚来，烟浪斜阳，见行客，特地腰瘦如舞。总一种凄凉，十分憔悴，尚有燕台佳句。　春日酿成秋日雨，念畴昔风流，暗伤如许。纵饶有，绕堤画舸，冷落尽，水云犹故。忆从前，一点东风，几隔着重帘，眉儿愁苦。特约个梅魂，黄昏月淡，与伊深怜低语。[1]

这首词的关键词是“春日酿成秋日雨，念畴昔风流，暗伤如许”。河东君之意，当然是从己身出发，遥忆当初与陈子龙等几社胜流交好之时，陈、宋、李诸人为自己所作的有关春闺风雨的艳词，遂成今日飘零秋雨之预兆。所以不免“暗伤如许”。这应该是“今典”的连接绾合之处。但寅恪的释证没有停留在此一层面，进而引发论之曰：“‘酿成’者，事理所必致之意。实悲剧中主人翁结局之原则。古代希腊亚力斯多德（亚里士多德——编者注）论悲剧，近年海宁王国维论《红楼梦》，皆略同此旨。然自河东君本身言之，一为前不知之古

[1]《别传》上册，第342—343页。

人，一为后不见之来者，竟相符会，可谓奇矣！至若瀛海之远，乡里之近，地域同异，又可不论矣。”[1]河东君抒写自身情怀的语词，竟与东西哲人的悲剧学理念暗合无间，怎能不引起寅恪先生的格外重视呢？

但寅老看中此词，似有更深层的原因。鄙意以为，他是用此关键词，象征明之灭亡和清之灭亡，也许还包括民国政权的覆亡。所以才有“明清痛史新兼旧”之说。当然也含有他自己家族戊戌之后惨遭不幸的悲剧感喟。“念畴昔风流，暗伤如许”。当然，当然。寅恪的祖父陈宝箴，被曾文正公叹为“海内奇士”，一八九五至一八九八年主持湖南新政，走在晚清改革潮流的最前列。他的父亲散原老人，是“清末四公子”之一，风骨嶙峋，名扬海宇。戊戌惨剧，陈氏父子先遭罢革，陈宝箴复被慈禧赐死。“家国旧情”与“兴亡遗恨”交织在一起。《别传》的兴亡之感与兴亡之叹，其深层意涵，倘在斯欤！倘在斯欤！因此河东君的《金明池·咏寒柳》一词，可以看作是《柳如是别传》的主题曲。职是之故，寅恪先生才把他的著作，取名为《金明馆丛稿》和《寒柳堂集》，可见其寄意寓怀之深。

再来看钱牧斋己身命运的顺逆遭际。钱之为人热中怯懦，仕途一再受挫，明万历三十八年二十九岁时，与韩敬争状元失

[1] 《别传》上册，第 347 页。

败，仅得探花；崇祯元年四十七岁与温体仁、周延儒争宰相又失败，并因此获谴。但崇祯十三年与陈子龙、谢象三争河东君获得成功。寅恪先生说牧斋“三十年间之积恨深怒，亦可以暂时泄息矣”[1]。但越三年即有甲申之变，清兵入关，崇祯帝缢死煤山，南明小朝廷于是建立，因马士英的荐引，牧斋再次成为朝臣，使得河东君也感到颇为得意。可惜随即又有乙酉之变，南都倾覆，牧斋降清，从此一生被打成两撅，落得逢迎马、阮奸党，终成汉奸的骂名。寅恪先生析论说：“瑶草之起废，由于圆海，而牧斋之起废又由于瑶草。瑶草既难不与圆海发生关系，牧斋自更不能不直接与瑶草、间接与圆海断绝联系。世情人事，如铁锁连环，密相衔接，惟有恬淡勇敢之人，始能冲破解脱，未可以是希望于热中怯懦之牧斋也。”[2]

寅恪先生论钱柳因缘，有“三死”之说[3]，寓意颇深长。第一死为南都倾覆，河东君劝牧斋死，牧斋谢不能；第二死为牧斋遭黄毓祺案，几濒于死，而河东君使之脱死；第三死为牧斋既病死，而河东君不久即从之而死。如牧斋依河东君之劝，效陈子龙双双死节，则历史上的钱牧斋就是另外一个人了。就河东君一方而言，真正倾心相爱的是陈卧子，但不得不舍弃，而于崇祯十三年庚辰之冬主动访半野堂，当时牧斋五十九岁，

[1] 《别传》中册，第 439 页。

[2] 《别传》下册，第 852 页。

[3] 同上，第 899 页。

卧子三十三岁，河东君二十三岁。顺治二年乙酉南都倾覆，河东君二十八岁，三年丙戌卧子殉国死，年三十九岁，河东君二十九岁。顺治五年戊子牧斋遭黄毓祺案，河东君年三十一岁。寅恪先生说："由是言之，河东君适牧斋，可死于河东君年二十九，或三十一之时，然俱未得死。河东君若适卧子，则年二十九时，当与卧子俱死，或亦如救牧斋之例，能使卧子不死。但此为不可知者也。"[1]随即进一步发为感慨："呜呼！因缘之离合，年命之修短，错综变化，匪可前料。属得属失，甚不易言。河东君之才学智侠既已卓越于当时，自可流传于后世，至于修短离合，其得失之间，盖亦末而无足论矣。"[2]寅老昔年撰《王观堂先生挽词》，结尾有句："但就贤愚判死生，未应修短论优劣。"[3]意旨可与论河东君事相证发。人事无常，修短殊列，尚且不可逆料，况朝代递变、家国之兴废乎？

十

陈寅恪先生昔年论韩愈的《石鼎联句诗并序》和《毛颖

[1] 《别传》中册，第574页。

[2] 同上，第574—575页。

[3] 《陈寅恪集·诗集》，第17页。

传》，尝赞其文备众体，史才、诗笔、议论并见。[1]今观《柳如是别传》，可说是熔史才、诗笔、议论于一炉的文备众体的典范。既是笺诗证史的学术著作，又是为人物立传的传记文学，又是借传修史的历史著作。实际上是寅恪先生自创的一种学术新文体。如果说《论再生缘》是这种文体的一种尝试，《柳如是别传》则是这种新文体的完成。《别传》稿竟说偈曰：

> 刺刺不休，沾沾自喜。忽庄忽谐，亦文亦史。
> 述事言情，悯生悲死。繁琐冗长，见笑君子。
> 失明膑足，尚未聋哑。得成此书，乃天所假。
> 卧榻沉思，然脂瞑写。痛哭古人，留赠来者。[2]

可见寅恪先生对《别传》的文体特征早已了然于胸，综合运用传、论、述、证的方法进行撰写带有自觉性。值得注意的是，他的《论再生缘》一文，亦每每谈到文章体例及思想与文章的关系。他称赞庾信《哀江南赋》在六朝长篇骈俪文中为第一，汪彦章代《皇太后告天下手书》在赵宋四六文中为第一。

[1] 陈寅恪：《韩愈与唐代小说》，原载 1936 年 4 月出版之美国哈佛《亚细亚学报》（英文），程千帆 1947 年译成中文，收入 1984 年齐鲁书社版《闲堂文薮》第 20—23 页。又陈寅恪《元白诗笺证稿》第一章论《长恨歌》文体兼及元稹《连昌宫词》，也认为后者受《长恨歌》影响而“更进一步，脱离备具众体诗文合并之当日小说体裁，而成一新体，俾史才、诗笔、议论诸体皆汇集融贯于一诗之中”，亦可参阅。见该书第 11 页，三联书店 2001 年版。

[2] 《别传》下册，第 1250 页。

所以如此，是因为：“庾、汪两文之词藻固甚优美，其不可及之处，实在家国兴亡哀痛之情感，于一篇之中，能融化贯彻，而其所以能运用此情感，融化贯通无所阻滞者，又系乎思想之自由灵活。故此等之文，必思想自由灵活之人始得为之。非通常工于骈四俪六，而思想不离于方罫之间者，便能操笔成篇也。”[1]妙哉！“家国兴亡哀痛之情感，于一篇之中，能融化贯彻”，这不是在自我概括《柳如是别传》这部大著述的史学文笔之特征吗？而“必思想自由灵活之人始得为之”，不也是寅老学术理念和著述精神的真实写照吗？

庚午二月初一日于京华无梦斋初稿

庚辰摄氏四十一度之初伏改润竣事

[1] 陈寅恪：《寒柳堂集》，三联书店 2001 年版，第 72、73 页。

附录一

王国维先生学术年表

1877年　一岁　农历十月二十九生于浙江海宁州城（今海宁市盐官镇）。

1880年　四岁　生母凌氏病逝。由祖姑母及叔祖母抚养。

1883年　七岁　入私塾读书。

1887年　十一岁　继续就读于私塾。泛览家中藏书，习骈散文、古今体诗。

1892年　十六岁　参加岁试，以第二十一名入“州学”。与同窗陈守谦、叶宜春、褚嘉猷并称“海宁四才子”。读“前四史”。

1893年　十七岁　七月，赴杭州乡试，不终场而归。

1894年　十八岁　四月，撰“条驳”，批评俞樾《群经平议》。值甲午战败，知有新学。

1896年　二十岁　因家贫，无法游学，而就任塾师。十月，与同邑商人莫寅生之孙女结婚。

1897年 二十一岁 八月，再赴杭州应乡试未中。与同乡张英甫等谋创海宁师范学堂。

1898年 二十二岁 一月，抵上海，在汪康年主持操办之《时务报》担任书记，并于每天下午就读于东文学社，学习日文。《咏史二十首》约写于本年。因为同学书写扇面，有“千秋壮观君知否，黑海西头望大秦”句，得到上虞罗振玉氏的赏识，并与之订交。八月，戊戌政变发生，《时务报》不久停刊。

1899年 二十三岁 仍工读于东文学社。除日文，又向田冈佐代治学习英文。开始接触德国哲学。作《〈东洋史要〉序》，主张历史应成为“科学”。

1900年 二十四岁 译《势力不灭论》。东文学社解散。十二月，受罗振玉资助赴日本留学，在东京物理学校习数理。

1901年 二十五岁 夏初，自日本归国，在上海协助罗振玉氏编《教育世界》杂志。《教育世界》系罗氏在武昌创办，上海出版。所译《教育学》连载于《教育世界》杂志。

1902年 二十六岁 本年春，开始阅读社会学、心理学、哲学方面的书籍，进入王氏所谓“独学时代”。所译《法学通论》出版。

1903年 二十七岁 年初，任教于南通师范学院。读康德，未几而辍。读叔本华之书而大好之。作《叔本华像赞》《汗德像赞》（今译作康德，下同）。日常并以诗词自娱。

1904年 二十八岁 在上海。《教育世界》本年之第一期始，由王国维代罗氏主编。原来《教育世界》只刊载有关教育学说和教育制度方面的译文，王接手后改为以发表研究文字为主。王的《孔子之学说》《论叔本华之哲学及其教育学说》《汗德之哲学说》《教育偶感二则》《红楼梦评论》等论文均发表于本年之《教育世界》杂志。为先生文哲论文写作最丰收的一年。本年九、十月，随罗振玉赴苏州，任教江苏师范学堂。

1905年　二十九岁　发表《论近年之学术界》《论新学语之输入》《论哲学家与美术家之天职》等论文。出版《静安文集》，是为先生第一本论文集。

1906年　三十岁　驳张之洞的《奏定经学科大学文学科大学章程书后》在《教育世界》上发表。三月，与罗振玉一起辞去江苏师范学堂教职。《人间词甲稿》编定。四月，《静安诗稿》亦刊载于《教育世界》。本年春夏之交，罗振玉入学部，先生随往。写于本年的重要论文，还有《文学小言》《屈子之文学精神》等。

1907年　三十一岁　三月，受命清学部总务司行走，兼图书编译局编译。《教育世界》本年底停刊。《人间词乙稿》刊行。

1908年　三十二岁　年初，抵海宁奔继母丧。娶继室潘氏。三月，携眷北上，仍任职于学部，住宣武门内新帘子胡同。《词录》《曲录》撰于是年。十月，《人间词话》开始在《国粹学报》上连载。

1909年　三十三岁　寓京师。研究中国戏曲之成绩日益丰硕，有《曲录》《优语录》等多种戏曲著作出版。

1910年　三十四岁　美国禄尔克所著《教育心理学》一书，先生据日文转译出版。《古剧脚色考》或撰于本年。

1911年　三十五岁　作《国学丛刊序》，倡“为学问而学问”的纯粹学术，提出“学无新旧、无中西、无有用无用”之说。本年八月（农历），武昌起义爆发。十月，随罗振玉东渡日本。

1912年　三十六岁　在日本，协助罗振玉整理大云书库藏书。不满意已往的哲学文学研究，开始潜心于古文字和古史研究。学术路径由热衷新学转变为潜心“旧学”。《宋元戏曲考》成书。《颐和园词》作于本年。

1913年　三十七岁　在日本，专心治学。深研“三礼”及《说文解字》。《明堂庙寝通考》写于本年。成《释币》二卷。着手整理《流沙坠简》。

1914年　三十八岁　《流沙坠简》及《考释》竣稿，与罗振玉编撰部分合卷于本年出版。《国学丛刊》拟续出，代罗氏撰《国学丛刊序》。

1915年　三十九岁　四月，归国扫墓，在上海与沈曾植相识，不久又赴日。《胡服考》《生霸死霸考》《古礼器略说》等重要著作写于本年。

1916年　四十岁　二月，携长子潜明回国。居上海，任职哈同花园之仓圣明智大学，主持《学术丛编》，此后先生之撰著多刊于此刊。《史籀篇疏证》《殷礼征文》《魏石经考》《毛公鼎考释》等写于本年。与张尔田、孙德谦订交，被称为“海上三子”。

1917年　四十一岁　撰写《殷卜辞中所见先公先王考》和《续考》，开启甲骨断代之学。《殷周制度论》亦成于本年。其研究甲骨文及殷商史的学术地位从此奠定。

1918年　四十二岁　任仓圣明智大学经学教授。编定《经学概论讲义》。得徐乃昌所赠彝器拓本。北京大学研究所国学门邀任通讯教授不就。

1919年　四十三岁　撰写《沈乙庵先生七十寿序》，梳理清学发展过程，高度评价沈氏之学。长子潜明与罗振玉第三女结婚。

1920年　四十四岁　本年主要为乌程蒋氏（汝藻）编撰藏书志。受聘参与编纂《浙江通志》。

1921年　四十五岁　五月，刊印《观堂集林》二十卷，系乌程蒋氏出资，前有蒋、罗二序。九月，《亚洲学术》在上海创刊。“亚洲学术研究会”为沈曾植所提倡，王国维是刊物的主要撰稿人。

1922年　四十六岁　应北京大学之聘允为研究所国学门导师，但拒收所赠之二百元脩金。为北大拟研究发题四项：（一）《诗》《书》中成语之研究；（二）古字母研究；（三）古文学中联绵字之研究；（四）共和以前年代之研究。《唐史考》写于本年。十一月，沈曾植病逝于沪，静安先生挽联云："是大诗人，是大学人，是更大哲人，四照炯心光，岂谓微言绝今日；为家孝子，为国纯臣，为世界先觉，一哀感知己，要为天下哭先生。"十二月，建言北大开设满蒙藏文讲座。哈园之仓圣明智大学解散。王国维所任教授、编辑之职到此结束。

1923年　四十七岁　四月，得溥仪"谕旨"，与杨锺羲、景方昶、温肃，同为南书房行走。六月，宫中失火，毁建福宫及中正殿佛楼百余间。入值办法迟迟不定。七月，"加恩赏给五品衔，并赏食五品俸"。每六日入内一次。为乌程蒋氏编校藏书于本年结束。经、史、子三部编校完成，集部至元末，明则略具草稿。

1924年　四十八岁　《论政学疏》撰于本年。十月，冯玉祥"逼宫"，溥仪潜入日本使馆。

1925年　四十九岁　就任清华国学研究院导师。先是，胡适写信相邀，答以考虑一周；后曹云祥校长写信给洋师傅庄士敦，得溥仪谕允，方应聘。四月，携家室迁入清华园西院18号。同聘为国学研究院导师者有梁启超、赵元任、陈寅恪，世称"四大导师"。《最近二三十年中中国新发见之学问》刊于本年。又撰《西辽都城虎思斡耳朵考》《鞑靼考》《辽金时蒙古考》等。盖迁居清华后尤用心研治元史及西北地理。

1926年　五十岁　二月，《人间词话》首次由北京朴社印行。《克鼎铭考释》《盂鼎铭考释》撰于本年。改订《毛公鼎考释》。《蒙古史料校注四种》印成。一次，对学生姚名达说："大抵学问常不悬目的，而目的自生。有大志者，未必成功；而慢慢努力者，反有意外之创获。"九月，长子潜明病逝于上海，尝赴沪料理丧事。与罗振玉失和。

1927年　五十一岁　四月，自日本《满鲜历史地理研究报告》中译出津田左右吉所作《室韦考》《辽代乌古敌烈考》等文。五月四日，与梁启超、陈寅恪等出席姚名达创建之史学会成立会，"谓宜多开读书会，先有根柢而后可言发展"。补作《萌古考》序。六月二日上午十时许，自沉于昆明湖之鱼藻轩。所留遗书云："五十之年，只欠一死。经此世变，义无再辱。"先生逝后，北京大学《国学月报》、清华大学《国学论丛》等学术刊物出版纪念专号。杨锺羲、孙雄、王力，及日人内藤虎次郎、狩野直喜等均有挽诗。而尤以陈寅恪先生的《王观堂先生挽词并序》为最上乘之作。"齐州祸乱何时歇，今日吾侪皆苟活。但就贤愚判死生，未应修短论优劣。风义生平师友间，招魂哀愤满人寰。"挽词中这些诗句哀感动人，虽三诵九复犹不能自已也。

附录二

陈寅恪先生学术年表

1890年　一岁　旧历五月十七日生于湖南长沙市周南女中唐刘蜕故宅。

1895年　六岁　与二兄隆恪一起在家塾中就读。秋八月，清廷诏授先生祖父陈宝箴为湖南巡抚。

1898年　九岁　十月，戊戌政变发生，陈宝箴、陈三立父子被革职，永不叙用。年底，寅恪随家人迁回江西老家，寓居南昌。

1900年　十一岁　四月，陈三立携家眷移居江宁。六月，陈宝箴卒，终年七十岁。先生就读于江宁家办学堂，已有“欲纵观所未见之书，以释幽忧之思”的想往。

1902年　十三岁　与长兄陈师曾一起赴日本，两年后回国，又考取官费留日。

1904年　十五岁　十月，与二兄隆恪乘船自上海赴日本留学。先入庆应大学，后转到东京帝国大学财商系学习，一年后归国。

1907年　十八岁　插班考入上海复旦公学。

1909年　二十岁　以第一名毕业于复旦公学。秋，赴德国柏林大学学习。

1913年　二十四岁　求学于法国巴黎大学。先生大约于一九一四年欧战爆发时回国，回国后居家上海。

1915年　二十六岁　短期担任世界局局长蔡锷的秘书及教育部欧文编审。

1916年　二十七岁　先生应湖南聘，在湘省交涉署任职。

1919年　三十岁　年初至美国，入哈佛大学，学习梵文、希腊文等。经俞大维介绍，结识吴宓。一九一九年三月二十六日《雨僧日记》写道："陈君学问渊博，识力精到，远非侪辈所能及。又性气和爽，志行高洁，深为倾倒。新得此友，殊自得也。"

1921年　三十二岁　九月，离美赴德，在德国进柏林大学研究院，研究梵文、巴利文、藏文和其他东方语言文字。在欧洲大约四年。

1925年　三十六岁　清华创办国学研究院，经梁启超、吴宓介绍，聘先生为导师。因母亲俞淑人和长兄衡恪于前年病逝，散原老人亦病，先生回国后先向清华请假一学期。

1926年　三十七岁　九月，任教清华国学研究院，与王国维、梁启超、赵元任并列，被称为"四大导师"。讲授佛经翻译文学等课程。

1927年　三十八岁　六月二日，王国维自沉于颐和园之鱼藻轩。先生挽联为："十七年家国久魂销，犹余剩水残山，留与累臣供一死；五千卷牙签新手触，待检玄文奇字，谬承遗命倍伤神。”另有挽诗和挽词之作。

1928年　三十九岁　国民党教育部决定，清华学校更名为清华大学。中央研究院成立，先生后任院理事，兼历史语言研究所第一组主任。同年8月31日，先生与唐晓莹在上海结婚。

1929年　四十岁　一月十九日，梁启超病逝于北京协和医院。六月三日，国学研究院同学为王国维立纪念碑，先生撰写碑铭，力倡“独立之精神，自由之思想”。下半年国学研究院停办，先生改就清华大学中文历史两系合聘教授。

1930年　四十一岁　《冯友兰中国哲学史上册审查报告》写于本年。

1933年　四十四岁　《冯友兰中国哲学史下册审查报告》，发表于本年。

1934年　四十五岁　仍任教清华。开设课程有“佛经文学”“世说新语研究”“魏晋南北朝及隋唐五代史专题研究”等。赵万里等编辑《王静安先生遗书》，先生为之作序。《四声三问》作于本年。

1937年　四十八岁　七月七日，卢沟桥事变发生，先生结束了个人生活相对最稳定的清华任教十余年。这一时期对佛教经典的研究，对隋唐制度与文化的渊源，以及唐代的种族与文化的研究，进一步确立了先生在文化史学领域的权威地位。九月，散原老人为抗议日寇入侵，病中拒不服药而逝，终年八十五岁。十一月，先生携家眷离京南逃，历尽千辛万苦，始抵香港小住，然后返内地到长沙临时大学报到。

1938年　四十九岁　任教由北京大学、清华大学等校合并的战时西南联合大学。先在蒙自，后迁昆明。

1939年　五十岁　英国牛津大学聘先生为汉学教授，并授予皇家学会研究员职称。因欧战爆发，候船时滞留香港。《隋唐制度渊源略论稿》始写于本年。

1940年　五十一岁　仍任教西南联大。讲授“隋唐史研究”“白居易研究”。三月，赴重庆参加中央研究院第五届评议会。作于此时的《庚辰暮春重庆夜归作》有句：“食蛤那知天下事，看花愁近最高楼。”暑期后又至港，再候赴英国飞机，仍未成行。八月起，就任香港大学客座教授。

1941年　五十二岁　《唐代政治史述论稿》成书。十二月八日，太平洋战争爆发，辞去港大职务，困居香港。

1942年　五十三岁　离港赴桂林，任教广西大学。《杨树达积微居小学金石论丛续稿序》作于本年。

1943年　五十四岁　十二月，由桂林抵成都，任教燕京大学。开始《元白诗笺证稿》的写作。

1945年　五十六岁　八月十日，日本投降。先生《乙酉八月十一日晨起闻日本乞降喜赋》云：“降书夕到醒方知，何幸今生见此时。闻讯杜陵欢至泣，还家贺监病弥衰。国仇已雪南迁耻，家祭难忘北定诗。念往忧来无限感，喜心题句又成悲。”秋间，应英国皇家学会之约，赴伦敦治疗眼疾。

1946年　五十七岁　清华复校，先生返回任教。后名其书斋为“不见为静之室”。

1949年　六十岁　在岭南大学，任中文历史两系教授。《崔浩与寇谦之》写于本年。本年暑假起，程曦开始担任先生助教，两年后程离开，由陈夫人自任助手。

1950年　六十一岁　《元白诗笺证稿》整理完成，岭南大学作为本校文化研究室丛书之一，线装印行。

1951年　六十二岁　专任岭南大学历史系教授。《论韩愈》竣稿。《论唐高祖称臣于突厥事》写于本年。

1952年　六十三岁　院系调整后岭南大学取消。先生改任中山大学历史系教授。本年冬开始，助手由黄萱女士担任，直至一九六六年被迫离开。

1954年　六十五岁　春天，国务院派汪篯（曾做过先生助手）到广州，迎请先生任中国科学院历史第二所所长，不就。《论再生缘》竣稿。开始撰写《钱柳因缘诗释证稿》。

1956年　六十七岁　春初，陈毅副总理携夫人张茜访先生于中山大学，谈及《世说新语》。本年陶铸出任中南局首脑，看望过先生。

1958年　六十九岁　报刊公开发表文章批判先生学术思想。本年始不再讲课。尝谓:“是他们不要我的东西，不是我不教的。”

1961年　七十二岁　八月三十日，吴宓自重庆来广州探望先生，九月四日离去。《雨僧日记》一九六一年八月三十日写道：“寅恪兄之思想及主张，毫未改变，即仍遵守昔年‘中学为体，西学为用’之说（中国文化本位论）……但在我辈个人如寅恪者，则仍确信中国孔子儒道之正大，有裨于全世界，而佛教亦纯正。我辈本此信仰，故虽危行言殆，但屹立不动，决不从时俗为转移。”

1962年　七十三岁　春天，陶铸陪同胡乔木看望先生，谈起著作出版事，先生说：“盖棺有期，出版无日。”胡乔木说：“出版有期，盖棺尚远。”七月，入浴时跌倒，右腿骨折断。

1964年　七十五岁　《钱柳因缘诗释证稿》完成，后改名为《柳如是别传》。全书八十万言，全部由先生口授，黄萱笔录。《稿竟说偈》云：“奇女气销，三百载下。孰发幽光，陈最良也。嗟陈教授，越教越哑。丽香闹学，皋比决舍。无事转忙，然脂暝写。成卌万言，如瓶水泻。怒骂嬉笑，亦俚亦雅。非旧非新，童牛角马。刻意伤春，贮泪盈把。痛哭古人，留赠来者。”

1966年　七十七岁　《寒柳堂记梦未定稿》写成。对黄萱说：“此书将来作为我的自撰年谱。”“文革”起，先生遭围攻，多次被抄家，心脏病日渐恶化。

1968年　七十九岁　对黄萱说：“我的研究方法，是你最熟识的。我死之后，你可为我写篇谈谈我是如何做科学研究的文章。”黄萱回答：“陈先生，真对不起，您的东西我实在没学到手。”先生说：“没有学到，那就好了，免得中我的毒。”

1969年　八十岁　十月七日，晨五时半，先生逝世。十一月二十一日，陈夫人唐晓莹亦逝，终年七十二岁。前此先生有预《挽晓莹》一联：涕泣对牛衣，卌载都成断肠史；废残难豹隐，九泉稍待眼枯人。